사회복지실천론의 이해

박 정 문

창지사

머리말

사회복지실천은 사회복지현장에서 다양한 특성을 가진 개인, 집단, 지역사회를 대상으로 전문적인 지식과 가치를 기반으로 통합적으로 개입하고 노력하는 융·복합적인 실천학문이다.

현대사회는 제4차 산업혁명과 인공지능의 발전으로 사회, 경제, 교육, 문화, 환경 등의 사회 전반에 놀라운 성장과 발전을 가져오고 있다. 이에 따라 급격하게 바뀌는 사회변화에 적응하지 못하거나 소외되는 일탈적인 개인이나 집단이 발생하고 사회구조적 불평등이 더욱 심화되고 있다. 그리고 사회복지실천 현장의 영역도 과거의 분야보다 더 확장되고 개발되고 있다. 이에 따라 클라이언트의 복지욕구도 다양하게 표출되고 있다. 그러므로 이러한 복지욕구를 충족시켜 줄 수 있는 사회복지 전문 시스템이나 과학적인 사회복지서비스 제공의 필요성이 더욱더 요구된다.

오늘날 사회복지실천은 개인과 환경의 상호작용과 그 결과로 이루어지는 유기적이고 거시적인 관점에 초점을 두고 있다. 또한, 환경 속의 인간을 이해하고 개인과 환경의 상호 교류를 원만하고 건강하게 하기 위하여 체계적인 실천지식과 윤리 및 가치 그리고 실천기술을 갖추고 다양하게 실천적용 사례를 연구하고 시도하고 있다.

본 책은 사회복지현장에서 이루어지는 실무 경험을 반영하고 실제적인 개입방법 등에 초점을 두었다. 모두 11장으로 구성되어 있으며, 각 장별로 학습내용의

이해를 돕는 토의주제와 객관적인 연습문제를 제시하였다. 제1장은 사회복지실천의 기초적 이해, 제2장은 사회복지실천의 역사적 발달과정, 제3장은 사회복지실천의 가치와 윤리, 제4장은 사회복지실천 현장에 대한 이해, 제5장은 사회복지실천의 관점, 제6장은 사회복지실천관계론, 제7장은 사회복지실천을 위한 의사소통과 면접, 제8장은 사회복지실천과정, 제9장은 사회복지실천모델, 제10장은 사례관리, 제11장은 사회복지실천과 실천사례연구의 순으로 되어 있다.

본 책이 사회복지 전공자들과 사회복지에 관심이 있는 모든 분들에게 사회복지실천의 정체성 확립에 기여하고 전문사회복지사로서의 질 높은 역량을 갖추는 데 유용한 방법을 제시하게 되기를 바란다.

2019년 8월
저자 박정문

차례

01

Theories of Social Work Practice

사회복지실천의 기초적 이해

제1장은 사회복지실천의 기초적 이해를 위한 내용을 제시한다. 사회복지실천의 정의와 목적 및 기능과 구성요소를 살펴본다. 또한, 사회복지실천의 전문성 확보를 위해 사회복지실천의 지식기반, 과학적 기반과 예술성 그리고 과학성과 예술성의 조화를 검토한다. 사회복지실천에 기반이 되는 이념을 중심으로 종교적 인도주의와 박애주의, 사회진화론, 민주주의, 개인주의, 다양화를 중심으로 각 이념이 사회복지실천에 어떠한 영향을 주었는지를 제시한다.

학 습 목 표

1. 사회복지실천의 정의와 목적, 기능과 구성요소를 이해하고 설명할 수 있다.
2. 사회복지실천의 지식기반과 과학성, 예술성, 과학성과 예술성의 조화를 이해하고 설명할 수 있다.
3. 사회복지실천 기반이념인 인도주의와 박애주의, 사회진화론, 민주주의, 개인주의, 다양화를 이해하고 설명할 수 있다.

1. 사회복지실천의 정의

사회복지실천(social work practice)에 대한 정의는 역사적 배경이나 사회적 상황에 따라 서로 다른 개념으로 학자나 단체들에 의해 다양하게 정의되면서 지속적으로 변화되어 왔다. 용어 또한 사회사업(social work), 개별사회사업(social case work), 임상사회사업(clinical social work), 일반사회사업(generalist social work) 등으로 불리며 유사한 정의로 사용되어 왔다.

학자들의 정의로는, 리치몬드(Richmond, 1922)는 “개별사회사업은 개인과 사회환경 간에 개별적인 의식적 조정을 통해 개인의 인격발달을 도모하는 과정이다.”라고 하였다(이원숙, 2008). 펄먼(Perman)은 “개별사회사업은 문제(problem)를 갖고 사람(person)이 전문적 원조기관(place)에 와서 주어진 과정(process)에 의해 도움을 받는 것이다.”라고 정의하여 4P의 구성요소를 제시했다(이원숙, 2008). 보어(Bowers, 1949)는 사회복지실천은 “클라이언트와 환경 사이에 조화를 이루도록 지역사회 내의 자원과 클라이언트 개인의 능력을 최대한 동원하는 지식과 기술”이라고 정의하였고, 핀커스와 미나한(Pincus & Minahan, 1973: 9)은 사회복지실천을 사람과 자원체계 간 연결(linka-age)과 상호관계(interaction)로 정의하였으며, 종합적 모델만이 사람과 자원 간의 상호의존적 관계의 기능에 개입할 수 있는 방법이라고 하였다. 양옥경 외(2005)는 사회복지실천이란 사람의 삶의 질 향상을 위해 개인, 소집단, 가족 또는 지역사회의 문제 및 요구에 권한부여, 문제해결 접근방법으로 개입하는 종합적 전문활동이라고 하였다.

다양한 단체들의 정의를 보면, 사회복지실천에 대한 최초의 작업적 정의로 1958년 미국사회복지사협회(NASW: National Association of Social Workers)에서 “사회복지실천은 가치, 목적, 사회적 승인, 지식, 방법론의 집합적 영역이다.”라고 하였다. 이 단체는 1973년에 “개인, 집단, 또는 지역사회가 사회기능을 향상시킬 수 있는 자신의 능력을 회복하거나 증진시키고, 자신의 목표달성을 위한 사회조건을 창조하도록 돕는 전문적 활동”(NASW, 1973: 3)이라고 정의하였다. 미

국사회복지교육협의회(CSWE: Council of Social Worker Education)는 "사회복지실천은 인간복지의 향상, 빈곤과 억압의 경감, 그리고 최상의 삶의 질 향상을 위해 업무를 행하는 전문직"으로 규정하였다(양옥경 외, 2005). 이 단체는 2001년에는 "사회복지실천은 서비스 가치, 사회적 정의 및 경제적 정의, 인권과 인간의 존엄성, 인간관계의 중요성, 실천에서의 통합성과 유능성을 기초로 한다."라고 재정리하였다(김혜영 외, 2005: 217).

국제사회복지사연맹(IFSW: International Federation of Social Workers, 2000)은 "사회복지실천은 인간의 삶의 질을 향상시키기 위해 사회변화, 인간관계에서의 문제해결, 인간의 권한부여와 자유를 촉진한다. 인간과 사회환경과의 상호작용에 개입하며, 인권과 사회정의의 원리가 근본원리이다."라고 정의를 내렸다(김혜영 외, 2015: 17).

종합해 보면, 사회복지실천은 인간의 삶의 질을 향상시키고, 개인의 환경과의 보다 나은 상호작용을 통해서 손상된 사회적 기능을 재활, 치료, 회복할 뿐만 아니라 문제해결과 역량강화 및 대처능력을 향상시키도록 돕는 체계적인 전문적 활동이라고 할 수 있다.

2. 사회복지실천의 목적과 기능

1) 사회복지실천의 목적

사회복지실천은 근본적인 목적과 구체적인 목표를 가지고 있는 실천지향적인 개념이다. 사회복지실천의 목표는 삶의 질(Alexander, 1977: 412)이라는 것이다. 학자들과 단체들이 내린 시회복지실천의 목적은 다음과 같다.

① 미국사회복지사협회(NASW, 1958)의 사회복지실천 목적은 다음과 같다.

가. 개인과 집단이 환경 간에 불균형 상태가 일어날 수 있는 잠재적 문제를 미리 발견하여 예방한다.

나. 개인, 집단, 지역사회가 가지고 있는 잠재력을 발견하여 강화한다.

다. 개인, 집단 그리고 그들의 환경 간에 문제가 발생했을 때 그 어려움을 감소시키거나 해결하도록 도와주는 것이다.

② 핀커스와 미나한(Pincus & Minahan, 1973: 9; 문인숙 외 역, 1985)이 제시하는 사회복지실천의 목적은 다음과 같다. 목적의 특징은 클라이언트 대처능력과 자원, 서비스의 개념, 사회정책을 변화시키고 지역주민의 거시적 개입으로 확장했다는 것이다(이영실 외, 2016; 김혜영 외, 2016: 19).

가. 개인의 문제해결 및 대처능력의 향상

나. 개인에게 지역사회자원과 서비스 및 기회를 제공

다. 체계들이 효과적이고 인도적으로 운영되도록 장려하고 촉진

라. 사회정책을 개방하거나 발전시키는 데 이바지하는 것

③ 미국사회복지교육협회(CSWE, 1994: 97)는 1992년, 1994년 2회에 걸쳐 권한부여를 첨가하면서 사회복지실천의 목적을 정리하였다.

가. 개인, 가족, 집단, 조직 그리고 지역사회가 목적을 달성하고 고통을 완화시키며 자원을 활용할 수 있도록 도움으로써 이들의 사회기능을 촉진, 회복, 유지, 향상시키는 것이다.

나. 인간의 기본 욕구를 충족시키고 인간이 가진 잠재력 및 가능성 개발을 돕기 위해 필요한 사회정책, 서비스, 자원, 프로그램을 계획, 공식화, 시행하는 것이다.

다. 곤궁에 처한 집단에 힘을 실어 주고 사회적 · 경제적 정의를 실현하기 위해 조직적 · 행정적 옹호와 사회 · 정치적 운동을 통해 정책, 서비스, 자원, 프로그램을 추구하는 것이다.

라. 목적과 관련된 모든 전문적 지식과 기술을 개발하고 활용하는 것이다.

④ 미국사회복지교육협회(CSWE, 2008)는 2008년 개정된 목적을 “인간과 지역

사회의 복지를 촉진"하는 것으로 하였다. 이 목적은 사회복지실천이 사람과 환경의 구성, 개념, 글로벌 시각, 다양성 존중, 과학적 탐구에 기초한 지식 등에 의해 지도되면서 사회·경제 정의, 인권을 제한하는 조건 방지, 빈곤 퇴치 그리고 모든 사람의 삶의 질 향상을 통해 현실화될 것이라고 강조하였다(양옥경 외, 2018).

3) 사회복지실천의 기능

헵워스와 레이슨(Hepworth, & Larsen, 2006)은 사회복지실천 기능을 세 가지로 구분하여 제시하였다(김혜영 외, 2015: 18 재인용).

① 개인의 사회적 기능의 향상(enhancing social functioning)

② 개인의 역기능 회복 및 치료(remedial personal dysfunctioning)

③ 사회정의 실현 향상(promoting social justice)

핀커스와 미나한(Pincus & Minahan, 1973)은 사회복지실천 기능을 구체적으로 다음의 7가지로 제시하였다(문인숙 외 역, 1985; 김혜영 외, 2015: 20 재인용).

① 개인의 문제해결능력을 증진하고 문제에 당면한 인간을 도움

② 인간과 자원체계 사이를 연계함

③ 상호작용을 촉진 및 개선함

④ 생산적 관계 형성을 가능하게 함

⑤ 사회정책을 개발하고 개선하는 기능을 수행함

⑥ 자원 분배 및 사회통제기능을 담당함

미국사회복지사협회(NASW, 1982)에서 제시하는 사회복지실천기능은 다음과 같다(전재일 외, 2004: 34)

① 인간의 능력에 초점을 둔다. 사회복지사는 가능케 하는 자, 즉 상담, 교사, 도움을 주는 자, 행동변화가로서의 활동을 수행하는 것이다.

② 인간과 체계와의 연결이다. 사회복지실천은 사람과 그들이 상호작용하는 체계 사이의 관계에 초점을 두고, 사회복지사는 중개자로서 먼저 서비스한다.

③ 자원과 서비스 체계의 운영과 효과성 증진이다. 사회복지실천의 초점은 체계와 인간의 상호작용에 있으므로, 사회복지사는 대변인, 프로그램 개발자, 지도감독자, 조정자, 전문가의 역할을 수행한다.

④ 사회정책의 개발과 개선이다. 이는 법이나 사회정책의 개발 및 개선에 있다. 사회복지사는 계획가, 정책개발자로서 새로운 법령과 정책, 비효과적이거나 부적당한 법령과 정책의 개혁안을 제시한다.

3. 사회복지실천의 구성요소

사회복지실천을 구성하는 요소는 오늘날 현장에서도 중요하게 인식되고 있는 펄먼(Perlman, 1957)의 6P와 핀커스와 미나한(Pincus & Minahan, 1973)의 4체계를 기반으로 제시하고자 한다(엄명용 외, 2014: 183-185; 이종복 외, 2015: 15-18; 권향임 외, 2017: 16-20).

1) 펄먼(Perlman, 1957)의 6P

① 사람(Person): 특정 문제로 인해 고통받고 있는 당사자로, 사회복지에서는 이를 클라이언트라고 명명한다. 사회복지사는 클라이언트의 잠재능력과 행동패턴, 타인과의 관계 등을 고려하고 관찰해야 한다.

② 문제(Problem): 대상자에게 고통이나 어려움을 유발하는 상황이나 조건 등을 의미한다.

③ 장소(Place): 클라이언트와 전문가가 만나는 물리적인 공간으로, 클라이언트에 대한 원조활동이 이루어지는 곳을 의미한다.

④ 과정(Process): 문제의 해결과 클라이언트의 이익 증대라는 일정한 목적 달성을 위해 전문가와 클라이언트가 수행하는 일련의 절차로, 체계적인 이론에 입각하여 구성된 활동을 의미한다.

⑤ 전문가(Professional): 전문가는 사회복지사와 같이 클라이언트와 구별되는 개별적인 주체로서의 지위를 가지고 있다. 사회복지사, 상담사, 정신보건사회복지사, 각종 치료사 등이 포함된다.

⑥ 제공물(Provision): 클라이언트의 물질적 욕구는 물론 지지관계망 확보 욕구, 만족스러운 일상 활동에 대한 욕구 등을 충족시키는 데 필요한 제반 서비스 및 기회, 직 · 간접적인 유형 및 무형의 서비스, 현물, 현금 등을 말한다.

2) 핀커스와 미나한(Pincus & Minahan, 1973)의 4체계

사회복지실천의 구성요소로서 핀커스와 미나한(Pincus & Minagan, 1973)의 4체계에 콤튼과 갈라웨이(Compton & Galaway, 1999: 132–134)가 전문가체계와 의뢰–응답체계를 제시하여 여섯 가지 체계가 되었다(양옥경 외, 2005: 121–122).

① 변화매계체계(change agent system)는 사회복지사와 이들이 소속되어 일하는 조직이나 기관이다.

② 클라이언트체계(client system)는 도움이나 서비스를 필요로 하는 사람, 변화매개인과 업무 동의나 계약을 맺은 사람, 변화매개체계와 협력하는 개인, 집단, 지역사회를 말한다.

③ 표적체계(target system)는 변화매개자들이 그들의 목표달성을 위해 영향을 주거나 변화시키는 것이 필요한 사람들로서 클라이언트체계와 중복되기도 한다.

④ 행동체계(action system)는 변화매개자들이 변화노력을 달성하기 위해 서로 상호작용하는 사람을 말하는 것으로 이웃, 가족, 전문가들이 해당된다.

⑤ 전문가체계(professional system)는 미국사회복지사협회 등과 같이 전문사회

복지사들로 구성된 체계이며, 전문성을 강화하고 사회복지사의 위상을 높이기 위해 노력하는 단체들이다.

⑥ 의뢰-응답체계(Referral-Respondent)는 일반 클라이언트체계와 구별하기 위해 사용되며, 클라이언트가 다른 사람의 요청이나 법원, 경찰 등에 의해 강제로 오게 된 경우를 말한다.

4. 사회복지실천의 지식기반

사회복지사가 전문직에 종사하는 전문가라는 정체감을 갖기 위해서는 전문직의 특성을 갖도록 부단히 노력해야 한다. 사회복지실천학문의 특성이 개인으로부터 환경에 이르는 폭넓은 삶의 문제를 다루기 때문에 사회과학 및 인접 학문의 지식이 요구된다(양정남 외, 2011: 22).

헵워스 외(Hepworth et al., 1997)는 '사회복지사에게 필요한 지식'을 다음과 같이 제시하고 있다.

① 인간행동과 사회환경에 대한 지식
② 사회복지정책과 서비스에 관한 지식
③ 사회복지실천방법에 관한 지식
④ 조사연구에 관한 지식

미국사회복지협의회(CSWE, 1992)는 교과내용에 사회, 문화, 과학, 역사, 예술, 철학 등의 기초교양과목을 포함하고 있다. 팀버레이크 외(Timberlake et al., 2002)는 인간행동의 이해를 위해 심리적 · 신체적 · 사회적 · 성적 · 지적 · 도덕적 · 영적 차원 등의 이론을 참조해야 하고, 환경과 관련된 문화 · 경제 · 정치 · 도덕 · 체계들에 관한 이론도 필요하며, 인간과 환경의 상호작용, 사회화, 의사소통, 가족과 집단역동, 스트레스와 같은 이론도 중요하다고 하였다(양정남 외, 2011: 22).

5. 사회복지실천의 과학적 · 예술적 기반

1915년 플렉스너(Flexner)는 '사회사업은 전문직인가?(Is Social Work profession?)'라는 강연을 통해서 사회사업은 전문직이 아니라고 평가하였다. 이러한 사회복지 전문직에 대한 도전으로 인하여 사회사업 분야에서는 전문성 확립을 위해 첫째, 통일된 전문직에 대한 추구, 둘째, 개념적 틀과 고유한 방법의 추구, 셋째, 과학적 이론의 추구, 넷째, 조사에서의 과학적 기반을 추구하게 되었다(이원숙 2008: 55). 리치몬드(Richmond)의 『사회진단(*Social Diagnosis*)』(1917) 출간으로 과학적 문제해결의 과정으로 사회진단이 묘사되었고, 이후 과학적 방법으로 사회조사운동이 일어났다.

사회복지사가 갖추어야 하는 과학적 지식은 다음과 같다(이종복 외, 2015: 16).

① 사회적 조건과 사회문제에 관한 지식

② 사회정책과 프로그램에 관한 지식

③ 사회현상에 관한 지식

④ 사회복지 전문직과 실천을 위한 지식

사회복지실천의 과학성은 사회복지실천의 현장에서 편견이나 주관적 오류를 줄여 주고 사회복지실천 서비스를 좀 더 효율적이고 효과적으로 제공할 수 있는 기반이 되어 중요한 부분이라고 할 수 있다.

사회복지실천의 예술성은 사회복지사의 직관적 능력을 발휘해야 하는 것으로 정의할 수 있다. 사회복지사가 효과적인 개입을 하기 위해서는 클라이언트의 특성에 맞게 지식과 이론, 기술 등을 적절히 선택하여 적용해야 한다. 이를 위해서는 감정이입적 의사소통, 동정과 용기, 진실성, 창의적 사고, 직관적 능력, 희망과 에너지, 판단, 전문적 가치, 건전한 판단력, 용기, 장애를 극복하는 창의성, 변화에 대한 희망적 기대와 에너지를 불어 넣는 능력 등이 포함된다(김용환 외, 2013:

45; 이종복 외, 2015: 17).

사회복지사는 자신의 예술적 능력을 전문적 지식과 과학적 기반에 혼합시켜 적용하여야 한다. 즉, 과학성과 예술성이 조화롭게 융 · 복합적으로 이루어져야 한다. 이를 위해서는 클라이언트와 관계 형성, 창의적 사고하기, 동정과 용기, 건전한 판단력, 적합한 가치에 헌신하는 것들이 포함된다(양정남 외, 2011: 23). 사회복지실천은 예술과 과학의 조화이며 이들은 상호 보완적이 되어야 한다는 것이다(Sheafor & Horejsi, 2003; 양정남 외, 2011: 23).

6. 사회복지실천 이념

사회복지실천에 기반이 되는 이념을 살펴보면 다음과 같다(최세영 외, 2017: 20-23; 권향임 외, 2017: 20-23; 양옥경 외, 2005 37-41; 전남련 외, 2011: 28-35).

1) 종교적 인도주의와 박애주의

사회복지이념 발생 이전에는 주로 빈곤자에 대한 처우로서의 구호활동으로 시작되었다. 우리나라의 경우 품앗이, 두레 등으로 상부상조하는 활동을 하였다. 종교적인 윤리적 전통으로는 인도주의와 박애주의 사상으로 자선사업을 통해서 빈곤인들의 구제가 이루어졌다. 초기 종교적인 윤리와 자선과 박애주의적 인간애 사상이 사회복지실천 이념의 토대가 되었다고 할 수 있다.

2) 사회진화론

사회진화론은 다윈(Darwin)의 『종의 기원(*On the Origin of Species*)』(1895)에서 파급된 개념으로 자연법칙의 진화론을 사회법칙의 진화론에 적용시킨 것이다. 사회진화론은 사회복지실천의 사회통계적 측면에서 수용되었다. 예를 들어, 우애방문

자들이 빈곤층 대상자에게 기독교 사상을 강요하고, 충고에 따르지 않은 사람에게는 최소한의 도움을 제공하여 생존할 수 있게 함으로써 사회적합계층에 방해되지 않도록 한 것이다(양옥경 외, 2005: 37-41).

3) 민주주의

민주주의는 평등을 표방하여 클라이언트도 평등한 대우를 받을 권리가 있음을 말한다. 모든 인간은 평등하며 클라이언트도 대우받을 권리와 선택권이 있다고 주장한다. 민주주의는 빈곤의 책임을 사회 책임으로 돌리고 있다.

4) 개인주의

개인주의는 사회복지도 자유시장에 맡기는 정책을 펼치면서 개인권리 존중과 수혜자격의 축소가 강조되었다. 이는 '최소한의 수혜자격 원칙'을 낳아 빈곤자는 저임금 노동자보다 더 낮은 보조를 받도록 하는 정책이 반영되었다.

5) 다양화

글로벌시대에 강점을 인식하고 다양한 인구집단의 풍부한 문화적 배경, 역사, 견해 등을 이해하고 민감해야 함을 깨닫게 되었다(Maguoire, 2007). 소외계층에게 스스로 발전할 수 있는 여건을 제공하여 자기 변화를 위한 권한부여를 하는 것이다.

<함께 토의해 보기>

1. 사회복지실천의 정의에 대해서 설명해 보자.

2. 사회복지실천의 과학성과 예술성의 조화에 대해서 설명해 보자.

3. 제4차 산업혁명시대에 적절한 사회복지실천의 전문성에 대해 토의해 보자.

<함께 풀어 보기>

1. 사회복지실천의 정의와 거리가 먼 것은?
   ① 사람의 삶의 질 향상을 위해 개입하는 종합적 전문 활동이다.
   ② 사회복지사가 클라이언트에게 희망과 에너지를 주는 모든 활동이다.
   ③ 개인이나 집단의 사회적 기능을 향상시키는 것이다.
   ④ 사람과 자원체계 간 연결과 상호관계이다.

2. 사회복지실천의 이념으로 적절하지 않은 것은?
   ① 인도주의 ② 사회진화론 ③ 사회주의 ④ 다양화

3. 사회복지실천의 기능에 해당하지 않는 것은?
   ① 개인의 사회적 기능의 향상 ③ 사회정의 실현 향상
   ② 개인의 역기능 회복 및 치료 ④ 개인의 여가활동지원과 취업 알선

4. 다음 중 사회복지실천 요소에 해당하지 않는 것은?
   ① 사람 ② 장소 ③ 개인의 능력과 자산 ④ 문제

정 답

1. ② 2. ③ 3. ④ 4. ③

02

Theories of Social Work Practice

사회복지실천의 역사적 발달과정

제2장에서는 사회복지실천의 역사적 발달과정의 이해를 위한 내용을 제시한다. 이를 위해 서구 사회복지실천의 역사적 발달과정과 한국 사회복지실천의 역사적 발달과정으로 구분하여 살펴본다. 서구는 시대별 특성인 사회복지실천의 태동기, 전문교육과 실천이론의 전문성 구축기, 전문직 분화기, 통합기, 실천이론의 다양화와 책무성 강화기, 새로운 관점의 등장과 개입전략의 확장기 순으로 살펴보고, 한국은 사회복지실천의 태동기, 사회복지실천의 제도화와 전문성 확립기, 사회복지인력의 강화와 전문성의 다양화 시기로 구분하여 각 시대별 특성을 제시한다.

학 습 목 표

1. 서구 사회복지실천의 역사적 발달과정을 이해하고 설명할 수 있다.
   1) 19세기 말~1900년대의 사회복지실천의 태동기를 파악하고 설명할 수 있다.
   2) 1900~1920년대의 사회복지실천의 전문교육을 파악하고 설명할 수 있다.
   3) 1930~1940년대의 사회복지실천 전문직 분화기를 파악하고 설명할 수 있다.
   4) 1950~1960년대의 사회복지실천의 통합기를 파악하고 설명할 수 있다.
   5) 1970~1980년대의 사회복지실천이론의 다양화와 책무성 강화기를 파악하고 설명할 수 있다.
   6) 1990년대~현재의 새로운 관점의 등장과 개입전략의 확장기를 파악하고 설명할 수 있다.
2. 한국 사회복지실천의 역사적 발달과정을 이해하고 설명할 수 있다.
   1) 개화기~1960년대의 특성을 파악하고 설명할 수 있다.
   2) 1970~1980년대의 특성을 파악하고 설명할 수 있다.
   3) 1990년대~현재까지의 특성을 파악하고 설명할 수 있다.

1. 서구 사회복지실천의 역사적 발달과정

사회복지실천 영역은 전통적인 박애활동 및 자선의 형태에서 벗어나 보다 현실적이고 체계적인 방법으로 사회문제 또는 사회적 고통에 대처하기 위한 방안을 찾아내고자 하는 노력에서 비롯되었다(엄명용 외, 2014: 47).

서구의 전문직 사회복지실천의 변천과정을 영국과 미국을 중심으로 살펴보고자 한다(엄명용 외, 2014: 48-78; 나동석 외, 2014: 31-47; 김혜영 외, 2015: 25-42).

〈표 2-1〉 사회복지실천의 연도별 과정과 특성

연도	특성
19세기 말~1900년대	사회복지실천의 태동기
1900~1920년대	사회복지실천의 전문교육과 실천이론의 전문성 구축기
1930~1940년대	사회복지실천이론의 전문직 분화기
1950~1960년대	사회복지실천의 통합 시도기
1970~1980년대	사회복지실천의 통합 발전과 책무성 강화기
1990년대~현재	새로운 관점의 등장과 개입전략의 확장기

출처: 박세정 외, 2008: 56; 우국희 외, 2018: 53-58 재구성.

1) 19세기 말~1900년대: 사회복지실천의 태동기

(1) 자선조직협회(COS: Charity Organization Society)

18세기 중엽 영국에서 산업화 · 도시화가 진행되면서 도시 빈민이 발생하기 시작하였고 도시 빈민 문제를 해결하기 위한 목적으로 1800년대 초부터 영국에서 민간구제기관이 출현하였다. 민간구제기관은 빈곤가정을 방문하여 자립계획을 제시하고 경제활동지도를 하였다. 그러나 이러한 활동들은 서로 조정이 되지 않아 중복구제가 일어나기도 하였으며, 중복구제와 사회복지기관의 활동을 조절하기 위한 목적으로 1869년 런던에 최초로 자선조직협회(COS)가 결성되었다(엄명용 외, 2006: 5).

자선조직협회는 주로 자원봉사자들이 직원으로 원조를 담당하였고 이들을 '우애방문자(friendly visitor)'라고 불렀다. 이들은 중산층의 부인들로 구성되었고, 빈민가족을 방문하여 "빈민에게 물고기를 주지 말고 물고기 잡는 방법을 알려 주자."라는 표어를 내걸고 가정생활지도, 아동교육, 가계경제에 대한 조언 등을 제공하였다. 이들의 원조는 빈민들에게 중산층 기독교인의 도덕적 의무와 가치관으로 교화시키는 것을 큰 역할로 삼았다(이종복 외, 2015: 60). 우애방문자들은 가정 방문, 면담, 기록, 사례관리연구 등을 수행하면서 빈민의 중복지원을 방지하고 효율적인 관리를 위하여 연락기관을 설치하였다. 자선조직협회의 주된 기능은 구제신청자에 대한 과학적이고 면밀한 조사, 구제 중복을 피하고 효율적 구제활동을 전개하기 위한 구제등록의 실시, 여러 구제기능 간의 조정 등을 실시하였다.

영국에서 최초로 조직된 자선조직협회는 미국으로 건너갔고, 1877년 뉴욕 버펄로(Buffalo)에 설립된 자선조직단체가 최초의 자선조직이 되었다. 그 후 1877년부터 1892년까지 15년간 미국 내에는 92개의 자선조직단체가 설립되어 보다 효과적으로 원조활동을 전개하였다. 1900년대에 이르러서는 자원봉사자들이 점차 보수를 받는 정식 직원으로 대치되었다(양정남 외, 2003). 이러한 자선조직협회(COS)의 활동은 빈민에 대한 면밀한 환경조사를 기반으로 개별사회복지, 가족복지의 시초, 사회복지조사 및 지역사회실천 활동에 근간이 되었다(Johnson & Yanca, 2009; 사회복지연구센터, 2016).

(2) 인보관운동(Settlement House Movement)

인보관운동은 자선조직협회(COS)와 동시에 등장한 빈곤해결운동이다. 세계 최초의 인보관은 1884년 런던 이스트 엔드 지역에 세워진 토인비홀(Toynbee Hall)이며, 설립자는 바네트(Samuel Barnett) 목사이다. 옥스퍼드 대학과 케임브리지 대학생들이 바네트 목사와 함께 Settlement(정착) 이념을 실천하기 위해 빈곤 지역에 있는 사회복지관에서 빈곤자와 함께 공동생활을 하면서 빈곤인에게 정신적인 교육을 통해 스스로 가난에서 벗어나도록 활동을 하였다(전남련 외, 2008: 80 재구

성).

가장 유명한 인보관 중 하나는 미국 시카고에 있는 헐하우스(Hull House)이다. 이것은 토인비 홀을 모델로 하여 제인 아담스(Jane Addams)가 1889년에 세운 것이며, 헐하우스에서 일하는 모든 사람들은 이 기관에서 숙식하면서 함께 생활하였다. 이 때문에 세틀먼트 하우스(Settlement House)가 되었다. 이곳에서 일하는 대부분은 대학생이었고 주택문제, 공공위생문제, 고용주로부터의 고용착취 등에 관심을 갖고 사회개혁을 시도한 사람들이다(전남련 외, 2008: 81).

인보관운동은 빈민들과 함께 거주하면서 주택 개선, 공중보건 향상, 고용주들의 빈민 노동착취를 방지하기 위한 활동 등 사회문제의 해결에 힘썼다. 즉, 3R 운동으로 거주(Residence), 연구조사(Research), 개혁(Reform)을 강조하였다. 이는 연구와 조사를 통해 사회제도를 개혁해야 하며, 함께 살면서 같이 생활하지 않으면 빈민을 이해하지 못한다는 것으로 소외계층에 대한 역량 강화 또한 강조한 것이다(최세영 외, 2017: 59).

인보관운동은 집단지도와 지역사회조직의 시초라 할 수 있는데, 문제의 원인을 환경에서 찾고자 하였으며, 특히 개인을 둘러싼 환경과의 상호작용에서 개인이 어떻게 대처하는가에 따라 문제가 발생 또는 해결될 수 있다고 믿었다. 따라서 사회복지실천가는 다양한 교육적인 집단 활동을 제공하였고, 더욱 정책적 · 거시적 체계의 변화를 도모하고자 노력하기 시작하였다(최혜지 외, 2013; 박주현 외, 2014). 그 외에도 직업기술 훈련, 언어(영어) 훈련, 환경 개선 운동 등을 공동으로 전개함으로써 빈민의 자립 여건을 위한 집단적 노력을 실천하였다. 후에 사회복지실천에 있어 집단사회사업, 지역사회조직활동에 영향을 주었다(최세영 외, 2017: 59).

〈표 2-2〉 자선조직협회와 인보관운동 비교

구분	자선조직협회(1869)	인보관운동(1884)
사회문제의 원인	개인적 속성	환경적 요소
이데올로기	사회진화론	자유주의, 급진주의
주요 참여자	상류층과 중산층	지식인과 대학생
접근방법	빈민개조, 역기능의 수정	빈민과 함께 거주, 사회행동
역점 분야	기관들의 서비스 조정	교육적 사업
성격	사회질서 유지 강조	사회개혁 강조

출처: 사회복지사수험연구소, 2019: 221 재인용.

2) 1900~1920년대: 사회복지실천의 전문교육과 실천이론의 전문성 구축기

사회복지실천의 전문적 교육과 훈련은 자선조직협회가 우애방문자들을 교육해야 할 필요성을 느끼고 교육 프로그램을 마련하면서 시작되었다. 뉴욕자선학교가 미국 최초로 6주 동안 교육을 하였고, 1904년부터 1년의 정규과정으로 진행되어 오다가, 1910년 2년의 정규교육 프로그램으로 채택되었다. 이것이 사회복지실천에 대한 최초의 정규교육과정이며(양옥경 외, 2005: 69-70), 1921년에는 미국사회사업가협회(AASW: American Association of Social Workers)가 결성되었다(나동석 외, 2014: 35).

무보수였던 우애방문자들에게 지속성과 책임성을 부여하기 위해 적은 액수지만 보수를 제공하면서 전문적인 사회복지실천이 시작되었다. 우애방문자들이 보수를 받으면서 봉사에서 전문가로서의 기회를 갖게 되었고 책임성이 높아지고 활동 영역도 넓어졌다. 유급 우애방문자들을 지도 감독하는 역할을 담당할 관리자를 고용하게 되었고 이는 현대의 슈퍼바이저 역할을 하게 되었다(나동석 외, 2014: 35).

1915년 플렉스너(Flexner)에 의해 사회복지실천 전문직에 대한 심각한 도전을 받게 되었다. 플렉스너(Flexner)는 "사회복지실천은 어떤 특수한 전문가적 기능을 담당하기에는 특수한 기술이 부족하기 때문에 아직까지 전문직이라 부를 수 없다."라고 주장하였다(김융일 외, 2005). 이에 영향을 받아 리치몬드(Richmond)

는 그가 지적한 전문적 방법의 결여 문제를 해결하고자 1917년에 『사회진단(*Social Diagnosis*)』을 출간하였다. 진단이라는 용어를 최초로 사용하면서 '사회조사→사회적 증거의 체계적 수집→문제의 원인 진단→치료'라는 규칙과 방법을 제시하여 사회복지실천의 이론과 방법을 체계화하였다(우국희 외, 2015: 47). 1919년 전문 사회복지학교가 설립되었고, 1921년 미국사회복지사협회(AASW)가 창립되면서 사회복지실천의 전문성이 확보되었다.

1920년대 들어 지역사회센터가 건설되었고 주민들의 자발적인 집단활동이 시작되면서 체계적인 집단지도기술이 요구되었고, 집단사회사업 전문교육이 시작되었다(나동석 외, 2014: 39). 1922년에 리치몬드는 『개별실천이란 무엇인가?(*What is Social Case Work?*)』라는 책을 저술하여 개별사회사업(Case Work)이란 "개인 인간과 환경 간의 적절한 조화와 조절을 통해서 인격발달을 이루어 가는 과정"이라고 정의하였다(박주현 외, 2011; 사회복지교육연구센터, 2016). '환경 속의 인간(person in environment)'은 이 책을 통해서 비롯되었다. 1924년에는 미국 정신의학 사회복지사협회가 설립되었다. 이 시기에는 유급사회복지직원을 채용하고, 사회복지사 교육과정이 시작되었으며, 다양한 사회복지 전문협회가 조직되어 전문직으로서의 사회복지가 구축되었다(김용환, 외, 2013: 54).

3) 1930~1940년대: 사회복지실천 전문직 분화기

1930년대의 세계대공황으로 인하여 문제의 관심이 사회로 이동하였고 계층 간 갈등은 진단주의와 기능주의의 대립을 일으키게 되었다. 이로써 집단사회사업과 지역사회조직이 실천방법으로 인식되기 시작했다(김혜영 외, 2015: 31).

(1) 진단주의와 기능주의: 개별사회사업

미국의 1930년 경제대공황으로 성실한 사람들이 직업을 상실하고 우울증에 걸리는 등 문제를 보이자, 개인문제의 근원을 사회로 보게 되었고 개별사회사업의

접근에서도 진단주의 학파와 기능주의 학파로 분리되었다(양옥경 외, 2005: 45). 진단주의 학파는 과거 중심적이며, 성장과정상의 문제에 초점을 두었으나, 기능주의 학파는 대공황에 의한 다양한 개인적 문제 상황의 근원을 사회에 두면서 두 학파 간의 갈등이 시작되었다.

〈표 2-3〉 진단주의와 기능주의의 비교

내용	진단주의(1920)	기능주의(1930)
주요 인물	Freud 영향 Richmond, Hamilton, Austin, Garrett 등	Otto Rank의 영향 Robinson, Taft, Smally, Pray 등
이론	정신분석 이론에 근거	Otto Rank의 의지(will)의 이론
인간관	과거의 영향 강조, 병리적 · 결정론적 인간관	'지금-여기' 현재 강조, 낙관적 인간관
개입	사회복지사 중심 / 진단과 전문적 치료 중시	클라이언트 중심 / 치료보다 원조과정 중시
특징	과거 중심적*질병의 심리학	사회환경 중시*성장의 심리학

출처: 이종복 외, 2012: 91; 김용환 외, 2013: 58, 재구성.

진단주의는 1920년대 프로이트(Freud)의 정신분석학에 영향을 받아 과거 어린 시절에 대한 분석을 통한 진단을 중시하면서 초기 아동기에 발견되지 않은 문제와 클라이언트가 자라 온 과정을 탐구하는 것을 기반으로 한다. 이후 진단주의는 해밀턴(Hamilton)에 의해 이론적으로 정립되었고, 이어 홀리스(Hollis)에 의해 '심리사회적 모델'로 체계화되어 현대 사회복지실천모델의 하나로 발전하였다(나동석 외, 2014: 38).

기능주의는 오토 랭크(Otto Rank, 1939)의 이론에 기반을 두고 있으며, 클라이언트를 질병이 있거나 일탈한 자로 간주하기보다 특별한 서비스가 필요한 사람이라고 보았다. 대공황에 의한 문제를 프로이트(Freud)의 과거와 무의식 문제로 규정 짓는 것은 현실감이 떨어진다고 주장하면서 더 나은 기능을 회복하는 것이 중요하다고 보았다(이종복 외, 2012: 90). '여기-지금(here and now)'의 상황에 초점을 두고, 인간은 과거에 얽매이지 않고 스스로 선택할 수 있는 의지(will)와 성장(growth)에 대한 잠재적 힘이 있다고 믿었다. 따라서 클라이언트는 기관이 제공

하는 기능 한도 내에서 스스로 선택하고, 자신의 성장을 위한 과제를 수행하면서, 현재 그에게 시급한 문제해결과정에 참여할 수 있다(김혜영 외, 2015: 32). 사회복지사와 클라이언트 간의 관계에 초점을 두어 치료는 사회복지사가 아니라 클라이언트에게 있음을 강조하고 치료라는 말 대신 '원조과정'이라는 용어를 사용했다(이종복 외, 2012: 90).

(2) 집단사회사업

집단사회사업은 1930년대 이후 인식되기 시작하였다. 1936년 '미국집단사회사업연구회'가 결성되었고, 1946년에 미국 집단사회사업협회가 조직되면서 집단사회사업을 사회복지실천기술로 인정하였다(최세영 외, 2017: 65; 김용환 외, 2013: 55). 1945년 이후 제2차 세계대전 참전군인들의 전쟁 후유증으로 인한 정신적 문제와 사회부적응 문제로 정신의학적 집단사회사업이 활발히 전개되었다. 이후 정신병원과 진료소에서 집단사회사업 활동이 증가하였으며, 아동상담소에서도 집단사회사업을 활용하기 시작하였다(김혜영 외, 2015: 32).

(3) 지역사회조직

1930년대에 들어 대공황 이후 미국 정부는 뉴딜정책을 펼치면서 공공 영역에 사회복지사들을 대거 고용하기 시작하였다. 민간사회사업의 한계가 드러나고 공공복지관이 설립되면서 지역사회실천으로 발전하였고, 공공기관에서 활동하는 사회복지사 수도 증가하였다. 지역사회의 초석이 되었던 레인(Raine)의 보고서는 지역사회조직의 개념, 방법 및 활동 등을 체계화하였고, 지역주민의 욕구와 자원 간의 조정을 주요한 기능으로 인식하고 있었다(김혜영 외, 2014: 33). 또한, 지역사회조직이 사회복지실천의 한 분야로 정착하게 되었다.

4) 1950~1960년대: 전문사회복지실천의 통합 시도기

1950년대는 대공황의 극복과 제2차 세계대전을 거치면서 복합적인 문제를 가진 클라이언트에 개입하기 위한 새로운 형태의 방법론을 개발하게 되었다(Germain, 1983). 펄먼(Perlman)은 1957년 진단주의 입장에서 기능주의를 부분적으로 통합한 절충모델로서 문제해결모델을 제안하였다. 문제해결모델은 자아인식 기능의 검증을 통한 반성적 사고의 과정을 강조하는 진단주의 입장과 함께 역동적 사회구조에서 목표달성을 위해 능동적으로 행동하는 주체적 존재로서의 인간을 강조하는 기능주의 입장을 동시에 고려하였다. 즉, 인간의 삶 자체를 문제해결의 과정으로 보며, 클라이언트 스스로 자신의 문제를 해결할 수 있도록 원조하는 것을 목표로 하였다(사회복지사수험연구소, 2019: 223).

1960년대에는 미국 사회에 빈곤 심화로 인한 구호 대상자가 폭발적으로 증가하면서 빈곤 문제가 사회적 · 정치적 쟁점으로 다시 부각되었다. 이에 따라 직업훈련 프로그램, 푸드 스탬프(Food Stamp) 프로그램 등 빈곤 프로그램들이 생겼다(이원숙, 2008; 김용환 외, 2013: 59). 미국사회복지사협회(NASW)는 1960년에 윤리강령을 제정함으로써 전문직의 조직화에 노력을 기하였다. 거시적이고 통합적인 측면에서 접근해야 할 필요가 있어서 1962년 미국사회복지사협회는 내부의 분회세도를 폐지하고 통합적 방법을 지향하는 '사회복지실천'이라는 용어가 등장하여 일반화되기 시작했다(양정남 외, 2011: 40).

이 시기는 사회서비스 대상층의 문제가 전통적인 케이스워크, 그룹워크, 지역사회조직 어느 하나만으로는 잘 맞지 않으며, 오히려 방법의 절충이 복잡한 문제와 상황을 해결하는 데 도움이 된다는 사실이 인식되기 시작했다. 사회복지사들은 개인, 집단, 지역사회 어느 한 영역에서만 일하는 것이 아니라 이들 세 가지 수준을 넘나들면서 일하도록 기대되고, 또 그렇게 훈련되었다(우국희 외, 2017: 53).

5) 1970~1980년대: 사회복지실천의 통합 발전과 책무성 강화기

1970년도에 들어서면서 사회복지 실천모델에 대한 연구가 활발해졌고, 다양한 실천모델이 출발되었다. 정신분석이론이나 자아심리학에 추가해서 일반체계이론, 생태체계이론 등이 통합화의 유용한 이론으로 등장하였고, 전통적인 방법론으로부터 생태체계론적 관점에 입각한 새로운 방향으로 전환되었다(최세영 외, 2017: 69). 1970년대부터 전통적인 사회복지 실천방법이 복잡한 문제와 상황에 반응하기 위해서 개별 사회사업, 집단 사회사업, 지역사회조직 방법론 간 통합의 필요성이 요구되었다. 이 시기에 등장한 통합 방법론의 모델로는 핀커스와 미나한(Pincus & Minahan)의 4체계모델, 골드스타인(Goldstein)의 단일화 모델, 콤튼과 갈라웨이(Compton & Galaway)의 문제해결과정 모델, 저메인과 기터맨(Germain & Gitterman)의 생활모델 등이 있다.

또한, 1970년부터 시작된 세계경제 위축은 건강 및 사회서비스 영역의 비용 절감에 압력을 주어 효과성이 입증된 개입방법의 선별적 선택이 사회복지사의 우선 책임으로 강조되었다. 효과성입증 치료방법은 환자 상태를 향상시킬 뿐만 아니라 국가의 건강보호비용을 절감시킬 것이라고 보았다(Drisko, 2014). 사회복지사들은 증거기반실천으로 과학적이고 객관적인 조사증거를 실천노력에 포함시켜 효과성과 전문성 그리고 공공의 신뢰를 획득하게 되었다(우국희, 2015: 55-56).

6) 1990년대~현재: 새로운 관점의 등장과 개입전략의 확장기

1990년대 이후부터 21세기 초반에 이르기까지 사회복지실천과 관련된 영역은 계속 발전해 오고 있으며, 새로운 관점 등장과 개입전략의 확장기로서 개인의 책임감을 강조하는 보수적 관점이 뚜렷이 나타나는 경향이 있다. 사회복지사는 단기해결중심치료, 실기교육 프로그램, 사례관리, 기관 간의 일을 하고 있는 것으로 나타났다(김용환 외, 2013: 61).

2001년 켄터키회의(Kentucky conference)에서는 새천년 시대의 사회복지실천

에 대해 논의하였으며, 사회복지사로서의 정체성, 실천 활동, 현재의 실천에 대해 점검하였다. 21세기에는 다시 환경 속의 인간이 강조되면서 광범위한 접근이 사회복지실천에서 강조되고 있다(Frey & Dupper, 2005: 142–147). 사회복지사는 다양성에 대한 관대함과 수용성을 증가시키는 노력을 해야 한다. 이에 다양한 집단에 필요한 개입기술과 개입모델 개발에 관한 논의가 등장하고 있다. 사회복지사가 '다양성을 포용하는 사회복지실천'을 하고 있는지를 확인하기 위해 또는 다양한 집단의 구성원이 기대하는 방식대로 그 집단과 일할 수 있기 위해 '문화적 유능성'이라는 개념을 발전시키고 있으며, 이는 21세기로 나아가면서 사회복지사에게 필요한 배경지식을 갖추는 데 중요한 공헌을 하고 있다(이경남 외, 2008: 75).

사회복지실천 현장에서는 사례관리(case management)가 강조되고 있다. 사례관리는 복합적인 욕구를 지닌 클라이언트의 기능회복과 삶의 질 향상을 위해 공식적·비공식적 지원 활동의 네트워크를 조직하고 조정·유지하는 활동이다. 사례관리는 적절한 서비스나 기회를 확인하고 포괄적인 서비스 계획을 개발하며, 각종 서비스에 대한 클라이언트의 접근이 용이하도록 옹호를 제공하고 적절하게 효과적인 서비스를 전달하는 활동으로서 중요 실천방법으로 정착해 가고 있다(김용환 외, 2013: 61). 또한, 사회복지실천가의 문화적 역량 향상을 위한 지속적인 훈련의 필요성이 강화되고 있으며, 영성(spirituality)과 마음 챙김(mindfulness) 등 사회복지실천의 다양한 접근이 공존하고 있다(조흥식 외, 2009; 최혜지 외, 2013; 박주현 외, 2014).

2. 한국 사회복지실천의 역사적 발달과정

한국 사회복지실천 발달과정을 시대별로 살펴보면 다음과 같다(엄명용 외, 2006: 57–68; 나동석 외, 2014: 45–47; 김혜영 외, 2015: 37–39; 사회복지교육연구센터, 2011: 92–97; 사회복지사 1급 수험서, 2014: 219–225).

1) 개화기~1960년대: 한국 사회복지실천의 태동기

한국전쟁 발발 후 발생한 전쟁 난민 구호 활동을 위해 국제연합(UN)의 요청에 의해 각국의 외원단체들이 구호물품이나 성금을 한국으로 보내 주거나 직접 한국을 방문하여 구호 사업을 지원 · 전개하기 시작하였다. 원조기관들의 연합체로서 외원단체 협의회(KAVA)는 ① 정보 교환과 사업의 평가 계획, ② 사업의 연락과 조정, ③ 단체교섭 등의 활동을 하였다(윤흠, 1958: 21; 카바40년사편찬위원회 편, 1995: 214, 재구성). KAVA는 1970년대 초반까지 약 15년간 활발한 활동을 하였으며, 우리 정부보다 더 많은 재원으로 사회복지서비스를 펼치고 다양한 활동을 전개하였기 때문에 '제2의 보건사회부'라는 별명도 들었다. KAVA의 개별 외원단체들은 한국전쟁 직후에는 주로 긴급구호에 치중하여 양곡을 배급하고 긴급의료서비스를 제공하였다. KAVA 및 그 회원 단체들의 활동은 사회복지실천의 전문화에 어느 정도 기여하였다(엄명용 외, 2014: 58-68).

외원기관에서 출발하여 현재까지 사업을 전개하고 있는 기관들은 기독교아동복지회(현 어린이재단), 선명회(현 월드비전), 홀트아동복지회, 한국지역사회복리회(현 세이브더칠드런), 캐나다 유니테리언 봉사회(현 한국봉사회), 메노나이트 중앙재단(현 가정복지회), 스웨덴 아동구호연맹(현 한국아동복지회), 양진회(현 양친사회복지회), 태화기독교사회복지관 등이 있다(엄명용 외, 2014: 58-68).

2) 1970~1980년대: 한국 사회복지실천의 제도화와 전문직 확립기

외원 원조단체들이 철수함에 따라 사회복지사업을 지속시키기 위한 새로운 방안이 모색되어야 했으며, 그동안 주요한 역할을 담당해 오던 민간단체를 효율적으로 관리할 필요성이 발생되던 시점에서 「사회복지사업법」 제정이 이루어졌다. 그리고 1970년에는 보건사회부 장관의 허가를 받아 사회복지법인 '한국사회복지협의회'가 발족되었다(정근식 · 주윤정, 2013). 1970년대의 이러한 제도화 노력과 더불어 1980년대는 여러 대학교에서 사회사업학과가 사회복지학과로 명칭을 바꾸

면서 실천 중심의 교육에서 정책과 행정 등의 거시방법론이 도입되어 교과과정의 범위가 보다 다양화되기 시작했다(김융일, 2003).

(1) 사회복지실천의 교육적 정착기

1947년 이화여자대학교 사회사업학과가 설립되었고, 1953년 현재의 강남대학교인 중앙신학교에 사회사업학과가 설치되었다.

(2) 사회복지사업의 제도화 및 교육의 다양화

1970년대는 민간에서 이루어지던 다양한 사회복지사업이 제도화되기 시작한 시기이다. 가장 주된 변화는 1970년 「사회복지사업법」의 제정이다.

① 지역사회복지 영역으로는 1985년부터 시도 단위로 종합사회복지관이 설립되기 시작하였다.

② 의료사회사업 영역은 1973년 의료법 시행규칙 시행에 따라 종합병원 단위의 의료기관에서 사회복지사를 의무적으로 고용하게 되었다. 1973년 '대한의료사회사업가협회'가 창립되었다.

③ 공공영역에서는 1987년 사회복지 전문요원(현재 사회복지 전담공무원)이 공공영역에 배치되었다.

④ 전문가협회에서는 1959년 한국개별사회사업협회, 1967년 한국사회사업가협회, 1973년 대한의료사회사업가협회(2000년 대한의료사회복지사협회로 변경)가 창설되었다.

3) 1990년대~현재: 사회복지 인격과 자격제도의 전문성 강화기

1995년 「정신보건법」이 제정되었고, 1997년 정신보건복지사 자격을 제정하였다. 1997년 한국학교사회복지학회가 설립되었고, 1999년부터 별정적 사회복지 전문요원을 일반적(사회복지직) 사회복지 전담공무원으로 전환하였다.

1997년 「사회복지사업법」이 전면 개정되면서 사회복지사협회가 법정 단체가 되어 자격증 발급 업무를 위탁받았으며, 1999년 신입생부터 국가고시를 통해 1급 자격을 획득하도록 하였다. 2003년 최초로 사회복지사 1급 국가자격시험이 실시되었으며, 이때부터 현재까지 1급은 국가시험을 통해, 2급은 법정 교과목 이수 여부를 통해, 3급은 실천기관에서의 종사 경험 등의 과정을 통해 배출되고 있다(우국희 외, 2015: 59-60). 2019년 현재의 시점에서는 사회복지사 전문성의 질 높은 관리 강화를 하려는 노력으로 아직은 시행되고 있지는 않지만, 사회복지사 취득 법정교과목 중 일부 과목의 명칭 변경과 선택과목의 수를 추가하고 실습시간을 확대 강화하려는 계획 등이 활발히 전개되고 있다.

<함께 토의해 보기>

1. 서구 사회복지실천의 역사적 발달과정에 대해서 설명해 보자.

2. 한국 사회복지실천의 역사적 발달과정에 대해서 설명해 보자.

3. 외원기관으로 출발하여 현재까지 활동하고 있는 사회복지관을 2개 이상 설명해 보자.

4. 진단주의와 기능주의를 비교 분석해 보자.

<함께 풀어 보기>

1. 우애방문자에 대한 설명으로 맞지 않는 것은?
   ① 자선조직협회의는 주로 자원봉사자를 '우애방문자(friendly visitor)' 라고 불렀다.
   ② 우애방문자들은 빈민가족을 방문하여 가정생활지도, 아동교육, 가계경제에 대한 조언 등을 제공하였다.
   ③ 우애방문자들은 적절한 보수를 받고 봉사를 하였다.
   ④ 우애방문자들은 "빈민에게 물고기를 주지 말고 물고기 잡는 방법을 알려 주자."라는 표어를 강조하였다.

2. 다음의 빈칸에 알맞은 내용을 채우시오.

구분	자선조직협회(1869)	인보관운동(1884)
사회문제의 원인	가.	환경적인 요소
주요 참여자	상류층과 중산층	나.
접근방법	빈민개조, 역기능의 수정	다.

정답

1. ④ 2. 가. 개인적인 속성, 나. 지식인과 대학생, 다. 빈민과 함께 거주, 사회행동

03

Theories of Social Work Practice

사회복지실천의 가치와 윤리

제3장에서는 사회복지실천의 가치와 윤리에 대한 개념과 필요성을 제시하고 가치갈등과 윤리갈등의 이유를 제시한다. 그리고 사회복지사의 윤리강령을 살펴보고 가치와 윤리적 딜레마(갈등)에 대처하기 위한 방안을 모색한다. 가치와 윤리갈등에 대한 사례분석을 통해서 사회복지사의 갈등해결방안을 제시하고 있다.

학 습 목 표

1. 사회복지실천과 가치를 이해하고 설명할 수 있다.
2. 사회복지실천과 윤리를 파악하고 설명할 수 있다.
3. 사회복지실천에서 가치와 윤리적 딜레마를 이해하고 대처방안을 설명할 수 있다.
4. 사회복지사의 전문적 자아에 대한 성찰의 중요성을 알고 설명할 수 있다.

1. 사회복지실천과 가치

1) 사회복지실천 가치의 개념

사회복지사에게 가치는 '사회복지의 중요한 본질'로 간주되어 왔다(Gordon, 1965: 20). 전문적 가치는 개인적 가치와 다르다(Horner & Whitback, 1991). 미래의 사회복지사들은 전문적 가치에 대해서 교육을 받는다(Congree, 1992; Joseph, 1991; Lewis, 1987).

로웬버그(Loewenberg)는 가치(value)란 "믿음과 같은 것으로 좋고 바람직한 것에 대한 지침이며, 적합한 행동의 선택에 대한 지침이다."라고 하였고, 『웹스터 사전(*Webster's Dictionary*)』은 가치를 "본래적으로 가치 있는 또는 바람직한 무엇"이라고 정의하고 있으며, 콜스(Kohs, 1966: 15-16)는 가치란 "사람에 관하여 그리고 사람을 다루는 적절한 방법에 대해 전문직이 갖고 있는 신념으로 생각될 수 있다."라고 하였다. 엄명용 외(2011)는 가치란 "어떤 행동이 좋고 나쁘며, 옳고 틀리며, 바람직하고 바람직하지 못하다는 도덕적 판단의 기준을 말하며, '~이래야 한다, ~저래야 한다'는 당위성을 이야기한다."라고 하였다.

따라서 가치란 사회 구성원들에 의해 결정된 바람직한 신념과 지침, 믿음이며, 사회복지실천 현장에서 사회복지사가 선택해야 하는 실천의 방향을 제시해 주는 것이다.

2) 사회복지 전문직의 핵심가치

미국사회복지사협회(NASW)의 1996년 윤리강령에서 제시된 전문직의 가치 6가지를 보면 다음과 같다(Congress, 1999; 강선경 외 역, 2005: 32).

① 사람에 대한 서비스: 사회복지사의 주요 목적은 어려움에 처한 사람을 도우며 사회적 문제를 다룬다.

② 사회정의: 사회복지사는 사회의 부정의에 도전한다.

③ 개인의 존엄성과 가치: 사회복지사는 개인의 고유한 존엄성과 가치를 존중한다.

④ 인간관계의 중요성: 사회복지사는 인간관계의 본질적인 중요성을 인정한다.

⑤ 성실성: 사회복지사는 신뢰성 있게 행동한다.

⑥ 능력: 사회복지사는 그들의 능력 범위 내에서 사회복지를 실천하며, 그들의 전문성을 발전시킨다.

레비(Levy, 1973)는 사회복지 전문직 자체의 가치를 사람, 결과, 수단의 세 개 집단으로 구분하여 사회복지 전문직이 업무를 수행해야 할 때 지켜야 할 믿음의 체계를 다음과 같이 설명하였다(Levy, 1973: 34–42; 양옥경 외, 2010: 44–45).

① 사람 우선의 가치이다. 이는 전문직 수행의 대상인 사람 자체에 대해 전문직이 갖추어야 할 기본적 가치로서 인간의 본성을 제시해 줄 수 있는 가치이다. 개인의 개별성에 따라 권한을 인정하기, 능력의 인정, 인간의 가치와 존엄성 존중, 소속의 욕구, 독특성, 상호적 책임 등 일반적인 인간적 욕구 등을 인정하는 가치이다.

② 목표로 하는 결과적 가치를 말하며, 서비스 제공 후 초래하는 결과에 대한 가치로서 바람직한 결과성취를 위해 가져야 하는 가치이다. 인간의 기본적 욕구 충족, 부적절한 교육이나 주택문제 등의 사회문제를 제거하는 것을 의미한다.

③ 인간을 다루는 수단적 가치로서 서비스 수행방법 및 수단과 도구에 대한 가치관이다. 자기결정권 존중, 비심판적 태도가 해당한다.

2. 사회복지실천과 윤리

1) 사회복지실천 윤리의 정의

최근 들어 윤리가 각광을 받는 이유는 과학기술의 발전 때문이라고 할 수 있다(Reaner, 1999: 7; 이종복 외, 2015: 42 재인용). 장기이식이나 유전공학의 실현으로 클라이언트가 인공수태 혹은 안락사를 원한다거나 성 감별을 통한 유산 등 윤리적 결정을 해야 하는 상황에 놓이게 된다. 이 상황에서 사회복지사의 개입이 필요하다(이종복 외, 2015: 42).

바커(Barker, 1995)에 의하면 윤리(ethics)란 "선악의 속성이나 도덕적 의무를 결정하는 일련의 지침, 행동기준 또는 원칙"이다. 즉, 윤리란 어떤 행동의 옳고 그름에 대한 판단으로 사회복지 가치기준에 맞는 실천을 하였는가에 대한 판단기준을 제시한다(양옥경 외, 1995: 29).

사회복지실천에서 가치는 '추구해야 하는 이상적인 것'과 관련된 것이고 윤리는 '가치를 실현하는 실천적인 것'과 관련된다(이종복 외, 2015: 42).

윤리강령은 사회복지사가 모든 상황에서 어떻게 행동을 할 것인지에 대한 규율을 제공한다기보다는 사회복지사가 현장에서 적절히 적용시켜야 하는 것임을 의미한다(NASW, 1996: 2-3).

2) 윤리강령의 기능

사회복지사에게 요구되는 윤리강령의 기능은 다음과 같다(사회복지사수험연구소, 2019: 215).

① 사회복지사는 윤리적 민감성을 고양시켜 윤리적 실천을 재고한다.
② 사회복지사의 비윤리적 실천으로부터 클라이언트를 보호한다.
③ 실천현장에서 윤리적 갈등이 생겼을 때 윤리적 실천을 수행하기 위한 구체적인 지침을 제공한다.

④ 전문직으로서의 사명과 전문직 활동의 방법론에 관한 규범을 수립하는 데 있어서 기준을 제시한다.
⑤ 전문직으로서의 전문성을 확보하며, 이를 일반 대중에게 알리는 수단으로 활용된다.

3) 사회복지사에게 윤리성을 요구하는 이유

사회복지사에게 윤리성을 요구하는 이유는 다음과 같다(엄명용 외, 2011; 이경준 외, 2014: 71-72 재인용).

① 사회복지실천의 3대 구성요소인 지식, 기술, 가치에서 가치는 윤리적 측면을 포함하고 있다. 사회복지실천에는 클라이언트 가치, 사회복지사 가치, 사회복지 전문직 가치, 사회의 가치가 영향을 줄 수 있기 때문이다.
② 전문직의 구성요소 중 하나로 윤리성이 강조된다. 한국사회복지사협회가 설립(1967년)된 초기부터 사회복지사 윤리강령을 채택하였고 이를 준수하도록 의무화하고 있다.
③ 사회복지대상자들은 대부분 사회적 약자 및 소수자이다. 이들은 사회적으로 권력과 지위를 가지고 있지 못하므로 사회복지사에게 윤리성이 요구된다.

4) 전미사회복지사협회의 윤리강령

1996년에 개정된 전미사회복지사협회 윤리강령에서 제시하는 전문가 핵심가치와 윤리적 기준을 살펴보면 다음과 같다(이효선, 2003; 김기태 외, 2007; 박주현 외, 2014; 이영실 외, 2006; Congress, 2005: 12-18; 최세영, 2017: 40 재구성).

(1) 서문

사회복지사의 임무와 핵심가치를 제시하고 있다. 임무란 인간의 복지 향상, 기본적인 욕구충족, 빈곤자들의 욕구와 임파워먼트에 대한 관심을 내용으로 한다.

(2) 목적

① 사회복지사의 사명에 근거한 주요 가치 확인
② 전문직의 주요 가치 반영
③ 윤리적 딜레마를 다룰 때 고려해야 할 관련 사항을 결정하는 데 원조 제공
④ 전문적 책임성 차원에서 공공에게 대체적인 윤리적 표준 제공
⑤ 사회복지사의 사명, 가치, 윤리적 원칙, 그리고 윤리적 기준에 대하여 신진 사회복지사를 사회화시킴
⑥ 사회복지사의 비윤리적 행위 관여 여부를 사회복지 전문직이 판단할 수 있는 기준을 마련하였고 이 기준을 어길 시에는 미국사회복지사협회(NASW)의 공식적인 판결절차가 따를 수 있음
⑦ 사회복지사는 전문적 능력을 가진 분야에서 전문적인 숙련성을 개발하고 향상시킴

(3) 윤리적 원칙

① 서비스 제공	④ 인간관계의 중요성 인식
② 사회정의	⑤ 충실(신뢰성 확립)
③ 인간에 대한 존엄성	⑥ 능력 증진의 차원

(4) 윤리적 기준

① 클라이언트에 대한 윤리적 책임	④ 전문가로서의 책임
② 동료에 대한 윤리적 책임	⑤ 사회복지 전문직에 대한 책임
③ 실천의 장에서 윤리적 책임	⑥ 사회에 대한 책임 등

5) 우리나라의 사회복지사 윤리강령

우리나라의 사회복지사 윤리강령은 1982년 1월 15일 한국사회사업협회가 윤리강령(초안)을 제정하였고, 1988년 3월 26일 개정, 4월 14일 공포, 1992년 10월 22일 다시 제정 공포, 2001년 12월 15일 개정되었다. 2001년 재개정된 우리나라 사회복지사 윤리강령 전문을 보면 다음과 같다.

〈전문〉

사회복지사는 인본주의 · 평등주의 사상에 기초하여, 모든 인간의 존엄성과 가치를 존중하고 천부의 자유권과 생존권의 보장활동에 헌신한다. 특히, 사회적 · 경제적 약자들의 편에 서서 사회정의와 평등 · 자유와 민주주의 가치를 실현하는 데 앞장선다. 또한, 도움을 필요로 하는 사람들의 사회적 지위와 기능을 향상시키기 위해 저들과 함께 일하며, 사회제도 개선과 관련된 제반 활동에 주도적으로 참여한다. 사회복지사는 개인의 주체성과 자기결정권을 보장하는 데 최선을 다하고, 어떠한 여건에서도 개인이 부당하게 희생되는 일이 없도록 한다. 이러한 사명을 실천하기 위하여 전문적 지식과 기술을 개발하고, 사회적 가치를 실현하는 전문가로서의 능력과 품위를 유지하기 위해 노력한다. 이에 우리는 클라이언트 · 동료 · 기관 그리고 지역사회 및 전체 사회와 관련된 사회복지사의 행위와 활동을 판단 · 평가하며 인도하는 윤리기준을 다음과 같이 선언하고 이를 준수할 것을 다짐한다.

〈윤리기준〉

Ⅰ. 사회복지사의 기본적 윤리기준

1. 전문가로서의 자세

1) 사회복지사는 전문가로서의 품위와 자질을 유지하고, 자신이 맡고 있는 업무에 대해 책임을 진다.
2) 사회복지사는 클라이언트의 종교 · 인종 · 성 · 연령 · 국적 · 결혼상태 · 성 취향 · 경제적 지위 · 정치적 신념 · 정신, 신체적 장애 · 기타 개인적 선호, 특징, 조건, 지위를 이유로 차별 대우를 하지 않는다.
3) 사회복지사는 전문가로서 성실하고 공정하게 업무를 수행하며, 이 과정에서 어떠한 부당한 압력에도 타협하지 않는다.
4) 사회복지사는 사회정의 실현과 클라이언트의 복지 증진에 헌신하며, 이를 위한 환경 조성을 국가와 사회에 요구해야 한다.

5) 사회복지사는 전문적 가치와 판단에 따라 업무를 수행함에 있어, 기관 내외로부터 부당한 간섭이나 압력을 받지 않는다.
6) 사회복지사는 자신의 이익을 위해 사회복지 전문직 가치와 권위를 훼손해서는 안 된다.
7) 사회복지사는 한국사회복지사협회 등 전문가단체 활동에 적극 참여하여, 사회정의 실현과 사회복지사의 권익옹호를 위해 노력해야 한다.

2. 전문성 개발을 위한 노력
1) 사회복지사는 클라이언트에게 최상의 서비스를 제공하기 위해 지식과 기술을 개발하는 데 최선을 다하며, 이를 활용하고 전파할 책임이 있다.
2) 클라이언트를 대상으로 연구하는 사회복지사는 저들의 권리를 보장하기 위해 자발적이고 고지된 동의를 얻어야 한다.
3) 연구과정에서 얻은 정보는 비밀보장의 원칙에서 다루어져야 하고, 이 과정에서 클라이언트는 신체적 · 정신적 불편이나 위험 · 위해 등으로부터 보호되어야 한다.
4) 사회복지사는 전문성을 개발하기 위해 노력하되, 이를 이유로 서비스의 제공을 소홀히 해서는 안 된다.
5) 사회복지사는 한국사회복지사협회 등이 실시하는 제반교육에 적극 참여하여야 한다.

3. 경제적 이득에 대한 태도
1) 사회복지사는 클라이언트의 지불능력에 상관없이 서비스를 제공해야 하며, 이를 이유로 차별대우를 해서는 안 된다.
2) 사회복지사는 필요한 경우에 제공된 서비스에 대해 공정하고 합리적으로 이용료를 책정해야 한다.
3) 사회복지사는 업무와 관련하여 정당하지 않은 방법으로 경제적 이득을 취하여서는 안 된다.

Ⅱ. 사회복지사의 클라이언트에 대한 윤리기준
1. 클라이언트와의 관계
1) 사회복지사는 클라이언트의 권익옹호를 최우선의 가치로 삼고 행동한다.
2) 사회복지사는 클라이언트에 대하여 인간으로서의 존엄성을 존중해야 하며, 전문적 기술과 능력을 최대한 발휘한다.
3) 사회복지사는 클라이언트가 자기결정권을 최대한 행사할 수 있도록 도와야 하며, 저들의 이익을 최대한 대변해야 한다.
4) 사회복지사는 클라이언트의 사생활을 존중하고 보호하며, 직무 수행과정에서 얻은

정보에 대해 철저하게 비밀을 유지해야 한다.

5) 사회복지사는 클라이언트가 받는 서비스의 범위와 내용에 대해, 정확하고 충분한 정보를 제공함으로써 알 권리를 인정하고 존중해야 한다.
6) 사회복지사는 문서 · 사진 · 컴퓨터 파일 등의 형태로 된 클라이언트의 정보에 대해 비밀보장의 한계 · 정보를 얻어야 하는 목적 및 활용에 대해 구체적으로 알려야 하며, 정보 공개 시에는 동의를 얻어야 한다.
7) 사회복지사는 개인적 이익을 위해 클라이언트와의 전문적 관계를 이용하여서는 안 된다.
8) 사회복지사는 어떠한 상황에서도 클라이언트와 부적절한 성적 관계를 가져서는 안 된다.
9) 사회복지사는 사회복지 증진을 위한 환경 조성에 클라이언트를 동반자로 인정하고 함께 일해야 한다.

2. 동료의 클라이언트와의 관계

1) 사회복지사는 적법하고도 적절한 논의 없이 동료 혹은 다른 기관의 클라이언트와 전문적 관계를 맺어서는 안 된다.
2) 사회복지사는 긴급한 사정으로 인해 동료의 클라이언트를 맡게 된 경우, 자신의 의뢰인처럼 관심을 갖고 서비스를 제공한다.

Ⅲ. 사회복지사의 동료에 대한 윤리기준

1. 동료

1) 사회복지사는 존중과 신뢰로서 동료를 대하며, 전문가로서의 지위와 인격을 훼손하는 언행을 하지 않는다.
2) 사회복지사는 사회복지 전문직의 이익과 권익을 증진시키기 위해 동료와 협력해야 한다.
3) 사회복지사는 동료의 윤리적이고 전문적인 행위를 촉진시켜야 하며, 이에 반하는 경우에는 제반 법률 규정이나 윤리기준에 따라 대처해야 한다.
4) 사회복지사가 전문적인 판단과 실천이 미흡하여 문제를 야기시켰을 때에는 적절한 조치를 취하여 클라이언트의 이익을 보호해야 한다.
5) 사회복지사는 전문직 내 다른 구성원이 행한 비윤리적 행위에 대해 제반 법률규정이나 윤리기준에 따라 조치를 취해야 한다.
6) 사회복지사는 동료 및 타 전문직 동료의 직무 가치와 내용을 인정 · 이해하며, 상호간에 민주적인 직무 관계를 이루도록 노력해야 한다.

2. 슈퍼바이저

1) 슈퍼바이저는 개인적인 이익의 추구를 위해 자신의 지위를 이용해서는 안 된다.
2) 슈퍼바이저는 전문적 기준에 의해 공정하게 책임을 수행하며, 사회복지사 · 수련생 및 실습생에 대한 평가는 저들과 공유해야 한다.
3) 사회복지사는 슈퍼바이저의 전문적 지도와 조언을 존중해야 하며, 슈퍼바이저는 사회복지사의 전문적 업무수행을 도와야 한다.
4) 슈퍼바이저는 사회복지사 · 수련생 및 실습생에 대해 인격적 · 성적으로 수치심을 주는 행위를 해서는 안 된다.

Ⅳ. 사회복지사의 사회에 대한 윤리기준

1) 사회복지사는 인권존중과 인간평등을 위해 헌신해야 하며, 사회적 약자를 옹호하고 대변하는 일을 주도해야 한다.
2) 사회복지사는 필요한 사회서비스를 개발하기 위한 사회정책의 수립 · 발전 · 입법 · 집행에 적극적으로 참여하고 지원해야 한다.
3) 사회복지사는 사회환경을 개선하고 사회정의를 증진시키기 위한 사회정책의 수립 · 발전 · 입법 · 집행을 요구하고 옹호해야 한다.
4) 사회복지사는 자신이 일하는 지역사회의 문제를 이해하고, 그것을 해결하는 일에 적극적으로 참여해야 한다.

Ⅴ. 사회복지사의 기관에 대한 윤리기준

1) 사회복지사는 기관의 정책과 사업 목표의 달성 · 서비스의 효율성과 효과성의 증진을 위해 노력함으로써 클라이언트에게 이익이 되도록 해야 한다.
2) 사회복지사는 기관의 부당한 정책이나 요구에 대하여, 전문직의 가치와 지식을 근거로 이에 대응하고 즉시 사회복지윤리위원회에 보고해야 한다.
3) 사회복지사는 소속기관 활동에 적극 참여함으로써 기관의 성장발전을 위해 노력한다.

Ⅵ. 사회복지윤리위원회의 구성과 운영

1) 한국사회복지사협회는 사회복지윤리위원회를 구성하여 사회복지윤리실천의 질적인 향상을 도모하여야 한다.
2) 사회복지윤리위원회는 윤리강령을 위배하거나 침해하는 행위를 접수받아 공식적인 절차를 통해 대처하여야 한다.
3) 사회복지사는 한국사회복사협회의 윤리적 권고와 결정을 존중하여야 한다.

3. 사회복지실천에서 가치와 윤리적 딜레마

1) 가치와 윤리 간의 비교 분석

사회복지실천은 상충되는 가치 사이에서 윤리적 결정을 해야 하는 딜레마를 끊임없이 보여 주고 있다. 사회복지윤리는 가치를 실현하는 것이고 사회복지가치를 이해하려면 윤리적 딜레마가 따른다. 펌프리(Pumphrey, 1959)는 "사회복지실천의 가치는 사회복지실천과정의 중심요소인 실천이론, 실천기술과 더불어 중요한 요소로서 사회복지실천의 방향성을 제시한다고 볼 수 있다. 가치는 독립적이기보다는 상충된 가치와 연계하여 연구되어야 한다."라고 했다(Congress, 1999; 강선경 외 역, 2005: 1).

〈표 3-1〉 가치와 윤리의 비교

구분	가치	윤리
특징	• 어떤 행동이 좋고 바람직한가와 관련 • 믿음, 신념 등 방향 제시	• 무엇이 옳고 그른가에 대한 판단 • 행동지침
표현	• 인간의 생각 속에서만 그치기도 함	• 행동으로 나타나는 것
개입	• 인간관계가 개입되지 않기도 함	• 인간관계의 상호작용 속에서만 해당됨

출처: 이영실 외, 2016: 42; 최세영, 2017: 39 재구성.

2) 사회복지실천과 가치갈등

사회복지실천에 임하는 사회복지사가 경험하는 가치갈등을 살펴보면 다음과 같다(양옥경, 2005; 사회복지연구센터, 2016; 이영실 외, 2006; Congress, 1999; 강선경 외 역, 2005: 1).

(1) 가치상충

사회복지사가 두 개 또는 그 이상의 경쟁적 가치와 직면했을 때 윤리적 갈등에 빠진다.

(2) 의무상충

사회복지사가 기관에 대한 의무와 클라이언트에 대한 의무 사이에서 갈등하게 되어 기관의 정책을 준수해야 하지만 클라이언트의 이익에 위배되는 경우 갈등상황에 빠진다.

(3) 클라이언트체계의 다중성

클라이언트가 여러 명일 경우 누가 클라이언트이고 누구의 이익을 최우선으로 고려하여 개입해야 하는지를 판단하기 어려워져 갈등상황에 빠진다.

(4) 결과의 모호성

사회복지사가 내릴 결정의 결과가 불투명할 때 어떤 결정을 내려야 할지 갈등이 생긴다.

(5) 힘 또는 권력의 불균형

사회복지사와 클라이언트의 관계가 권력적으로 평등하지 않기 때문에 생기는 갈등이다. 클라이언트는 도움을 받는 입장이고 사회복지사는 도움을 제공하기 때문에 클라이언트가 전문가에게 의존하는 관계가 되어 발생하는 갈등이다.

3) 사회복지실천과 윤리적 갈등

사회복지실천과정에서 사회복지사가 경험하게 되는 대표적 윤리적 쟁점은 다음과 같다(양옥경 외, 2010: 59-62; 강선경 외 역, 2004: 15-18; 권향임 외, 2017: 34-35).

(1) 클라이언트의 자기결정권

클라이언트에게 자기결정권을 부여한다는 것은 인권존중의 원칙과 자율권과 자유권의 보장과 클라이언트의 의사를 존중해 주는 것을 의미한다. 따라서 사회복지사는 클라이언트에게 자신의 생각이나 이념을 강요할 수 없고 클라이언트 본인만이 자신에게 가장 좋다고 생각되는 최선의 것을 선택할 수 있다.

(2) 비밀보장

클라이언트가 말한 내용은 원칙적으로 다른 사람에게 공개되어서는 안 되며, 다른 사람이 제공한 클라이언트에 관한 내용도 공개되어서는 안 된다. 하지만 비밀은 절대적으로 보장될 수 없다는 사실도 알려야 한다.

(3) 진실성 고수와 알 권리

진실성과 알 권리란 클라이언트가 자신에 대한 치료와 처우에 대해 진실을 알 권리가 있다는 것을 의미한다. 클라이언트의 알 권리와 사회복지사의 진실성 고수라는 면에서 볼 때 클라이언트에게 진실을 알려 주어야 한다.

(4) 제한된 자원의 공정한 분배

제한된 자원의 공정한 분배란 활용 가능한 자원을 필요한 클라이언트에게 공정하게 분배하여야 한다는 것이다. 그러나 공적 자원은 제한적이어서 클라이언트에게 공평하게 분배되어야 한다는 것은 상호 모순적이므로 윤리적 딜레마에 빠진다.

(5) 상충되는 의무와 기대

사회복지사에게 클라이언트, 동료, 상사, 기관, 사회 등이 서로 상충되는 기대를 갖게 될 때 누구의 기대에 맞추어야 하는지 갈등상황에 놓인다.

(6) 전문적 관계 유지

사회복지사와 클라이언트가 그 문제에 초점을 두고 관계를 형성 · 유지하는 것을 말한다. 사회복지사의 지지적이고 허용적인 관계를 자칫 사적인 관계로 오인하고 전문적인 도움 이상의 것을 요구하게 되는 경우에 갈등이 일어난다.

4) 사회복지실천 가치갈등과 윤리적 딜레마에 대한 대처방안

개인적 가치관은 실천상의 가치판단에 영향을 줄 수 있으며, 사회복지실천과정과 클라이언트와의 관계의 질에 영향을 미칠 수 있다. 사회복지사는 자신(self)을 원조과정의 중요한 도구로 사용하고 있으며, 원조과정에서 의식적이든 무의식적이든 클라이언트를 조정하고 클라이언트의 자기결정권을 훼손할 수 있는 위험이 커질 수 있다(신성자, 2007: 24). 사회복지실천 가치갈등과 윤리적 딜레마의 대처방안에 대한 학자들의 대처전략과 모델을 살펴보면 다음과 같다(엄명용 외, 2014: 96-98; 강선경 외 역: 2004: 50-55).

(1) 로웬버그와 돌고프(Lowenberg & Dolgof, 1996)의 윤리적 의사결정모델

로웬버그와 돌고프(Lowenberg & Dolgof, 1996)는 사회복지사가 최선의 윤리적 결정을 하기 위해 적용 가능한 일반결정모델과 세 가지 윤리적 심사표를 제시했다(김상균 · 오정수 · 유채영, 2002: 151-152). 일반결정모델은 윤리적 의사결정에만 활용되는 것이 아니라 일반적인 의사결정모델인데 사회복지실천에서 윤리적 의사결정을 내리는 데 훌륭한 지침이 된다(사회복지교육연구센터, 2011: 64). 이를 소개하면 다음과 같다.

〈표 3-2〉 로웬버그와 돌고프(Lowenberg & Dolgof)의 윤리적 의사결정모델

단계	내용
단계 1	문제가 무엇이며, 또한 문제를 지속시키는 요인들이 무엇인지를 확인한다.
단계 2	클라이언트, 희생자, 지지체계, 진문가 및 그 밖의 사람들을 포함해서 당면 문제에 관련되어 있는 사람들과 제도들을 확인한다.
단계 3	확인된 여러 관계자들이 당면 문제와 관련해서 갖고 있는 가치인 사회의 가치, 전문적 가치, 그리고 클라이언트와 사회복지사의 개인적 가치를 확인한다.
단계 4	당면 문제를 해결하거나 혹은 적어도 감소시킬 수 있는 목적과 목표들을 확인한다.
단계 5	대안적인 개입전략과 개입표적을 확인한다.
단계 6	확인된 목표들에 비추어 각 대안들의 효과성과 효율성을 사정한다.
단계 7	의사결정에 관여해야 할 사람들을 결정한다.
단계 8	가장 적절한 전략을 선택한다.
단계 9	선택된 전략을 선택한다.
단계 10	실행을 검토하고 예기치 않은 결과들에 특별한 주의를 기울인다.
단계 11	결과들을 평가하고 부가적인 문제들을 확인한다.

출처: 엄명용 외, 2014: 98 재인용.

〈표 3-3〉 학자들의 윤리적 의사결정의 우선순위

윤리원칙	로웬버그와 돌고프 (Loewenberg & Dolgof)	리머 (Reamer)	양옥경	이효선
윤리원칙 1	생명보호의 원칙	기본재화우선의 원칙	생명보호	생명보호 원칙
윤리원칙 2	평등과 불평등의 원칙	개인의 행복추구권	자기결정권	자기결정권
윤리원칙 3	자율과 자유의 원칙	개인의 자기결정권	비밀보장과 알 권리	사회정의
윤리원칙 4	최소한 해악의 원칙	규칙준수	균등한 기회 제공	비밀보장과 알 권리
윤리원칙 5	생활(삶)의 원칙	공익우선의 원칙	규칙준수	공익우선의 원칙
윤리원칙 6	사생활과 비밀의 원칙			
윤리원칙 7	진실과 사실을 완전히 알릴 원칙			

출처: 이원숙, 2008: 108 재인용.

❖ 로웬버그와 돌고프(Lowenberg & Dolgof, 1996)의 윤리적 준거 틀 사례 적용

사례: 윤리원칙 1 생명보호의 원칙

배로우(Barrow) 부인은 6개월 전 남편에게 버림받은 후 네 아이를 홀로 키우고 있다. 최근 밀린 집세를 요구하는 집주인에게 기초생활비가 도착하지 않아 매우 화가 나 있다. 방 천장은 회반죽이 떨어져 아이들의 안전이 위험한데도 불구하고 집주인은 수리를 거부하고 있다. 그녀는 화가 나서 총을 샀고 또 자기를 괴롭히면 집주인을 죽이겠다고 사회복지사에게 말했다. 사회복지사는 어떤 개입을 해야 하는가?

➤ 개인존중의 전문적 가치를 극대화하고 생명이 위협을 받을 때 자기결정권이 거부된다는 사실을 인정해야 한다. 그러므로 개입은 배로우(Barrow) 부인의 분노를 인정하며 문제해결을 위한 다른 방법을 모색한다. 그러나 계속 위협을 한다면 사회복지사는 총을 쏜다는 클라이언트 행동을 막아야 한다는 사실을 클라이언트에게 말해 준다.

출처: Congress, 1999; 강선경 외, 2005: 38-39 재구성.

(2) 콩그레이스(Congress, 1999)의 윤리적 의사결정의 ETHIC모델

❖ 윤리적 의사결정의 ETHIC모델 작성 순서

- E: Examine relevant personal, social, agency, client and professional values.
  사회복지사의 개인적 가치, 사회적 가치, 기관의 가치, 클라이언트의 가치, 전문가의 가치를 검토한다.
- T: Think about what ethical standard of the NASW code of Ethics applies to the situation, as well as about relevant laws and case decisions.
  특정 상황, 관련 법률, 사례결정 등에 사회복지사 윤리강령의 윤리기준을 적용하는 문제를 고려한다.
- H: Hypothesize about possible consequences of different decisions.
  각기 다른 결정으로 나타날 수 있는 가능한 결과에 대해 가설을 설정한다.
- I: Identify who will benefit and who will be harmed in view of social work's commitment to the most vulnerable.
  사회복지실천에서 가정 상처받기 쉬운 사람에게 사회복지실천 개입이 우선적으로 수행되었을 때, 이로 인해 혜택을 입는 사람은 누구이며, 혹은 이 경우 피해를 입게 될 사람은 누구인지를 확인한다.
- C: Consult with supervisor and colleagues about the most ethical choice.
  가장 윤리적인 선택에 관해 슈퍼바이저와 동료들로부터 자문을 구한다.

출처: 오혜경, 사회복지윤리와 철학, 2005: 140-144 재정리.

❖ 콩그레이스(Congress, 1999) 윤리적 의사결정의 ETHIC모델 사례 적용

사례: 석사학위를 가진 3년 경험이 있는 사회복지사 수잔(Susan)은 부부문제로 27세의 앤 스미스(Ann Smith)와 28세인 남편 벤(Ben)을 상담하고 있다. 스미스 부부는 어린 시절부터 친한 친구였고 고등학교를 졸업하자마자 결혼하였다. 이들은 두 딸 −9세 에이미(Amy)와 7세 그웬(Gwen)−과 함께 조그만 마을에 살고 있다. 이들의 부부싸움은 주로 경제적인 문제와 관련이 있다. 벤(Ben)은 지방의 한 조경회사에서 아주 적은 봉급을 받고 일하고 있다. 그는 지방대의 조경과에 개설된 특수 프로그램에 다니고 싶지만 시간도, 등록금도 지불할 형편이 못 되고 단지 6번의 상담 비용만 지불해 주는 이들의 보험 때문에 상담을 계속할 수도 없다. 마지막 상담시간에 벤(Ben)은 수잔(Susan)에게 나무를 제공하고 그 나무를 심어 주는 대가로 계속 상담을 받도록 허락해 줄 것을 제안했다. 수잔(Susan)은 벤(Ben)의 제의를 받아들여야 하는가?

- **E: 관련된 개인적 · 사회적 가치, 기관 가치, 클라이언트의 가치, 전문가의 가치 검토**
  사회복지사 수잔(Susan)의 개인적 가치와 이 상황과 관련이 있는지 생각한다. 자신도 결혼 생활에 얼마나 힘이 들었는지? 역전이를 생각해 본다. 기관의 가치로는 6회 단기상담을 시행하므로 본 사례자도 6회 만료에 해당한다고 생각한다.
- **T: NASW 윤리강령의 어떤 윤리적 기준이 법과 사례결정뿐만 아니라 상황에 적합한지 생각함**
  나무를 받는 것에 대해 클라이언트에게 물품이나 서비스를 받아서도 안 되고, 물물교환은 상담 대가로 받아들일 수 없다.
- **H: 다르게 결정할 때 수반되는 결과에 대해서도 가정해 봄**
  상담과 조경서비스의 교환 거절, 상담의 대가로 조경서비스를 허락, 물물교환제가 아닌 다른 방법으로 상담을 늘리기 등으로 가정해 본다.
- **I: 사회복지실천 개입으로 혜택을 입는 사람 혹은 피해를 입게 될 사람 확인**
  위 세 가지 방법에서 누가 도움을 받고 누가 해를 입게 되는지 확인한다.
- **C: 윤리적인 선택에 관해 슈퍼바이저와 동료들로부터 자문을 구함**
  사회복지사 수잔(Susan)은 슈퍼바이저에게 자문을 구하고 이 부부의 사례를 매주 열리는 사례분석 회의에 발표한다.

출처: Congress, 1999; 강선경 외, 2005: 54−62 재구성.

4. 사회복지사의 전문적 자아에 대한 성찰

클라이언트의 대부분은 자아가 많이 손상되어 있으므로 사회복지사는 특히 '건강한 자아'를 가져야 하고 그것을 지키기 위해 노력해야 한다(신성자 외, 2007: 25). 코너여(Counryer, 2000)는 사회복지사가 자신을 이해할 수 있는 방법으로 자신을 둘러싼 상황의 평가, 자존심의 점검, 타인의 수용 정도, 책임 있는 자기주장, 자기 통제의 정도, 자신의 원 가족 분석 등을 점검해 볼 것을 제안하였다.

1) 사회복지사의 자아존중감 성찰

- 목적: 자아존중감(ISE: Index of Self-Esteem)을 측정하기 위한 도구
- 대상: 성인
- 척도 출처: Rosenberg, M.(1979). *Conceiving the Self.* New York: Basic Books. Instrument reproduced with permission of Morris Rosenberg.

〈척도 소개〉

범주: ① 매우 그렇지 않다 ② 그렇지 않다 ③ 그렇다 ④ 매우 그렇다

1. 나는 다른 사람처럼 가치 있는 사람이라고 생각한다.
2. 나는 좋은 성품을 가졌다고 생각한다.
3. 나는 대체적으로 실패한 사람이라고 생각한다.*
4. 나는 다른 사람들만큼 일을 잘할 수가 있다.
5. 나는 자랑할 것이 별로 없다.*
6. 나는 나 자신에 대해 긍정적인 태도를 가지고 있다.
7. 나는 나 자신에 대해 대체적으로 만족한다.
8. 나는 나 자신을 좀 더 존중할 수 있으면 좋겠다.*
9. 나는 가끔 나 자신이 쓸모없는 사람이라는 느낌이 든다.*
10. 나는 때때로 내가 좋지 않은 사람이라고 생각한다.*

(*은 역채점 문항)

출처: 서울대학교 실천사회복지연구회-Praxis(2007: 88-92). 사회복지척도집. 나눔의 집.

2) 사회복지사의 임파워먼트에 대한 성찰

❖ 사회복지사 임파워먼트(Index of Empowerment) 척도

- 목적: 사회복지사의 임파워먼트 정도를 측정하기 위한 것
- 대상: 사회복지사
- 척도 출처: Leslie, Holzhald, & Holland(1998)가 개발한 것을 한국적 상황에 적합한 문항으로 수정함
- 하위영역별 문항 번호는 다음과 같다.

변수	구분	문항 번호(*역채점 문항)
임파워먼트	환경 임파워먼트	P-1, 2, 3, (4), 5*, (6)
	관계 임파워먼트	P- (7), 8, 9, (10), 11, 12
	개인 임파워먼트	P-13, 14, 15, 16, 17, 18
	전체 임파워먼트	

다음은 조직 내에서의 귀하 자신에 관한 질문입니다. 귀하가 생각하시기에 가장 적절한 번호에 ✓표를 해 주십시오.

범주: ① 전혀 그렇지 않다 ② 그렇지 않은 편이다 ③ 그저 그렇다
④ 그런 편이다 ⑤ 정말 그렇다

1. 나는 나의 업무 및 업무량을 결정하는 데 자신이 있다고 느낀다.
2. 나는 나의 업무 상황에 대한 책임을 진다.
3. 나는 내 일을 수행하기 위해 필요한 것들을 획득하는 방법을 알고 있다.
4. 나는 나의 업무에 상당 부분 통제권(재량권)이 있다고 생각한다.
5. 나는 간혹 나의 업무 상황에서 무엇을 해야만 하는지 잘 모를 때가 있다.*
6. 나는 내 업무와 관련되어 의사결정권을 가지고 있지 못하다.
7. 나의 헌신적인 생각들은 상사에게 잘 받아들여진다.
8. 나는 슈퍼바이저에게 업무와 관련하여 도움을 요청할 수 있다.
9. 나는 슈퍼바이저에게 내가 원하는 것을 말할 수 있다.
10. 조직 내에서 내가 도움이 필요할 때 다른 사람의 도움을 얻기 힘들다.
11. 문제가 생겼을 때 나는 보통 나의 슈퍼바이저에게 어떻게 문제 상황을 설명할지 알고 있다.

12. 내가 슈퍼바이저에게 도움을 요청하면 보통은 도움을 받는다.
13. 일에서 무언가가 잘못되어 가고 있을 때, 내가 할 수 있는 것은 거의 없다.
14. 조직 내에서 나는 나의 생각이 종종 무시되기 때문에 나의 생각을 잘 말하지 않는다.
15. 나는 일을 더 잘할 수 있었는데도 불구하고 어느 누구도 그 사실을 눈치채지 못했을 것이다.
16. 조직 내에서는 무슨 일이든 공정하게(옳게) 되지 않으므로 열심히 노력하려고 하지 않는다.
17. 내가 어떠한 노력을 하더라도 나의 업무에 관한 문제들은 개선되지 않는다.
18. 나는 나의 업무활동 노력들이 좋든지 나쁘든지 간에 나의 주목을 받지 못한다고 생각한다.

(*은 역채점 문항)

출처: 서울대학교 실천사회복지연구회-Praxis(2007: 563-565). 사회복지척도집. 나눔의 집.

4) 사회복지사 소진에 대한 성찰

사회복지사의 소진 결과는 직무 불만족에 빠지고, 오히려 클라이언트에게 전달하는 사회복지서비스의 질이 저하되며, 바람직한 원조관계 형성에 장애가 되어 잦은 결근, 업무태만, 직원 간의 의사소통 문제를 야기한다(공계순, 2005a: 86; 최성진, 2005: 18-19).

이에 이윤로(2007: 89-108, 재요약)는 소진으로부터의 생존기술을 ① '개인 간의 만남에서 오는 정서적 탈진'(Maslas, 1978)인 소진의 예방, ② 효과적으로 시간관리하기, ③ 보다 합리적으로 '예와 아니오'로 대답할 수 있는 단정적 행동의 습득 등으로 제시하고 있다.

❖ 소진척도(MBI: Maslach Burnout Inventory)

- 목적: 소진 정도를 측정하기 위한 것
- 대상: 사회복지사
- 출처: Maslach, C. & Jackson, S. (1981). The Maslach Burnout Inventory, Palo Aito, California: *Consulting Psychology Press*, 6–13.
- 활용논문: 이영미(1991). 사회사업가들의 Burnout에 관한 연구, 연세대학교 석사학위 논문.

내용	문항 번호
정서적 탈진(EE)	4
비인간화(DP)	2, 6, 7, 9, 14
개인적 성취(PA)	1, 3, 5, 8, 10, 11, 12, 13

- **소진척도(MBI: Maslach Burnout Inventory)**

다음은 업무와 관련되어 사회복지사들이 갖는 느낌들에 대한 문항입니다. 각 문항에 대해 귀하가 동의하는 정도를 가장 가깝게 반영할 수 있는 번호에 ✓표를 해 주십시오.
범주: 전혀 동의하지 않는다(1점) ~ 매우 동의한다(7점)

1. 나는 클라이언트의 감정을 쉽게 이해할 수 있다.
2. 내가 어떤 클라이언트를 비인격적으로 대하고 있다고 느낀다.
3. 나는 클라이언트의 문제를 매우 효과적으로 다룬다.
4. 나는 일 때문에 완전히 기진맥진한 상태에 있다고 느껴진다.
5. 직업을 통해 내가 다른 사람들의 삶에 긍정적인 영향을 주고 있다고 느낀다.
6. 사회복지를 선택한 후로, 나는 사람들에게 점점 더 무감각해졌다.
7. 직업으로 인해 내가 감정적으로 무뎌질까 봐 걱정이다.
8. 나는 내가 매우 활동적이라고 느낀다.
9. 나는 클라이언트에게 무슨 일이 일어나는지에 대해 전혀 관심이 없다.
10. 나는 클라이언트에게 편안한 분위기를 쉽게 만들 수 있다.
11. 클라이언트와 친밀하게 일하고 나면 흐뭇해진다.
12. 내 직업을 통해 가치 있는 많은 일들을 성취해 왔다.
13. 일을 할 때 나는 감정적인 문제들을 매우 침착하게 다룬다.
14. 나는 클라이언트들이 자기 문제로 나를 비난하고 있다고 느낀다.

- 해석: EE와 DP 변수는 점수가 높을수록 소진 경험 정도가 높은 것을 나타내지만, PA 변수는 점수가 높을수록 소진 경험 정도가 낮은 것을 나타낸다.

출처: 서울대학교 실천사회복지연구회–Praxis(2007: 576–577). 사회복지척도집. 나눔의 집.

<함께 토의해 보기>

1. 콩그레이스(Congress, 1999)가 제안하고 있는 윤리적 의사결정 ETHIC모델을 설명해 보자.

2. 다음의 사례를 읽고 시나리오에 맞는 역할극을 시연해 보고 클라이언트체계를 이해해 보자.

> 사례: 이 기관은 장애 아동과 보호자를 위해 초기 아동기에 초점을 둔 개입 서비스를 제공한다. 이 기관은 카운티 전 지역에 걸쳐 대부분 소수민족인 지역주민들에게 제공된다. 보호자의 평균연령은 23세이고, 평균 가구소득은 10,000달러다. 모든 서비스는 소득 수준에 따른 비용차등제로 제공된다. 직원들은 민족적으로 다양하게 구성되어 있으며, 장애가 있는 직원들도 있다. 사회복지서비스 관련 직원들 중에는 학사학위를 가진 사회복지사가 있고, 교육 관련 직원들 중에는 학사학위를 가진 강사와 두 명의 슈퍼바이저가 있다. 슈퍼바이저 한 명은 특수교육학으로 석사학위를 받았고, 다른 한 명은 공중보건 교육으로 석사학위를 받았다.
>
> 시나리오 1: 사회복지학과 학부 실습생들이 학교 수업의 일환으로 장애 아동이 있는 흑인 부모가 겪는 어려움을 확인하기 위해 기관의 클라이언트를 만나고 싶다고 요청했다.

출처: 최혜경 역, 2010: 178–180: 재구성.

3. 다음 사례를 읽고 역할극을 시연해 보고 부부상담에 대해서 생각해 보자.

> 사례: 사회복지사는 부부를 상담하고 있는데, 이들은 20대 후반의 백인으로 자녀가 없고 맞벌이를 한다. 이 부부는 둘의 관계를 개선하고 싶다는 입장을 밝혔다. 두 사람은 솔직하고, 개방적이며, 정직한 의사소통을 관계 관련 목표로 삼았다. 다섯 번째 상담 전에 사회복지사는 이 부부 중 한 사람에게서 "제가 현재 다른 사람을 만나고 있는 사실을 알려 드리는 것이 상담하시는 데 도움이 될 것 같습니다. 이 일이 배우자와의 관계에는 아무런 영향을 미치지 않아요. 선생님이 이 이야기를 발설하지 않을 것으로 믿습니다. 선생님의 전문성을 높이 평가하고 이러한 상황을 잘 다룰 것이라고 믿기 때문에 말씀드립니다. 선생님은 정말 대단합니다."라고 말하는 전화를 받았다.

출처: 최혜경 역, 2010: 182–184: 재구성.

4. 사회복지사의 소진 사례를 검색해 보고 소진의 해결방안에 대해서 설명해 보자.

<함께 풀어 보기>

1. 다음의 사례를 읽고 가장 적절한 개입방법을 고르시오.

> 사례: 당신은 가족복지센터에서 학교를 무단결석하고 종종 외박을 하는 14세 소녀 바바라(babara)를 상담하고 있다. 바바라(babara)는 임신을 하였고 아이를 낳고 싶다고 하였다. 부모에게는 말하지 않았지만, 부모님이 알면 낙태를 하라고 할 것이라고 믿고 있다.

출처: 강선경 외 역, 2004: 41.

① 낙태가 최선의 방법이라고 바바라에게 말해 준다.
② 부모님을 상담시간에 모시고 와서 문제를 논의하고 여러 대안에 대해 논의하도록 바바라에게 권유한다.
③ 바바라는 아이를 낳고 싶어 하므로 10대 미혼모 기관에 의뢰해 준다.
④ 미혼부가 누군지 찾아내서 미혼부와 논의를 하라고 바바라에게 권유한다.

2. 다음의 사례를 읽고 노인(클라이언트)에게 가장 적절한 개입방법을 고르시오.

> 사례: 큰 병원의 의료사회복지사인 당신은 6개월 이내로 죽을 것이라고 사형선고를 받은 70대 노인을 상담하고 있다. 노인은 이 상황을 전혀 모르고 있다. 노인은 본인의 질병 상황에 관해 당신에게 묻는다.

출처: 강선경 외 역, 2004: 40.

① 심각한 병이 아니라고 말한다.
② 의사와 상의하라고 충고한다.
③ 사실을 말한다.
④ 말하지 않고 기다리라고 하고 며칠 두고 본다.

3. 로웬버그와 돌고프(Lowenberg & Dolgof, 1996)의 윤리적 준거 틀에서 윤리원칙 1에 해당하는 것은?

① 평등과 불평등의 원칙
② 생활의 질의 원칙
③ 사생활과 비밀보장의 원칙
④ 생명의 원칙

정 답

1. ② 2. ③ 3. ④

04

Theories of Social Work Practice

사회복지실천 현장에 대한 이해

제4장에서는 사회복지실천 현장의 다양한 분류와 사회복지사의 다양한 역할에 대한 내용을 제시한다. 사회복지실천 현장의 개념과 사회복지실천 현장의 분류, 사회복지실천 현장의 이해를 위한 지침, 사회복지실천의 분야별 현황과 특성 및 사회복지사의 역할을 제시하고 있다.

학 습 목 표

1. 사회복지실천 현장의 개념을 이해하고 설명할 수 있다.
2. 사회복지실천 현장의 분류를 이해하고 설명할 수 있다.
3. 사회복지실천 현장의 이해를 위한 지침을 파악하고 설명할 수 있다.
4. 사회복지실천 현장에 관한 이해의 중요성을 이해하고 설명할 수 있다.
5. 분야별 사회복지실천 현장을 파악하고 설명할 수 있다.
6. 사회복지실천 현장에서의 사회복지사 역할을 파악하고 설명할 수 있다.

1. 사회복지실천 현장의 개념

사회복지실천 현장은 사회복지사가 클라이언트의 문제해결을 위해 돕는 활동이 일어나는 곳이며, 「사회복지사업법」에 의거하면 사회복지서비스를 제공하는 기관 및 시설을 말한다. 「사회복지사업법」 제2조에는 사회복지사업을 할 목적으로 설치된 시설을 '사회복지시설'이라고 정의하고, 「국민기초생활 보장법」 제2조에서는 이 법에 따라 급여를 실시하는 국가 또는 지방자치단체를 '보장기관'이라고 정의하고 있다.

사회복지 현장에 관한 이해는 사회복지사의 필수적 과정이며, 사회복지실천의 효율적 수행의 우선적 과업이라고 할 수 있다. 사회복지사는 사회복지실천 현장의 대상, 특성, 현장의 분류 등을 파악하고 이해함으로써 보다 질적으로 향상된 사회복지서비스를 제공할 수 있는 것이다. 사회복지사가 사회복지 현장을 이해해야 하는 필요성은 다음과 같다(최옥채, 2018: 124-126).

① 다양한 특성을 가진 클라이언트에게 적절한 서비스 제공을 할 수 있다.
② 사회복지실천 현장과 관련된 정보가 개입 계획에 도움이 된다.
③ 사회복지실천 현장을 잘 알고 있으면 다른 관련 현장과 교류하는 데 도움이 된다.
④ 사회복지실천 현장에서 주는 의미를 받아들이고 생활의 교훈으로 삼을 수 있다.

2. 사회복지실천 현장의 분류

사회복지실천 현장의 분류를 살펴보면 다음과 같다(사회복지교육연구센터, 2016; 이영실 외, 2006; 서혜석 외, 2017: 77-80; 최세영 외, 2017: 78-91).

1) 사회복지실천 현장의 개념에 따른 분류

① 좁은 의미와 ② 넓은 의미로 구분된다. 좁은 의미는 사회복지실천이 직·간접적으로 이루어지는 '구체적 장소'이며 '사회복지기관'을 의미한다. 넓은 의미는 사회복지실천이 이루어지는 전문분야 혹은 문제, 대상 집단 등 모두 포함하는 개념이다. 대상별, 영역별, 장소별로 구분하여 분류한다.

2) 기관의 기능 혹은 목적에 따른 분류

① 1차 현장과 ② 2차 현장으로 구분된다. 1차 현장은 사회복지서비스를 제공하는 곳으로서 사회복지사가 중심이 되어 활동하는 실천 현장이다. 예를 들면, 종합사회복지관, 사회복지생활시설, 이용시설, 사회복지재단 등이다. 2차 현장은 사회복지서비스를 제공하는 것은 아니지만 사회복지서비스에 도움이 되는 서비스를 제공하는 현장이다. 예를 들면, 병원, 학교, 군부대, 기업, 교정시설 등이다.

3) 기관설립의 주체 및 재원조달방식에 따른 분류(전재일 외, 2003: 138; 나동석 외, 2014: 77-89)

① 공공기관과 ② 민간기관으로 구분된다. 공공기관은 정부 지원에 의해서 운영되며, 사회복지사의 업무규정이나 지침에 의해 규정된다. 민간기관은 순수 자원봉사적인 활동과 공공과 민간이 파트너십을 통해 행해지는 활동이다. 민간기관을 구체적으로 구분하면 다음과 같다.

① 생활시설은 아동·노인·장애인·모자가정·성폭력피해자·노숙인 등에게 의식주 등에 대한 사회복지서비스를 24시간 제공하는 기관이다.

② 이용시설은 재가 또는 생활시설의 생활인 또는 지역주민들이 이용하게 하여 사회복지서비스를 제공하는 기관이다.

③ 중간시설은 생활시설·병원·교도소에서 가정, 사회 복귀까지 이용하는 중간중간의 시설 또는 의료·재활과 복지가 통합된 시설이다. 종류를 보면

〈표 4-2〉에서와 같이 일시보호시설, 자립지원시설, 아동단기보호시설, 재가노인복지시설, 장애인재활시설, 미혼모시설, 정신장애인 사회복귀시설 등이 포함된다.

④ 지원시설은 생활시설, 이용시설, 중간시설의 설립목적을 수행하도록 지원하는 시설이다. 사회복지법인, 재단, 사단법인, 종교단체, 시민단체 등이 포함된다.

3. 분야별 사회복지실천 현장

1) 우리나라 사회복지시설의 현황

우리나라의 사회복지시설 현황을 보면 다음의 〈표 4-1〉과 같다. 우리나라 사회복지시설의 수는 2019년 7월 현재 총 21,073개소이다. 이 중 가장 많은 시설은 노인복지시설(9,347개소)이며, 아동시설, 장애인시설, 여성시설, 일반시설, 정신보건시설, 저소득시설, 다문화사설, 노숙인시설, 한부모가족시설, 청소년시설, 결핵 · 한센시설의 순으로 나타나고 있다(보건복지부, 2019).

〈표 4-1〉 우리나라 사회복지시설 현황

2019. 7. 17. 현재(단위: 명)

시설 유형	노인	아동	장애인	정신 보건	노숙인 등	일반	저소득	결핵 · 한센인	한부모 가족	여성	다문화 가족	청소년
시설 수	9,347	5,327	3,916	428	151	489	270	7	133	653	225	127
합계	21,073											

출처: 2019년 보건복지부 사회복지시설정보시스템(www.w4c.go.kr) 재구성.

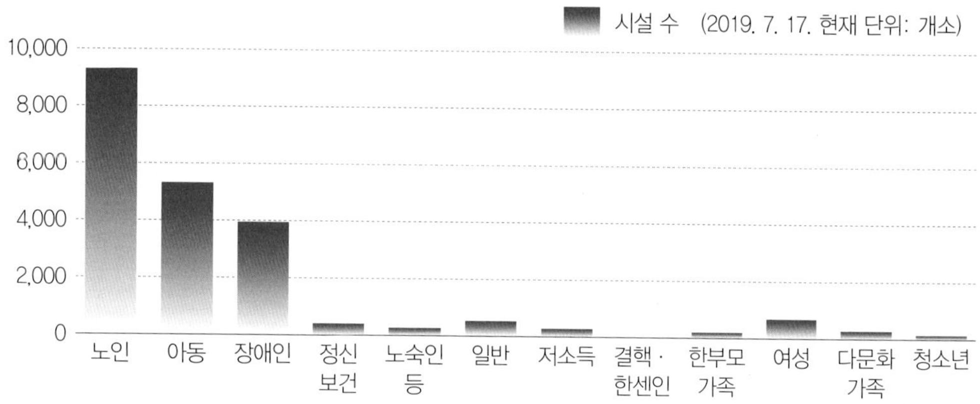

[그림 4-1] 사회복지시설 현황

출처: 2019년 보건복지부 사회복지시설정보시스템(www.w4c.go.kr) 재구성.

〈표 4-2〉 사회복지시설의 종류

소관 부처	시설 종류	세부 종류		관련 법
		생활시설	이용시설	
보건복지부	노인복지시설	• 노인주거복지시설 • 노인의료복지시설 • 학대피해노인전용쉼터	• 재가노인복지시설 • 노인여가복지시설 • 노인보호전문기관 • 노인일자리지원기관	「노인복지법」
	복합노인복지시설	• 농어촌에 지역에 한해 「노인복지법」 제31조 노인복지시설을 종합적으로 배치한 복합노인복지시설을 설치 · 운영 가능		「농어촌주민의 보건복지 증진을 위한 특별법」
	아동복지시설	• 아동양육시설 • 아동일시보호시설 • 아동보호치료시설 • 자립지원시설 • 공동생활가정	• 아동상담소 • 아동전용시설 • 지역아동센터 • 아동보호전문기관 • 가정위탁지원센터 • 다함께돌봄센터* ('19.4.16.부터 적용)	「아동복지법」
	장애인복지시설	• 장애유형별 거주시설 • 중증장애인 거주시설 • 장애영유아 거주시설 • 장애인단기 거주시설 • 장애인공동생활가정	• 장애인지역사회재활시설 • 장애인직업재활시설 • 장애인의료재활시설 • 장애인생산품판매시설	「장애인복지법」
	어린이집		• 어린이집	「영유아보육법」

소관 부처	시설 종류	세부 종류		관련 법
		생활시설	이용시설	
보건복지부	정신보건시설	• 정신요양시설 • 정신재활시설 중 생활시설	• 정신재활시설 중 이용시설	「정신건강증진 및 정신질환자 복지서비스 지원에 관한 법률」
	노숙인시설	• 노숙인자활시설 • 노숙인재활시설 • 노숙인요양시설	• 노숙인종합지원센터 • 노숙인일시보호시설 • 노숙인급식시설 • 노숙인진료시설 • 쪽방상담소	「노숙인 등의 복지 및 자립지원에 관한 법률」
	사회복지관 결핵 · 한센시설	• 결핵 · 한센시설	• 사회복지관	「사회복지사업법」
	지역자활센터		• 지역자활센터	「국민기초생활 보장법」
여성가족부	성매매피해지원시설	• 일반지원시설 • 청소년지원시설 • 외국인지원시설 • 자립지원공동생활시설	• 자활지원센터 • 성매매피해상담소	「성매매방지 및 피해자 보호 등에 관한 법률」
	성폭력피해보호시설	• 성폭력피해자보호시설	• 성폭력피해상담소	「성폭력방지 및 피해자 보호 등에 관한 법률」
	가정폭력보호시설	• 가정폭력피해자보호시설	• 가정폭력상담소 • 긴급전화센터	「가정폭력 방지 및 피해자 보호 등에 관한 법률」
	한부모가족복지시설	• 모자가족복지시설 (기본, 공동, 자립) • 부자가족복지시설 (기본, 공동, 자립) • 미혼모자가족복지시설 (기본, 공동) • 일시지원복지시설	• 한부모가족복지상담소	「한부모가족지원법」
	다문화가족지원센터		• 다문화가족지원센터	「다문화가족지원법」
	청소년복지시설	• 청소년쉼터 • 청소년자립지원관 • 청소년치료재활센터 • 청소년회복지원시설		「청소년복지 지원법」

출처: 보건복지부. 2019년도 사회복지시설관리안내, 2019: 5-6 참조.

〈표 4-3〉 보건복지부 소관 사회복지시설의 세부 종류

대상자별	형태	시설 종류		소관부서	관련법령
노인	생활	○ 주거	• 양로시설, 노인 공동생활가정	요양보험운영과	「노인복지법」 제31조
			• 노인복지주택		
		○ 의료	• 노인요양시설		
			• 노인요양공동생활가정		
		○ 학대피해노인전용쉼터		노인정책과	
	이용	○ 재가	• 재가노인복지시설(방문요양, 주 · 야간보호, 단기보호, 방문목욕, 재가노인지원, 방문간호)	요양보험운영과	
		○ 여가	• 노인복지관	노인정책과	
			• 경로당, 노인교실		
		○ 노인보호전문기관			
		○ 노인일자리지원기관		노인지원과	
아동	생활	○ 아동양육시설, 공동생활가정		아동복지정책과	「아동복지법」 제52조
		○ 아동일시보호시설			
		○ 아동보호치료시설			
		○ 자립지원시설			
		○ 공동생활가정(학대피해아동쉼터로 지정된 곳에 한함)		아동권리과	
	이용	○ 아동상담소, 아동전용시설, 가정위탁지원센터		아동복지정책과	
		○ 지역아동센터		인구정책총괄과	
		○ 아동보호전문기관		아동학대대응과	
		○ 다함께돌봄센터('19.4.16.부터 적용)		인구정책총괄과	「아동복지법」 제44조의 2
장애인	생활	○ 생활시설	• 장애유형별 거주시설	장애인 권익지원과	「장애인복지법」 제58조
			• 중증장애인 거주시설		
			• 장애영유아 거주시설		
			• 장애인단기 거주시설		
			• 장애인공동생활가정		
	이용	○ 지역사회 재활시설	• 장애인복지관		
			• 장애인주간보호시설		
			• 장애인체육시설, 장애인수련시설, • 장애인생활이동지원센터		
			• 수화통역센터, 점자도서관, 점서 및 녹음서 출판시설		
		○ 장애인의료재활시설			
		○ 직업재활 시설	• 장애인보호작업장, 장애인근로사업장, 장애인 직업적응훈련시설	장애인 자립기반과	
		○ 장애인생산품판매시설			
영유아	이용	○ 어린이집	국공립, 법인, 직장, 가정, 부모협동, 민간	보육기반과	「영유아보육법」 제10조

대상자별	형태	시설 종류	소관부서	관련법령
정신 질환자	생활	ㅇ 정신요양시설, 정신재활시설 중 생활시설	정신건강정책과	「정신건강증진 및 정신질환자 복지서비스 지원에 관한 법률」 제22조 및 제26조
	이용	ㅇ 정신재활시설 중 이용시설		
노숙인 등	생활	ㅇ 노숙인자활시설 ㅇ 노숙인재활시설 ㅇ 노숙인요양시설	자립지원과	「노숙인 등의 복지 및 자립지원에 관한 법률」
	이용	ㅇ 노숙인종합지원센터 ㅇ 노숙인일시보호시설 ㅇ 노숙인급식시설 ㅇ 노숙인진료시설 ㅇ 쪽방상담소		
지역주민	이용	ㅇ 사회복지관	사회서비스자원과	「사회복지사업법」
기타시설	복합	ㅇ 결핵 · 한센시설	질병관리본부 (결핵 · 에이즈관리과)	「사회복지사업법」
	이용	ㅇ 지역자활센터	자립지원과	「국민기초생활 보장법」

출처: 보건복지부. 2019년도 사회복지시설관리안내, 2019: 5-6 참조.

2) 분야별 사회복지실천 현장

(1) 노인복지실천 현장

노인복지는 노인과 노인가족을 대상으로 하며, 그들이 직면한 사회적 문제를 해결 혹은 극소화하고 사회적 기능을 정상화시키는 전문적 원조 활동이다. 1981년 「노인복지법」이 제정 공포된 이래 2004년 「노인복지법」 개정으로 노인보호전문기관이 설치되었고, 2007년에는 요양보호사 자격제도가 도입되었다. 요양보호사 제도 도입은 노인복지실천 현장에 주요 변화이다. 노인장기요양이 더 이상 각 개인의 부담이 아니고 사회적 · 국가적 책무로서 강조되고 있다(박주현, 2014: 108).

노인복지종사자 현황을 보면 〈표 4-4〉에서와 같이 2019년 7월 총 138,719명으로 나타나고 있다. 이 중 종사자 수가 가장 많은 시설은 노인의료복지시설이며, 그다음이 재가노인복지시설, 노인여가복지시설, 노인주거복지시설, 노인일자리지원기관, 복합노인복지시설, 노인보호전문기관의 순으로 나타나고 있다(보건복지부, 2019).

〈표 4-4〉 노인복지시설 수와 종사자 수

2019. 7. 17. 현재(단위: 명)

시설유형	시설 수	종사자 수
노인의료복지시설	5031	96,097
재가노인의료복지시설	2,009	32,168
노인여가복지시설	338	6,809
노인주거복지시설	310	2,281
노인일자리지원기관	145	1,280
복합노인복지시설	8	34
노인보호전문기관	7	50

출처: 2019 보건복지부 사회복지시설정보시스템(www.w4c.go.kr).

(2) 아동복지실천 현장

아동복지는 특수한 욕구를 가진 아동과 가족뿐만 아니라 일반 모든 아동의 신체적 사회적 · 심리적 발달을 보호 · 촉진하는 모든 대책이다.

1990년대 이후 아동시설의 대안으로 그룹홈, 위탁보호가 도입되었고 2003년 가정위탁지원센터가 설치되었으며, 2004년 지역아동센터의 법제화 등의 변화가 있었다. 지역아동센터는 소규모 가정형 아동복지시설이며, 2018년 4,211개소(2018년 말, 지역아동센터중앙지원단 홈페이지)가 운영되고 있다. 그러나 현재 지역아동센터는 기존의 지역사회 아동복지서비스와의 중복, 서비스의 질 관리, 열악한 운영비 지원 등의 문제점이 제기되고 있다(박주현 외, 2014: 107).

아동복지시설의 종류는 「아동복지법」 제52조에서 명시하고 있다. 아동복지시설 수는 2019년 총 5,035개소이며, 종사자 수는 19,396명이다(보건복지부, 2019).

(3) 장애인복지실천 현장

장애인복지실천을 위해서는 현장에 대한 이해가 중요하다. 「장애인복지법」이 제정된 1981년 5개 범주에서 현재는 15개 범주로 확대되었다. 장애의 범위가 정상적인 사회생활을 영위하는 데 제한을 받는 장애까지 확대되고, 사회생활에 부

정적인 영향을 받는 것까지를 포함하는 넓은 의미로 확대되어 가고 있음을 의미한다(박주현 외, 2014: 109).

「장애인복지법」 제58조에 의하면 장애인복지시설은 장애인생활시설, 장애인지역사회재활시설, 장애인직업재활시설, 장애인유료복지시설 등이 있다. 2019년 장애인복지시설 수는 1,434개소이며, 종사자 수는 17,465명이다.

〈표 4-5〉 장애인시설 수와 종사자 수 2019. 7. 17. 현재(단위: 명)

시설유형	시설 수	종사자 수
장애인거주시설	1,434	17,465
장애인지역사회재활시설	1,365	12,173
장애인직업재활시설	649	3,934
장애인의료재활시설	14	804
장애인생산품판매시설	12	126

출처: 2019년 보건복지부 사회복지시설정보시스템(www.w4c.go.kr).

(4) 정신보건사회복지실천 현장

정신보건시설은 정신적 · 정서적 장애로 어려움을 겪고 있는 사람의 치료 및 재활에 대한 조기개입과 예방을 통한 국민건강 증진이 목적이며, 정신건강 함양 및 정신장애의 예방, 치료, 재활, 사회복귀 및 사회통합 등을 목적으로 한다. 정신보건사업은 2000년도부터 연차적으로 정신장애인도 장애인에 포함되어 장애인복지 수혜가 가능하게 되었다.

1995년 「정신보건법」 제정 이후 지역사회에서 정신보건시설은 계속 증가 추세에 있다. 2019년 7월 현재 정신재활시설 수는 총 262개소에 종사자 수는 890명이며, 정신요양시설 수는 58개소이며, 종사자 수는 1,954명이다.

〈표 4-6〉 정신요양시설 수와 종사자 수

2019. 7. 17. 현재(단위: 명)

시설유형	시설 수	종사자 수
정신재활시설	262	890
정신요양시설	58	1,954

출처: 2019년 보건복지부 사회복지시설정보시스템(www.w4c.go.kr).

(5) 의료사회복지실천

의료사회복지실천은 질병에 대한 심리사회적 모델에 기반하여 질병이나 장애로 인해 환자가 경험하는 심리사회적 문제를 해결하고 사회적 기능을 회복할 수 있도록 도움을 제공하는 전문적 활동이다. 사회복지사가 의료기관에서 근무할 수 있는 법적인 근거는 「의료법 시행령」 제24조에 "종합병원에는 「사회복지사업법」의 규정에 의한 사회복지종사자 자격을 가진 자 중에서 환자의 갱생, 재활과 사회복귀를 위한 상담 및 지도업무를 담당하는 요원을 1인 이상 둔다."라고 규정한 것에서 찾을 수 있다.

의료사회복지실천 현장은 보건의료사회복지사업, 호스피스사회복지사업, 재활사회복지사업, 병원사회복지사업 등이 포함된다. 의료사회복지사업은 대한의료사회복지협회에서 자격을 운영하며 전문성 확보에 노력을 기울이고 있다.

(6) 학교사회복지실천 현장

학교사회복지는 학교 내 교육-학습 과정에 장애요인이 되는 문제를 해결하고 모든 학생의 학습에 대한 잠재능력을 최대화시키기 위하여 가정과 학교, 지역사회의 상호작용을 촉진시키며(skidmore et al., 1988), 교육과 복지를 접목하여 교육목적을 달성할 수 있도록 사회복지 전문가가 관여하는 영역이다(성민선 외, 2008). 1987년 교육부에서 학교사회사업 시범연구 사업을 시작하면서 공식적인 학교사회복지사활동을 시작하였으나 공식적인 학교사회복지 법제화는 이루어지지 않았다(엄명용 외, 2014: 123).

학교사회복지사의 역할은 크게 임상전문가, 교육자/자문가, 매개자/연계자, 조정자/중재자, 옹호자, 자원개발자, 공조자/협력자, 조사연구자, 정책제언가(한국학교사회복지사협회, http://kassw.or.kr, 2014)와 전문적인 임상사회복지사 역할, 교육적 카운슬링의 제공, 가정-학교-지역사회의 연계자, 지역사회의 자원 활용, 정책입안자의 역할을 한다(Allen-Meares, 2004).

우리나라는 〈표 4-7〉과 같이 2019년 5월 전국적으로 3,184개 학교가 학교사회복지를 운영하고 있으며, 학교사회복지 종사자 수는 1,715명으로 나타나고 있다(한국학교사회복지사협회, 2019).

〈표 4-7〉 2019년 전국 학교사회복지사업 운영현황 2019. 5. 23. 현재

연번	지역	교육복지우선지원사업					지자체 학교사회복지 사업					민간자원사업				총계
		초	중	고	특	소계	초	중	고	특	소계	초	중	고	소계	
계		1,859 (819)	1,238 (658)	172 (33)	4 (2)	3,044 (1,576)	84 (84)	33 (33)	16 (16)	1 (1)	134 (134)	3 (3)	2 (2)	1 (0)	5	

※ 괄호 표시 = 인력 배치

출처: 2019 전국 학교사회복지사업 운영현황 p. 1 재구성, 한국학교사회복지사협회(http://kassw.or.kr).

(7) 여성복지실천 현장

여성복지 분야는 2001년에 여성가족부가 신설됨에 따라 여성가족부의 관할하에, 일반 여성보다는 특수한 욕구를 가진 여성을 위한 사업 중심으로 운영되고 있다. 여성복지 분야의 시설유형으로는 가정폭력피해보호시설, 성폭력피해보호시설, 성매매피해지원시설, 통합상담소로 구분된다(여성가족부, 2018). 시설 수가 가장 많은 시설은 가정폭력피해보호시설로서 245(1,118명)개소이며, 성폭력피해보호시설 144개소(687명), 성매매피해지원시설 85개소(465명), 통합상담소 27개소(152명)의 순으로 나타난다.

여성복지 분야 사회복지사는 정서적 지지와 자립지원서비스, 사회복지 자원을 제공해 주는 조력자/중개자의 역할, 가정폭력, 성폭력/성희롱, 미혼모, 성매매 피

해여성 문제 등에 개입하는 경우, 상담과 구체적인 원조 프로그램 제공자, 상담가/임상가, 옹호자, 행동가로서의 역할을 수행하게 된다(엄명용 외, 2014: 143).

〈표 4-8〉 여성복지시설 수와 종사자 수 2019. 7. 17. 현재

시설유형	시설 수	종사자 수
가정폭력피해보호시설	245	1,118
성폭력피해보호시설	144	687
성매매피해지원시설	85	465
통합상담소	27	152

출처: 보건복지부 사회복지시설정보시스템(www.w4c.go.kr).

(8) 지역사회복지실천 현장

지역사회복지란 주민의 복지 증진과 삶의 질 향상을 위하여 지역사회 차원에서 전개하는 사회복지를 말한다(「사회복지사업법」 제2조). 지역주민을 위해 복지서비스를 제공하는 기관은 공공기관인 ① 동주민 센터와 민간기관인 ② 사회복지관으로 구분할 수 있다(우국희 외, 2017: 109-110).

각 동 주민센터에서는 지역사회복지업무를 전담하는 사회복지전담공무원이 있다. 사회복지진담공무원은 1987년부터 공공기관의 행정업무와 사회복지서비스를 담당하고 있으며, 전국의 읍면동사무소에 배치되어 활동하고 있다. 1999년 10월 일반직 사회복지 전문요원으로 전환하였다.

사회복지관은 지역사회를 기반으로 일정한 시설과 전문 인력을 갖추고 지역주민의 참여와 협력을 통하여 지역사회복지문제를 예방하고 해결하기 위하여 종합적인 복지서비스를 제공하는 시설이다(「사회복지사업법」 제2조).

1980년대 후반부터 지역사회복지관이 전국적으로 증가하고 있다. 2019년 5월 현재 운영되는 사회복지관의 수는 총 466개소이다(한국사회복지관협회, http://kaswc.or.kr, 2019년 자료). 한국사회복지관협회에서 제시하는 사회복지관의 기능은 ① 사례관리기능(사례발굴, 사례개입, 서비스 연계), ② 서비스 제공(클라이언

트에게 직접적인 서비스 제공, 가족기능 강화, 지역사회보호, 교육문화활동, 자활지원 등), ③ 지역조직화 기능(복지네트워크 구축, 주민조직화, 자원개발 및 관리)을 한다.

(9) 확장된 사회복지실천 현장

사회복지 현장의 변화 추세에 따라 새롭게 확장되어 관심을 받고 있는 사회복지 현장이 있다. 이를 살펴보면 다음과 같다(우국희 외, 2017: 118-122).

❶ 기업사회복지 현장

기업사회복지 현장은 기업의 사회공헌 활동이 증가하면서 최근 급속도로 증가하고 있다. 기업복지현장에서 일하는 사회복지사는 기업이 가지고 있는 자원을 적절한 곳에 연계하는 중계자로서의 역할과 프로그램 계획 및 실행자 역할이 중요하게 인식되고 있다.

❷ 교정사회복지 현장

교정사회복지사는 교정시설에서 범죄인의 재활과 범죄 예방에 개입하고 있는 사회복지 전문직을 통칭한다(한국사회복지사협회, 2019, www.welfare.net). 교정사회복지사는 아직 법제화되고 있지는 않지만 조성자(enabler), 중재자(mediator), 교육자(educator), 중개자(broker), 촉진자(facilitator) 등의 역할이 요구된다(조흥식 외, 2008).

❸ 군사회복지 현장

군사회복지는 군의 구성원인 군인과 그 가족의 복지를 증진시키는 것을 목적으로 한다(Daley, 1999; 정무성 외, 2013: 364 재인용). 2007년 「군인복지법」이 통과되면서 일반사병도 복지혜택을 받게 되었다. 군사회복지사는 병사의 정신건강 상담 및 스트레스 관리, 군생활 적응, 직업군인 및 가족들의 갈등상담 역할을 한다(정무성 외, 2013).

6) 사회복지실천 현장에서의 사회복지사 역할

다양한 사회복지실천 현장에서의 사회복지사 역할을 학자들의 관점에서 살펴보면 다음과 같다.

첫째, 자스트로(Zastrow, 1999: 14–16)는 사회복지사의 역할을 가능하게 하는 사람, 중개인, 클라이언트를 옹호하는 사람, 클라이언트의 능력을 신장시키는 사람, 사회운동가인 동시에 행동가, 중재인, 협상하는 사람, 가르치는 사람, 제안자 또는 주창자, 조사연구자, 집단촉진자 등 13가지로 나누었다.

둘째, 헵워스, 루니와 라슨(Hepworth, Rooney & Larsen, 1997)은 서비스 직접 제공자(가능케 하는 자, 조력자, 교육자), 체계연결자(중개자, 사례관리자, 조종자, 중재자, 판단자, 옹호자), 체계유지와 강화자(조직분석가, 촉진자, 추진자, 팀 구성원, 자문가, 자문을 받는 역할), 연구자, 조사활용자, 체계개발자(프로그램 개발자, 계획가, 정책개발자) 역할을 한다고 제시하고 있다(양정남 외, 2011: 25–29).

셋째, 셰퍼 외(Shaefor et al., 1997)는 사회복지사의 역할을 중개인, 옹호자, 교사, 상담가(임상가), 사례관리자, 업무량 관리자, 직원개발자, 행정가, 사회변화 대행자, 전문가로 구분하고 있다(윤현숙 외, 2001: 14–15; Shaefor, Horejsi, & Horejs, 1997; 서울대사회복지연구회 역, 1998). 윤현숙 외(2001: 13–14)는 사회복지사의 역할은 사람들의 문제해결과 처리능력을 향상시키고 더욱 효과적으로 이용할 수 있도록 돕기, 사람들과 자원체계들 사이에 최초의 연결을 수립하기, 사람들과 자원체계들 사이의 상호작용을 촉진시키며 새로운 관계를 수정하고 수립하기, 자원체계 내 사람들 사이의 상호작용을 촉진시키며 관계를 수정하고 수립하기, 사회정책의 개발과 수정에 기여하기, 물질적 자원을 분배하기, 사회통제의 매개인 역할을 수행한다고 제시하고 있다.

이상을 종합하여 사회복지사의 역할을 구분하면 다음과 같다(Miley & Dubois, 2001: 15–19; 이종복 외, 2015: 28; 최세영 외, 2017: 23–25).

❶ 미시차원(micro: 개인, 가족 대상)

미시차원은 사회복지실천의 목적을 구현하기 위해 이루어지는 구체적이고 전문적인 활동이다. 상담, 치료 프로그램이나 서비스, 구체적인 자원책 형태로 전해진다. 개인과 가족이 대상이다. 사회복지사는 조력자, 중개자의 역할을 한다.

- 조력자(enabler): 개인, 가족, 소집단을 대상으로 하여 클라이언트의 역량강화에 주력한다.
- 중개자(broker), 옹호자(advocate): 사례관리를 통해 자원과 클라이언트를 연결하고 서비스를 확장하도록 돕는다.
- 교사(teacher): 클라이언트의 사회적 기능을 향상시키는 데 필요한 지식과 기술을 가르치거나 교육적인 프로그램과 정보를 제공한다.

❷ 중범위차원(mezzo: 조직, 공식적 집단 대상)

중범위차원은 미시적 수준과 거시적 수준의 중간적 위치를 차지한다. 집단과 지역사회를 대상으로 직접적 또는 간접적인 서비스를 사용한다. 사회복지사는 촉진자, 중재자, 훈련자의 역할을 한다.

- 촉진자(facilitator): 조직이나 집단의 기능이나 집단과의 상호작용, 정보 교환 등을 촉진한다.
- 중재자(mediator): 자원의 개발을 위해 집단이나 조직 간의 네트워크를 구축하고 조직 내의 의사소통이나 장애, 갈등 등을 조정한다.
- 훈련자(trainer): 워크숍, 세미나, 슈퍼비전 등 직원의 개발을 교육과 훈련이다.

❸ 거시차원(macro: 지역사회, 사회 대상)

거시차원은 클라이언트의 삶에 영향을 주는 지역사회나 전체 사회 혹은 국가의 복지체계를 대상으로 하는 사회복지실천 활동이다. 지역사회로 찾아 나가서 사회적 이슈와 사회서비스에 대한 정보를 전달하거나 서비스 기관에 의뢰하거나 문제 예방을 위해 개입한다. 사회정책 개발, 정책 대안 발굴 및 제시, 행정체계 및 프로

그램 관련 대안 제시 등이다. 사회복지사는 계획가, 행동가, 현장개입가의 역할을 한다.

- 계획가(planner): 지역사회 주민의 욕구충족을 위하여 서비스 개선에 필요한 정책이나 서비스 또는 프로그램을 계획하고 개발한다.
- 행동가(activist): 복지대상자의 욕구충족을 방해하는 사회적 조건들을 바르게 인식하고 사회행동을 통하여 사회변화를 유도하고 유지한다.
- 현장개입가(outreach worker): 사회복지대상자의 욕구를 확인하기 위하여 현장개입 활동을 한다.

❹ 전문가 차원(사회복지 전문가 집단)

전문가 차원은 사회복지사가 전문가로서의 역할을 하는 것이며, 동료, 촉매자, 연구자의 역할을 한다.

- 동료(colleague): 사회복지 전문가로서 전문적인 윤리적 행동을 지키고, 사회복지사 상호 간의 관계를 형성한다.
- 촉매자(catalyst): 사회복지서비스 전달체계를 개발하고 사회환경적 정책을 옹호하며 타 전문직과 연계하여 서로 협조한다.
- 연구자(research), 학자(scholar): 사회복지서비스에 대한 실증적 조사연구를 수행하고 그 결과를 동료들과 공유한다.

<함께 토의해 보기>

1. 사회복지실천 현장을 분야별로 구분하고 각 분야에 적절한 사회복지사의 역할에 대해서 생각해 보자.

2. 생활시설과 이용시설의 차이점을 설명해 보자.

3. 제4차 산업혁명시대 사회복지 현장에서 요구되는 사회복지사의 역할은 무엇인지 토의해 보자.

<함께 풀어 보기>

1. 다음 중 이용시설에 포함되지 않는 것은?
   ① 사회복지관 ② 보육시설 ③ 아동일시보호시설 ④ 지역아동센터

2. 다음 보기에서 생활시설을 3가지 고르시오.

〈보기〉
모자보호시설 아동상담소 성폭력피해자보호시설 정신의료기관 노숙인시설

3. 다음 중 보건복지부 관할 시설이 아닌 것은?
   ① 노인요양시설
   ② 상업지역 내 헬스센터
   ③ 결핵 · 한센시설
   ④ 아동전용시설

정답

1. ③ 2. 모자보호시설, 성폭력피해자보호시설, 노숙인시설 3. ②

05 사회복지실천의 관점

Theories of Social Work Practice

제5장에서는 사회복지실천의 관점 이해를 위한 내용을 제시한다. 사회복지실천의 통합적 접근, 환경 속의 인간 관점, 사회체계이론적 관점, 생태체계이론적 관점, 강점관점으로 구분하여 그 개념과 주요 특성을 제시한다.

학습목표

1. 사회복지실천의 통합적 접근을 이해하고 설명할 수 있다.
2. 환경 속의 인간 관점을 이해하고 설명할 수 있다.
3. 사회체계이론적 관점을 파악하고 설명할 수 있다.
4. 생태체계이론적 관점을 이해하고 설명할 수 있다.
5. 강점관점을 파악하고 설명할 수 있다.

1. 사회복지실천의 통합적 접근

1) 통합적 접근의 개념

사회복지 전문직은 다양한 요인이 복합적으로 작용하는 실천영역이다. 스텀프(Stump, 1970)는 전통적인 사회복지실천의 방법론은 문제를 전체로 보지 않고 단편화시켜 클라이언트의 생활상의 문제에 전체적으로 개입하기보다는 사회복지사의 입장에서 적절히 처리할 수 있는 문제만을 부분적으로 잘라내어 돕는 형식을 취해 왔다고 주장한다(전재일, 1981: 161 재인용). 전통적 방법에는 인간의 특정한 행동에 제한적으로 적용된다는 한계성에 부딪혀 1960년 이후 전문가들은 의료모델의 효율성에 대한 의문과 함께 클라이언트 문제의 원인을 규명하는 데 있어 환경적 요인의 중요성을 강조하게 되었다(김용한, 2013: 131).

사회복지실천 현장에서 통합적 접근(integrated or unitary, generalist approach)이란 전통적 방법의 전부 또는 일부를 조합해서 교육함으로써 한 명의 사회복지사가 복수의 방법을 통합적으로 사용하여 클라이언트에게 개입할 수 있도록 하려는 것이다(전재일, 1981). 사회복지 통합적 접근이란 사회복지사가 개인, 집단, 지역사회에 제기되는 사회문제에 대처해 나가고자 할 때 활용할 수 있는 공통된 하나의 원리나 개념을 제공할 수 있는 방법의 통합화를 말한다(김융일 외, 2005: 60).

2) 통합적 접근방법의 특징

통합적 접근방법은 다음과 같은 특징을 갖는다(김융일 외, 2005: 61-62).

① 사회복지실천의 본질적 개념, 활동, 기술과업 등에 공통적 기반이 있음을 전제로 한다.

② 가치관은 클라이언트의 잠재성을 인정하고 성장을 통하여 잠재력을 개발할 수 있으며 성장과 잠재성은 미래지향적임을 강조한다.

③ 사회복지실천의 지식은 심리 내적 · 정신역동적 측면으로부터 상황 속의 인

간을 이해하고자 하는 일반체계이론까지 확대된 개념이다.

④ 과거 사회복지의 개입은 주로 인간에게 초점을 두거나 환경에 초점을 두는 이분법적 형태로 이루어졌으나 통합적 방법은 양면적 상호작용에 초점을 둠으로써 인간과 환경의 공유 영역, 즉 사회적 기능수행 영역에 사회복지사가 개입해야 함을 강조한다.

⑤ 클라이언트의 존엄성을 인정하고 클라이언트의 강점, 참여 자기결정 및 개별화를 극대화할 것을 강조하며 사회복지실천과정에서 계속적 평가를 주장한다.

3) 통합적 방법의 이론적 기반

통합적 방법의 이론적 기반은 체계이론과 생태학 이론이다(Anderson & Carter, 1984; Martin & O'connor, 1989). 체계이론이 인간을 둘러싸고 있는 다양한 사회체계를 규명하고 개인과의 상호관련성 및 의존성에 관심을 갖고 있다면, 생태학 이론은 인간-환경을 하나의 단일체계로 보고, 개인과 환경체계에 대한 개입뿐만 아니라 인간과 환경의 상호 교류에 대해 각 체계와 유사한 수준에서 개입해야 함을 제시하고 있다(양옥경 외, 2005: 112). 체계이론과 생태학 이론은 모두 인간에 대한 환경의 영향을 강조하면서, 인간과 환경을 하나의 체계로 보고, 인간과 환경뿐만 아니라 인간과 환경의 상호작용에 관심을 가지는 공통점이 있다. 즉, 생태체계이론이 환경을 사회복지실천의 사정 및 개입에 포함시키는 기능을 했다면, 체계이론은 PIE(person in environment)의 관점을 공고히 하여 인간과 환경의 상호 교류에 대한 이론적 틀을 제시했다고 볼 수 있다(이종복 외, 2015: 87).

4) 통합적 접근의 실천모델

통합적 접근의 대표적 실천모델로는 핀커스와 미나한(Pincus & Minagan, 1973)의 4체계모델과 콤튼과 갈라웨이(Compton & Galaway, 1999)가 추가한 전문

가체계와 의뢰-응답체계가 있다. 골드스타인(Goldstein)의 단일화 모델, 저메인과 기터맨(German & Gittermam)의 생활모델, 콤튼과 갈라웨이(Compton & Galaway)의 문제해결모델 등이 있다. 각 모델의 목적, 기능, 실천과정은 다음의 〈표 5-1〉과 같다.

〈표 5-1〉 통합적 접근 모델 비교

구분	4체계모델	단일화 모델	문제해결모델	생활모델
학자	Pincus와 Minahan	Goldstein	Compton과 Galaway	Germain과 Gitterman
방법의 초점	인간과 사회환경(자원체계)과의 상호작용	유기체로서의 개인, 역동적 사회관계 및 양자 상호작용	개인과 상황의 상호작용의 전체	인간과 환경 간의 상호교류 속의 적응 균형
방법의 목적	① 사람들의 문제해결과 대처능력 강화 ② 사람들과 자원체계의 결합 ③ 체계의 효과적 · 인도적 활용의 촉진 ④ 사회정책의 발전과 개선의 공헌	① 사회적 학습의 촉진 · 강화 ② 사회변화(자원의 확보, 활용)	① 문제 해결 ② 클라이언트, 워커의 공동관계 형성 ③ 합리적 정의 수행	① 인간생활상의 문제해결 ② 인간의 적응능력 지지, 강화 ③ 스트레스의 경감 ④ 대처를 위한 자원의 동원
사회복지사의 기능	① 문제의 인식 ② 자료수집 ③ 최초의 접촉 ④ 계약 ⑤ 행동체계의 구성 ⑥ 행동체계의 유지 · 조성 ⑦ 영향력 행사 ⑧ 변화노력의 종결	① 지식과 정보 인식 ② 전략(조사, 개입평가)	① 자료의 수집과 평가 ② 개입전략 제공	① 생활과업에 대한 원조 ② 사회적 조직망과 물리적 장의 관여 ③ 시간적 배열 활용
사회복지 실천의 과정	① 문제의 인식 ② 자료의 수집 ③ 진단 ④ 개입 ⑤ 평가와 종결	① 니드의 공식화 ② 정보의 탐색 ③ 해결방법 공식화 ④ 결과의 비교 ⑤ 해결방법의 검증	① 접촉단계(문제의 명확화 · 목표의 명확) ② 계약단계(평가, 활동계획의 공식화, 예후예측) ③ 활동단계(계획실시, 종결, 평가)	① 초기단계(준비, 참가) ② 진행단계(생활변천, 환경의 문제, 대인과정 개입) ③ 종결단계(평가와 종결)

출처: 김만두 · 한혜경, 1993: 264 재인용.

2. 환경 속의 인간 관점

1) PIE(person in environment)

(1) PIE의 정의

PIE는 '환경 속의 인간'으로서 개인은 환경과 끊임없는 상호작용을 하며 영향을 받는다는 것이다. '환경 속의 인간(person in environment)'이라는 개념은 리치몬드의 저서 『사회진단(*social Diagnosis*)』 속에 함축되어 있다.

전통적으로 사회복지실천의 주요 초점은 '생활 상황 속의 사람(people in life situation)', 즉 개인과 환경에 동시적으로 이중초점을 유지하는 것이다. 따라서 사회복지실천의 목표는 사람과 상황 사이에 조화를 만들어 내는 것이다(Gordon, 1969; 엄명용, 2014: 158).

PIE(person in environment)의 기본구조를 보면, 개인과 환경 간에 일생을 통해서 이루어지는 상호 교류적 발달인 D=F(P • E)라고 할 수 있다. 즉, 발달(D=development)이란, 시간의 흐름에 따라 이루어지는 개인–환경(PE) 사이의 함수라는 것이다(Bronfenberenner, 1989: 187–249). 인간의 행동은 개인과 환경 사이의 상호작용의 산물이며 개인은 고립된 존재가 아니라 개인의 특성이 환경과의 상호작용을 통하여 의미를 갖게 된다는 것이다(Germain & Gitterman, 1981: 44–51).

최근에는 환경 속의 인간(person in environment) 시각에서 문제를 분류할 수 있는 체계를 개발하였다(Karl & Wandrei, 1992: 80–85; 엄명용, 2014: 160 재인용). PIE는 다음과 같은 네 가지 축으로 구성되어 문제를 발견한다. 클라이언트가 자신의 어려움을 호소할 때 사회복지사는 클라이언트의 문제 상황을 다음의 네 가지 축에 입각하여 다면적 사정을 하고 기록하게 된다(엄명용, 2014: 161)는 것이다.

- 제1축(AXIS Ⅰ): 사회기능상 문제
- 제2축(AXIS Ⅱ): 환경상(물리적 · 사회맥락) 문제

- 제3축(AXIS Ⅲ): 정신건강상 문제
- 제4축(AXIS Ⅳ): 신체건강상 문제

(2) PIE의 개인에 대한 관점

환경 속의 인간이란 심리적인 영역뿐만 아니라 인간의 신체, 지능, 정서, 사회성, 영적 상태, 경제 상황, 가족 상황, 문화배경 등이 혼합되어 전체로서의 인간으로 보는 관점이다.

(3) PIE의 환경에 대한 관점

환경은 인간에게 영향을 미치는 주변의 물리적 · 사회적 구조, 물리 · 사회적 세력, 이들의 운동과정 등이 환경에 포함된다(엄명용, 2014: 164–166).

3. 사회체계이론적 관점

사회체계관점은 권중돈(2014: 82–86,591–615), 엄명용 외(2014: 174–181), 나동석 외(2014: 98–100), 이종복 외(2015: 94–95)가 제시하는 내용을 중심으로 살펴보고자 한다.

1) 사회체계이론의 개념

사회체계이론은 1937년 생물학자인 비틀란피(Bertalanffy)에 의해 처음 제시되었으며, 사회복지실천 분야에서는 1960년에 이르러 주목받기 시작했다. 사회체계이론은 인간행동에 영향을 미치는 다양한 체계수준, 즉 개인, 가족과 조직을 포함하는 소집단, 지역사회와 같은 좀 더 복잡하고 넓은 사회체계를 설명하는 이론이다. 사회체계이론은 인간을 통합된 하나의 정체로 간주하는 전체적 인간관을 갖

고 있으며, 인간행동은 환경과 역동적 상호작용의 산물로 본다(양옥경 외, 2005: 114).

체계(system)란 독특한 방식으로 상호작용하고 상호 의존하는 부분들로 구성된 전체, 즉 부분 간에 관계를 맺고 있는 일련의 단위이다(Bertalanffy, 1968). 즉, 체계는 일정 기간 동안 물리적 환경을 공유하면서 맺은 상호관계를 통하여 조직화되고 안정되어 있으며, 상호 간에 직접적 또는 간접적인 영향을 미치는 구성요소의 복합체이다. 이러한 체계는 서로 영향을 미치는 구성요소 간의 상호작용과 상호 의존적 관계를 통하여 안정되고 조화로운 통합적 전체를 이루며, 체계의 고유한 공간을 확보하지만, 외부체계와 단절됨이 없이 지속적인 에너지 교류를 함으로써 생존이 가능해지고, 내적 기능과 구조에 있어서의 변화와 발달이 이루어진다(권중돈, 2014: 83).

사회체계에서 체계는 "전체는 부분의 총합 그 이상이다(Burkley, 1967: 42-66)."라고 정의할 수 있다. 즉, 전체로서의 체계는 부분 간의 관계체계와는 다른 관계 특성을 지닌다. 체계란 독특한 방식으로 상호작용하고 지속적으로 존재하는 구성요소를 포함한 조직화된 전체이다(Anderson & Carter, 1984). 체계는 비교적 안정된 구조를 지닌다, 체계는 부분 간의 지속적인 관계를 맺음으로써 비교적 안정된 상호작용 유형을 지니고 있다(권중돈, 2014: 595). 체계는 다양한 수준에 걸쳐 존재한다. 인간의 뇌세포에서 가족체계 간 상호작용 유형에 이르기까지 다양하다. 대표적인 사회체계는 가족이고, 가족은 상호 간에 애정, 충성심으로 관계를 맺고 있는 사회체계로서 영속되는 가구 또는 가구의 집합이다(Terkelsen, 1980). 체계는 지속적으로 변화를 추구하며 역동적인 균형 상태를 유지하려 한다.

2) 사회체계의 주요 특성

모든 체계는 독특한 구조를 가지고 있다. 개방체계와 폐쇄체계, 대상체계, 상위체계, 하위체계, 그리고 경계와 공유 영역, 위계로 구성되어 있다. 또한, 체계는

균형, 항상성, 안정상태의 특성을 지니고 있다. 그리고 체계는 조직화(organization), 상호 인과성(mutual causality), 지속성(constancy), 공간성(spatiality), 경계(boundary)의 특성을 가지고 있다(Martin & O'Connor, 1989).

항상성은 체계가 균형에 위협을 받았을 때 이를 회복하려는 경향을 말한다. 체계가 체계 내의 균형이나 현상유지 속성을 설명하기 위하여 가장 보편적으로 사용된다(권중돈, 2014: 595).

체계의 안정상태(steady state)란 전체 체계가 균형을 이루고 있으며, 부분 간의 관계가 붕괴되지 않도록 환경과 융통성 있는 에너지 교환 관계를 유지하고 있는 상태이다(Anderson & Carter, 1984).

체계가 생존, 성장, 변화하기 위해서는 체계 내부 및 외부와의 지속적인 정보 교환과 에너지 교환이 이루어져야 한다. 체계가 외부로부터 정보나 에너지를 받아들여 필요한 자원을 만들어 내는 과정을 투입-전환-산출이라 한다. 투입(input)은 체계가 환경으로부터 에너지, 사물, 정보 등을 받아들이는 과정이다. 전환(through-out)은 투입된 에너지를 적절히 변형하는 재조직과정이다. 산출(output)은 체계 내에서 변형된 에너지를 환경으로 방출하는 것이다. 전환과정에서 만들어진 산출은 환류(feedback)를 통하여 체계 내부로 투입된다(Meyer, 1983).

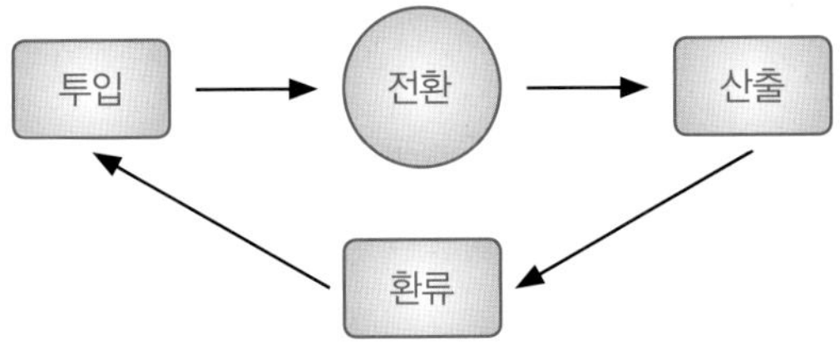

[그림 5-1] 체계의 에너지 전환과정

출처: 권중돈, 2014: 603 재구성.

조직화는 체계의 구성요소 또는 부분 간에 조화로운 연결성이 있다는 것을 의미한다. 체계를 구성하고 있는 요소, 즉 부분들은 서로 분리되어 있는 것이 아니라 독특한 방식으로 상호작용하고 의존하는 과정에서 조화를 이루는 하나의 통합된 조직을 이루게 된다.

상호 인과성은 체계의 부분 간 상호작용 과정에서 한 부분에 일어난 변화는 다른 모든 부분에 직접적 또는 간접적 영향을 미치므로 다른 부분의 변화뿐만 아니라 체계 자체, 더 나아가 체계를 둘러싼 환경의 변화까지도 유발하게 된다는 체계의 특성이다.

지속성은 체계가 시간의 흐름에 따라 발달하고 구성요소의 역할이 분화되는 역동적 특성을 말한다.

경계는 공간성과 관련된 개념으로 다른 체계와 구분해 주는 눈에 보이지 않는 테두리로서, 외부체계로부터 체계의 생존에 필요한 자원을 받아들이고, 체계의 생산물을 외부체계로 산출하는 기능을 담당하게 된다.

체계는 개인, 가족, 집단, 조직, 지역사회 등 매우 다양한 수준에 걸쳐 존재하며, 체계는 그 자체로서 하나의 완전한 체계인 동시에 다른 체계의 상위체계이며, 또 다른 체계의 하위체계가 될 수 있다.

브론펜브레너(Bronfenbrenner, 1979, 1989)는 인간을 둘러싸고 있는 생태체계 또는 환경체계를 미시체계, 중간체계, 외적체계, 거시체계, 시간체계라는 다섯 가지로 구분하고 있다.

① 미시체계(microsystem)는 개인의 가장 근접한 환경으로서, 가족, 학교, 이웃 등의 물리적 환경과 사회적 환경 그리고 그 환경 내에서 갖게 되는 지위나 역할, 활동, 대인관계 등을 의미한다.

② 중간체계(mesosystem)는 상호작용하는 두 가지 이상의 미시체계 관계망을 말한다. 중간체계의 예로 가족 미시체계와 학교 미시체계의 상호작용과 같은 두 가지 이상의 미시체계 간의 관계를 들 수 있다.

③ 외적체계(exosystem)는 개인이 직접 참여하거나 관여하지는 않지만 개인에

게 영향을 미치는 환경체계로서, 부모의 직장, 정부, 사회복지기관, 대중매체 등이 포함된다.

④ 거시체계(macrosystem)는 미시체계, 중간체계, 외적체계에 포함된 모든 요소와 정치, 경제, 종교, 교육, 윤리와 가치, 신념, 관습, 문화 등의 광범위한 사회적 맥락을 포괄한다.

⑤ 시간체계는 개인의 전 생애에 걸쳐서 일어나는 변화와 역사적인 환경을 포함하는 체계로서, 개인의 발달에 결정적인 영향을 미친다.

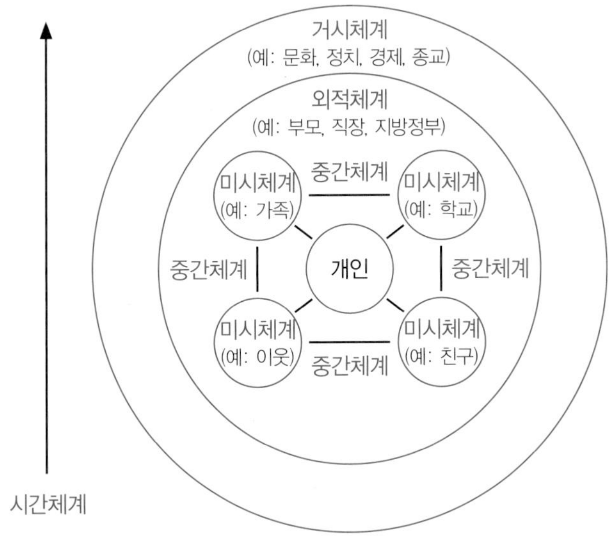

[그림 5-2] 브론펜브레너(Bronfenbrenner)의 인간 생태체계모델

출처: 권중돈, 2014: 84 재인용.

3) 사회체계이론의 사회복지실천의 적용

사회체계이론의 사회복지실천의 적용을 살펴보면 다음과 같다(권중돈, 2014: 608-614).

사회체계에서 문제나 갈등을 보는 관점은 체계의 복잡한 역기능적 상호작용으로 클라이언트의 증상은 개인에 국한된 것이 아니라 체계 내부 또는 체계와 환경 사이의 매우 복잡한 역기능적 상호작용에 있다고 본다(Pincus & Minahan, 1973). 그러나 체계는 역기능적 상호작용을 유지하며 체계를 파괴하지는 않는다.

사회복지사는 의사소통을 통해 교환되는 정보가 체계에 어떤 영향을 미치는지를 사정해야 한다.

개입은 과거보다는 현재 체계 내의 역기능적 상호작용에 치료적 초점을 둔다. 체계 내부의 부분 간 상호작용이나 체계와 환경 사이의 관계를 변화시킴으로써 증상을 제거하는 것을 강조한다. 체계적 접근은 개인이 아니라 그 개인이 관계를 맺고 있는 체계 모두를 포함하여 공식적 또는 비공식적 지원체계까지도 고려해야 한다. 개인은 그러한 사회적 힘에 대한 객관적이고 합리적인 자각이 유용하고 사회적 요인이 각자의 체계에서 상호작용하는 것처럼 개인에게 긍정적인 변화에 영향을 주는 요인이 인식되어야 한다(최세영, 2017: 138).

사회복지사가 활용할 수 있는 기법은 내담자의 자아인식과 변화체계, 자원 표적체계 등에 대한 이해 증진 기술, 경청, 감정이입, 진실성, 존경심을 전달할 수 있는 능력, 기본적인 의사소통 기술, 면접 및 자료수집가 사정기술, 원조목표의 설정과 수행에 필요한 기술, 내담자의 참여와 판단을 촉진할 수 있는 기술, 개입결과에 대한 평가기술, 그리고 종결 및 분리기술 등 골고루 갖추어야 한다(Comton & Galaaway, 1989)

4. 생태체계이론적 관점

생태체계관점은 권중돈(2014: 617–637), 전재일 외(2007: 113–115), 이종복 외(2015: 96–98)가 제시하는 내용을 중심으로 살펴보고자 한다.

1) 생태체계관점의 개념

생태체계이론은 일반 체계와 생태학 이론(ecological theory)을 결합한 것으로서, 사회복지실천에서 1980년에 주목을 받았다. 생태체계관점은 일반체계의 주요 개념을 받아들이면서 생태학적 관점을 도입하였다. 즉, 생태체계 유기체들이 어떻게 상호 적응 상태를 이루고 그들이 어떻게 상호 적응해 가는가에 초점을 두며, 인간과 인간이 주변 환경 간의 상호작용, 상호 의존성 또는 역동적 교류와 적응을 설명한다(사회복지교육연구센터, 2011). 생태체계관점은 인간과 환경이 어떻게 서로 영향을 주고받는지를 보는 준거 틀을 제공해 준다. 또한, 이 관점은 상황적 · 환경적 맥락에서 클라이언트체계를 보기 때문에 사정과 계획단계에 매우 유용한 관점이다(김용환, 2013: 141).

인간은 스스로 결정하고 선택을 할 수 있는 능동적이고 유목적적인 존재이며(Germain, 1979), 인간은 상호 교류를 지지 또는 방해하는 유전적 잠재력이 있어서 인간의 행동은 개인과 환경 사이의 상호작용의 산물이라고 한다. 단, 개인의 특성이 고립되어 존재하는 것이 아니라 전체적인 개인적 특성이 환경과의 상호작용을 통해서 의미를 갖게 되고 표현된다(Germain & Gitterman, 1980).

생태체계관점은 인간과 환경은 분리될 수 없는 존재라는 개념하에, 인간이 환경의 모든 요소와 지속적인 상호교환을 하는 존재로 보는 적응적 · 진화적 관점이다(Germain & Gitterman, 1980). 생태체계이론은 개인과 환경이 상호 간에 영향을 미치며, 상호 교류적 관점을 가진다. 상호 교류는 상호작용과는 다르게 개인과 환경이 상호 영향을 미치며, 개인과 환경이 하나의 단위, 관계, 체계로 융합되는 것이다(Lazarus, 1980).

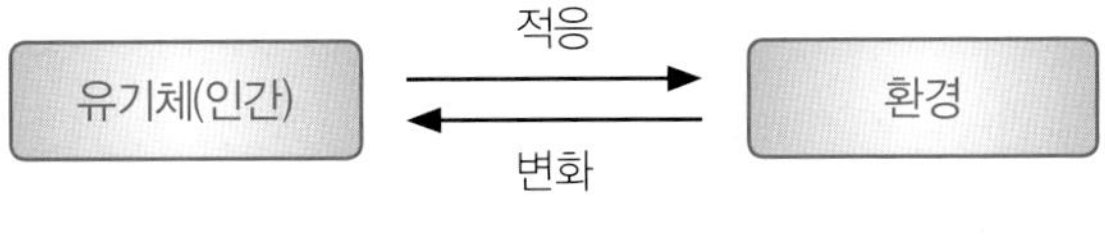

[그림 5-3] 인간과 환경의 상호 교류

출처: 권중돈, 2014: 630 재인용.

생태체계관점은 적응문제를 병리적 상태로 규정하지 않는다. 개인의 정신병리는 개인적 욕구와 대처 능력이 지지와 환경적 자원과 일치되지 않은 것으로 본다(Germain, 1978; Germain & Gitterman, 1980).

2) 생태체계론의 주요 특징

생태체계론적 관점의 주요 특징은 다음과 같다(전재일 외, 2004: 113-115).

첫째, 상황 속에서 인간의 다양한 변화 가능성을 제시한다. 생태체계이론의 근본적 원칙은 체계의 일부 변화는 그 체계의 다른 부분을 변화시키고 다음에 전체 체계의 기능 수행을 변화시킨다(Bertalanffy, 1968)는 것이다.

둘째, 클라이언트체계의 강점을 강조한다. 생태체계적 실천원칙은 사회복지사가 '사람과 환경이 부적응하는 교류 패턴들을 개선하려고 시도하는 동안' 서로의 욕구에 적응해 온 균형과 과정을 존중하도록 하는 것이다(Siporin, 1980: 517). 이것은 사회복지사로 하여금 클라이언트가 이용할 수 있는 강점과 능력을 구축하도록 한다.

셋째, 현재 행동을 '상황 속의 개인'의 편안한 적합성으로 설명한다. 생태체계관점은 인간 행동을 인간과 상황에 상호 이익을 주는 안정된 균형을 찾고 유지하는 것으로 본다. 인간은 어떻든지 간에 자신과 자신의 상황에 가장 적합한 방법들로 행동하려고 한다.

넷째, 역기능을 상황 속에서 적응적이거나 합리적인 것으로 개념화한다. 생태체계관점에서 개인의 역기능 기능수행상의 문제로 보고 상호작용의 부적응적 패턴으로 고려하게 된다.

다섯째, 개인, 개인의 사회집단 및 사회적 · 물리적 환경 안에서 변화를 위한 여러 가지 대안을 탐색한다.

3) 생태학적 이론과 사회복지실천의 적용

생태체계학적 이론의 사회복지실천의 적용을 살펴보면 다음과 같다(권중돈, 2014: 634-638).

생태체계적 관점에서 문제나 갈등은 개인의 욕구와 능력과 환경적 자원 간의 불일치가 발생할 때 심리사회적 스트레스가 일어나며 생활문제가 나타난다고 보았다.

사정은 유능성의 성취 정도에 따라 개인의 적응과 부적응을 사정한다. 스트레스가 무조건 문제가 되는 것은 아니며, 개인의 성장과 발전을 도모하는 동기로 작용할 수 있다는 것이다. 정서적 고통을 통제하기 위해서 대처기술을 가지게 되고 대처능력을 위해서 내적 자원(자존감 등)과 외적 자원(가족, 사회관계망 등)을 필요로 하게 된다.

개입 목적은 내담자가 개인적 성장을 도모하고 개인적 독립을 증진하는 경험을 통하여 자기존중감과 문제해결능력 및 대처기술을 증진하고, 조직, 사회관계망, 물리적 환경을 보다 양육적인 환경으로 변화시키는 것이다(Germain & Gitterman, 1981).

개입기법은 내담자의 행동, 자율성, 자기존중감, 유능성 증진을 통하여 적응능력을 고양하고 환경적 속성을 변화시키는 데 목적을 두고 있다(Germain & Gitterman, 1980). 생태체계이론은 사회관계망 분석, 가계도, 역량강화기법을 주로 활용한다. 또한, 내담자를 상호성을 조장할 수 있는 역할을 수행하는 동반자로 관계를 규정하고 원조자는 내담자의 주관적 현실을 경청하고 이해하여야 하며, 내담자와 함께 문제를 일으키는 요인을 판별하고, 문제표현방식을 파악하고, 문제를 경감하기 위한 방안을 수립해야 한다는 것이다(권중돈, 2014: 635-636).

5. 강점관점

강점관점은 엄명용 외(2014: 199−216)와 이종복 외(2015: 99−100)가 제시하는 내용을 중심으로 살펴보고자 한다.

1) 강점관점의 개념

사회복지실천에서 강점(strength)관점은 리프(Rapp), 웨이크(Wecik) 외에 의해 개발되었으며, 총체적 건강 개념으로부터 발달되어 왔다. 사회복지사가 클라이언트의 내재된 힘을 지지할 때, 그들의 긍정적 성장 가능성을 고양시킬 수 있다. 강점관점은 사회복지사가 클라이언트를 돕는 과정에서 클라이언트의 문제와 병리현상보다는 강점에 초점을 두고 활동하는 것이 클라이언트의 문제 해결에 보다 효과적이라는 관점이다(엄명용, 2014: 199).

샐리베이(saleebey, 2009a)는 강점관점을 "클라이언트가 갖고 있는 목적 및 꿈을 실현하게 하거나, 클라이언트 자신의 다양한 문제로부터 벗어나도록 돕는 사회복지 실천활동의 전 과정에서 사회복지사가 클라이언트의 강점과 자원을 발견하고 드러내어 묘사 · 탐색 · 활용하려는 총체적 노력"이라고 했다.

2) 강점관점의 주요특성

강점관점에서 사회복지사는 클라이언트가 자신의 강점과 능력을 확인하고 개발하도록 도와주며, 자신의 자원적 환경을 이용하여 욕구를 적절하게 충족하도록 원조하는 역할을 한다(전재일 외, 2004: 119−120).

김융일 외(1995: 47)는 강점관점의 특성을 다음과 같이 정리했다.

첫째, 문제가 아닌 도전을 강조한다. 문제는 사회복지실천 개입에서 클라이언트로 하여금 수치감, 비난, 죄책감, 낙인을 수반하며, 부정적 전체를 불러냈다.

그러나 강점지향적 사회복지사는 사회복지실천의 손상 모델에서 도전 모델로 이동한다. 사회복지사가 클라이언트의 문제를 도전, 전환점, 성장의 기회로 바라볼 때, 그들은 자신의 과점을 의미 있게 변화시킨다.

둘째, 병리가 아닌 강점을 강조한다. 병리에 초점을 두는 것은 강점을 드러낼 클라이언트와 실천가의 능력을 덮어 버리고, 병리로 진단하는 것은 개인의 강점을 덮어 버리게 된다.

셋째, 과거가 아닌 미래를 중시한다. 의료 모델에 초점을 둔 개입과정은 언제, 어떻게, 왜 클라이언트체계가 잘못되기 시작했는지 과거를 탐색한다. 그러나 강점지향적 사회복지실천은 미래의 성장을 위해 이용할 수 있는 자원을 발견하기 위해 현재를 탐색한다.

3) 강점관점의 사회복지실천의 적용

강점관점에서는 사회복지사가 클라이언트를 대할 때 표출문제에만 주로 초점을 두기보다는 클라이언트의 가능성에 초점을 둔다. 그리고 강점의 요소들에 대해서 샐리베이(Saleebey, 2009a: 10)가 제시한 강점 요소들을 활용한다. 요소들을 살펴보면 ① 강점의 개인적인 요소들을 영문자 C, P, R자로 시작되는 단어들로 제시하면서 그것을 C-P-R로 표기하였다. 먼저, C로 시작하는 요소로는 경쟁력(Competence), 역량(Capacities), 용기(Courage) 등이다. P로 시작하는 요소로는 희망(Promise), 가능성(Possibility), 긍정적 기대(Positive expectation), 잠재력(Potential) 등이다. R로 시작되는 요소들은 복원력(Resilience), 비축된 힘(Reserves), 자원(Resources), 정보력(Resourcefulness) 등이다.

강점관점 실천의 원리들(Saleebey, 2009a)과 강점 확인을 위해 사용할 수 있는 질문들(Saleebey, 2009b: 93-107)을 보면 다음과 같다(엄명용, 2014: 209-216 재구성).

〈표 5-2〉 병리적 관점과 강점관점의 비교

구분	병리적 관점	강점관점
치료 초점	문제	가능성
관계	클라이언트의 진술은 전문가에 의해 재해석되어 진단에 활용됨	클라이언트의 진술은 그 사람을 알아가고 평가하는 중요한 방법
치료핵심	실무자에 의해 고안된 치료계획	개인, 가족, 지역사회의 참여
실천자원	전문가의 지식과 기술	개인, 가족, 지역사회의 강점능력
원조목적	부정적인 증상의 영향을 감소시키는 것	삶에 함께하며 가치를 확고히 하기

출처: Saleebey, 1996: 296-306; 김혜영, 2016: 137 재구성.

강점관점 실천을 위한 질문은 다음의 〈표 5-3〉과 같다.

〈표 5-3〉 강점관점 실천을 위한 질문의 예

질문유형	질문의 실제
생존 질문	"어떤 어려움을 통해서 당신은 역경을 헤쳐 나오는 데 필요한 특별한 힘, 통찰력, 기술 등을 갖게 되는 것인가?"
지지 질문	"누가 당신에게 세상에 대해 알려주고, 도움을 주었으며, 인도해 주었나?"
예외 질문	"일이 잘 풀려 갈 때는 언제였나? 그때는 무엇이 좀 다른가?"
가능성 질문	"현재 당신의 삶으로부터 무엇을 원하는가?"
존중 질문	"다른 사람들은 당신에 대해 어떤 좋은 말을 하는가?"
장래 질문	"당신의 현재 상황을 당신은 어떻게 설명하겠는가?"
변화 질문	"당신의 생각 · 감정 · 행동 · 사회관계 등의 일들이 앞으로 어떻게 변화될 것이라 생각하는가?"
의미 질문	"당신의 주된 생각의 틀 또는 가치체계는 무엇인가?"

출처: Saleebey, 2009b: 102-103; 임명용, 2014: 2015-216 재구성.

<함께 토의해 보기>

1. "가는 말이 고와야 오는 말이 곱다."라는 우리 속담을 사회체계이론의 투입–전환–산출의 과정과 환류의 과정에 근거하여 분석 설명해 보시오.

2. 3~4명이 집단을 이루어 각자 자신이 스트레스를 받고 있는 상황에 대해서 기술하고 이 스트레스를 극복할 수 있는(성장을 위한 것으로 전환할 수 있는) 방법에 대해서 집단 구성원들과 함께 제시해 보시오.

3. 강점의 요소인 C, P, R자로 시작되는 단어들을 설명해 보시오.

<함께 풀어 보기>

1. 다음 중 통합적 접근의 특징에 맞지 않는 것은?
   ① 사회복지실천에 개념, 활동, 기술과업 공통적 기반이 있음을 전제로 한다.
   ② 통합적 방법은 양면적 상호작용에 초점을 둔다.
   ③ 가치관은 클라이언트의 잠재성을 인정하고 미래지향적임을 강조한다.
   ④ 클라이언트의 존엄성이나 잠재력보다는 사회적 가치에 초점을 둔다.

2. PIE(person in environment)에 대한 설명 중 맞지 않는 것은?
   ① PIE는 환경 속의 인간으로 개인은 환경과 상호작용을 한다는 의미이다.
   ② 개인과 환경 간의 상호 교류적 발달을 D=F(P • E)라고 할 수 있다.
   ③ PIE는 환경오염 문제를 받아들이고 가상공간에서의 인간의 활동을 의미한다.
   ④ 인간의 행동은 개인과 환경 사이의 상호작용의 산물이다.

3. 다음의 보기에서 핀커스와 미나한의 4체계모델과 콤튼과 갈라웨이가 추가한 모델을 모두 고르시오(5가지).

〈보기〉
변화매개체계　중개자 체계　관리체계　클라이언트체계　사회체계　표적체계
생태체계　행동체계　다양화 체계　의뢰–응답체계　전문가체계　경영체계

정 답

1. ④　2. ③　3. 가. 전환, 나. 환류

4. 변화매개체계, 클라이언트체계, 표적체계, 행동체계, 의뢰–응답체계, 전문가체계

06 *Theories of Social Work Practice*

사회복지실천관계론

제6장에서는 사회복지실천관계론에 대한 내용을 제시한다. 전문적 관계의 특성, 전문적 관계의 기본적 요소, 사회복지사의 전문적 자질, 사회복지실천관계의 원칙, 변화를 방해하는 관계에 대한 주요 핵심개념과 다양한 사례를 제시하고 있다.

학 습 목 표

1. 전문적 관계의 특성의 개념을 이해하고 설명할 수 있다.
2. 전문적 관계의 기본적 요소를 이해하고 설명할 수 있다.
3. 사회복지사의 전문적 자질의 개념을 이해하고 설명할 수 있다.
4. 사회복지실천관계의 원칙을 설명할 수 있다.
5. 변화를 방해하는 관계를 이해할 수 있다.

1. 전문적 관계의 특성

사회복지실천과정에서 관계란 일반 개인 간의 관계와 달리 사회복지사와 클라이언트와의 원조적인 관계를 말한다. 펄먼(Perlman, 1979)은 관계를 '개입의 수단'이라고 하였고 치료적 도구로서 관계는 의사소통의 통로가 되어 변화의 매개체가 됨을 강조했다(임정현, 2011: 68). 사회복지사와 클라이언트 관계는 사회복지실천의 전 과정에 대한 전문적인 책임을 지면서(양옥경 외, 2005: 129), 사회복지실천의 본질과 가치를 실현하는 수단으로 사용되었다. 사회복지사가 클라이언트와 좋은 관계를 발전시키는 것이야말로 실천노력에서 필수적인 요소이며, '좋은 관계'란 자극과 영양이 되고, 타인의 개성을 존중하고 키워 주며 안전한 느낌과 일치성을 제공하는 것이다(Johnson, 1995: 167 재인용).

사회복지사와 클라이언트와의 관계의 가장 대표적인 특징은 '도움을 주는 전문적 원조관계'라는 것이다. 이러한 전문적 관계는 일반적 관계와는 달리 다음과 같은 특징이 있다(Johnson, 1998; 길귀숙, 2011: 165).

첫째, 서로 합의된 의도적인 목적이 있다. 사회복지사와 클라이언트 간에 클라이언트의 보다 나은 적응 및 문제해결을 위한 원조를 목적으로 하여 진행된다는 것을 의미한다.

둘째, 클라이언트와 구체적으로 한정된 기간을 갖고 관계를 맺는다. 목적의 달성 여부와 관계없이 종결이 필요하다고 생각될 때에 관계는 종결된다.

셋째, 클라이언트의 욕구 중심적이다. 사회복지사의 이익보다는 클라이언트의 이익을 위해 헌신한다. 사회복지사는 타인의 욕구에 민감할 수 있는 객관성과 자아인식을 토대로 관계 형성을 해야 한다.

넷째, 사회복지사는 특화된 지식 및 기술 그리고 전문직 윤리강령에서 비롯되는 권위를 가진다.

다섯째, 전문적 관계는 진행 중인 사례에 대해 객관성을 유지하고 자기 자신의 감정, 반응, 열망을 자각하고 그 책임을 진다는 의미에서 통제된 관계라 할 수 있다.

2. 전문적 관계의 기본적 요소

사회복지실천의 전문적 책임을 수행하기 위해 가져야 할 전문적 관계의 기본요소는 다음과 같다(Compton & Galaway, 1994: 272–288; 양옥경 외, 2005: 130–136; 엄명용 외, 2014: 247–255).

① 클라이언트에게 일어난 일에 대한 진심 어린 관심을 가지고 조건 없이 긍정적인 인정을 해 주는 타인에 대한 관심이다.

② 돕는 과정에서의 책임감을 의미하며, 관계의 목적을 이루기 위해 사회복지사와 클라이언트가 관계를 맺을 때 갖추어야 할 헌신과 의무이다.

③ 전문지식과 경험을 보유하고 권위를 가진 사람으로 인식될 수 있는 사회복지사의 권위와 권한이다.

④ 일관성 있고 정직한 개방성을 유지하고, 대화의 내용과 행동이 항상 일치하며, 전문가로서의 자아와 가치체계에 부합할 수 있는 진실성과 일치성이다.

⑤ 클라이언트의 이야기에 모순이나 다른 점이 발견되면 클라이언트에게 이야기해 주는 대응과 직면이다.

⑥ 클라이언트의 행동, 감정, 사고를 묘사하고 명료화해 주는 직접성이다.

⑦ 클라이언트의 불안감을 감소하게 하여 내면세계를 탐색할 수 있는 무조건적 긍정적인 관심이다.

⑧ 라포를 강화하고 신뢰를 증가시키는(Hepworth & Larsen, 1986: 113) 사회복지사의 자기노출이다.

⑨ 상대방의 마음을 읽고 상대방의 눈을 통해 세상을 볼 수 있는 이해 능력이다.

⑩ 클라이언트의 행동, 감정, 사고를 그 자신의 독자적인 방법으로 정확하게 묘사 내지 표현할 수 있게 도와줄 수 있는 능력인 구체성이다.

3. 사회복지사의 전문적 자질

전문적 관계를 수행하기 위한 사회복지사의 자질은 다음과 같다(Compton & Galaway, 1994: 290−295; 양옥경 외, 2014: 149−151; 엄명용 외, 2006: 206−207).

① 성숙함이다. 즉, 사회복지사의 성숙함은 다른 모든 자질을 이끌어 내는 바탕이 된다. 유능한 사회복지사는 성숙해 가는 과정 속에서 자신을 성장시키고 발전하는 인간으로 키워 가는 사람이다.

② 창조성이다. 창의적인 사회복지사는 클라이언트의 문제 상황에 대한 해결책에 대해 개방적이고 기존의 해결책이 전부인 것이 아니며, 최선의 해결책을 찾으려는 자세를 가진다.

③ 자기를 관찰하는 능력이다. 자신의 목표에 관하여 깊이 숙고하고, 자기 자신을 믿고 존중하며, 그러면서도 한발 물러서서 자신을 복잡한 개입활동의 한 부분으로 관찰할 수 있는 능력을 말한다.

④ 용기이다. 사회복지사는 어려운 상황에 휘말리는 일, 비난 또는 학대받는 일, 예측할 수 없는 상황에 계속 연관되는 일, 신체적으로 위협받는 일 등을 기꺼이 받아들일 수 있어야 한다.

⑤ 민감성이다. 사회복지사는 선입견과 고정관념의 틀에서 벗어나 클라이언트의 감정과 사고에 사회복지사 자신을 투입시키는 능력이 요구된다.

⑥ 인간적인 자질이다. 사회복지실천에서 사회복지사는 인간적 자질을 가져야 한다. 클라이언트를 존중하며 이해하는 마음을 갖고 수용하고 공감하고 클라이언트를 있는 그대로 인정하는 것 등이 필요하다.

4. 사회복지실천관계의 원칙

비스텍(Biestek, 1957)은 사회복지실천 관계의 기본은 사회복지사와 클라이언트 외의 태도 및 감정의 상호작용으로 간주하여 그의 저서 『개별사회사업의 관계(*Case work Relationship*)』에서 7대 원칙이라 부르는 '관계론'을 정립하였다.

〈표 6-1〉 클라이언트의 욕구와 사회복지실천의 관계원칙

관계의 원칙	클라이언트의 욕구
개별화 (individualization)	모든 클라이언트는 개별적인 욕구를 가진 존재로서 개별화한다.
의도적 감정표현 (purposeful expression of feelings)	클라이언트의 자유로운 감정을 표현하도록 한다.
통제된 정서적 관여 (controlled emotional involvement)	클라이언트의 표현된 감정과 이해로 반응한다.
수용 (acceptance)	클라이언트를 있는 그대로 인정한다.
비심판적 태도 (Non–judgmental attitudes)	클라이언트를 심판하거나 비난하지 않는다.
클라이언트의 자기결정 (self–determination)	클라이언트 스스로의 자기결정을 존중한다.
비밀보장 (confidentiality)	클라이언트의 비밀을 보장한다.

출처: 엄명용 외, 2014: 208 재인용.

1) 개별화(individualization)

모든 클라이언트는 다른 사람과 다르며, 각 클라이언트의 감정, 사고, 행동, 독특한 생활양식, 경험 등은 각각 존중되어야 하므로 인간은 개별적이고 개인차를 가진 인간으로 취급되어야 한다는 인간의 권리에 기초를 두고 있다.

사회복지사의 역할은 다음과 같다(김만두 역, 1992).

① 인간에 대한 편견과 선입견으로부터 벗어나야 한다.
② 인간행동발달에 관한 전문지식을 갖고 활용할 수 있어야 한다.
③ 개별화를 위해 언어적 · 비언어적 표현을 경청하고 관찰해야 한다.
④ 개입에서 클라이언트가 현재 처해 있는 곳에서부터 출발하여 클라이언트와 보조를 맞춘다.
⑤ 클라이언트의 감정에 민감하게 반응하고 클라이언트 감정과 경험을 사회복지사의 경험으로 받아들이고 이해하고 느껴야 한다.
⑥ 클라이언트의 전체 상황을 이해하고 관여할 수 있어야 한다(이종복 외, 2015: 112).

❖ 사례

> 아동보육원에서 자원봉사를 하고 있다. 모두 식사를 하게 되었는데 한 아동이 죽을 먹을 수 있게 요리해 달라고 요청했다. 이 아동은 지난 저녁 장염으로 당분간 죽을 먹어야 한다는 진단을 받았다. 사회복지사는 이 아동에게 먼저 죽을 만들어 주고 다른 원아들과 식사를 하도록 하였다.

2) 의도적 감정표현(purposeful expression of feeling)

의도적 감정표현은 클라이언트가 자신의 감정을 자유롭게 표현하도록 하는 것으로, 특히 자신이 비판받게 될지도 모르는 감정을 자유롭게 표현하도록 하는 것이다. 사회복지사는 의도적으로 경청을 한다(Biestek, 1973: 35).

사회복지사의 역할은 다음과 같다(엄명용 외, 2006: 214–216).

① 클라이언트가 감정을 자유롭게 표현하도록 안정된 환경을 조성한다.
② 클라이언트가 감정을 자유롭게 표현하도록 허용적 태도와 편안한 분위기를 마련한다.
③ 자유로운 감정표현을 위해서는 클라이언트의 감정과 행동의 차이점을 인식할 수 있어야 하고 감정표현의 좋은 시간과 장소를 선택한다.

④ 정서적 지지를 한다.

⑤ 클라이언트 감정의 환기를 위한 노력이 필요하다. 특히, 분노와 같은 적의적 감정은 환기를 통해서 가능하기 때문에 환기시킬 수 있도록 감정상태를 파악한다(이종복 외, 2015: 114).

❖ 사례

남편의 큰형님은 농사를 짓고 있다. 형님은 땅을 팔아서 다주택을 짓고 임대사업을 하고자 사업을 벌이고 있다. 최근에 형님은 사업자금을 마련하기 위해 남편의 직장을 찾아가 사업자금을 지원해 달라고 급하게 부탁을 하곤 했다. 이에 남편은 형님에게 사업자금을 주기 위해 은행에서 대출까지 받았다. 그러나 형님은 증권으로 사업자금을 손실하게 되어 충격으로 병원에 입원을 하였고 남편에게 빌려 간 돈은 다시 받을 수 없는 처지가 되었다. 이에 부인은 남편에 대해 불만이 많게 되었다. 사회복지사는 부인에게 의자에 남편이 앉아 있다고 생각하고 의자를 앞에 두고 종이 막대로 원하는 대로 때리라고 하였다. 부인은 그동안의 불만을 나타내며 부정적인 감정을 표현하였다.

3) 통제된 정서적 관여

통제된 정서적 관여란 사회복지사가 클라이언트의 감정에 민감성과 이해로서 반응하는 것이며(엄명용 외, 2014: 262), 클라이언트의 감정에 대한 의도적이고 적절한 반응을 말한다(이종복 외, 2015: 114).

사회복지사의 역할은 다음과 같다(김만두, 1992).

① 민감성이다. 클라이언트의 감정에 민감하고 의도적이고 적절한 반응, 클라이언트에 대한 감정이입적 이해들이다.

② 반응이다. 클라이언트의 감정과 동일화하는 것이다.

③ 감정이입적 이해이다. 사회복지사는 표면적 내용에 반응할 뿐만 아니라 잠재적 내용에도 반응할 수 있어야 한다.

❖ 사례

부부갈등으로 이혼을 하게 된 클라이언트가 직장이나 친구들이 이혼 사실을 알게 되었을 때 이전과 다른 부정적 시선으로 반응하고 이어서 재혼을 하게 된다면 이들과도 관계가 나빠질까 하는 우려를 하고 있다. 이에 사회복지사는 "나도 수년 전에 이혼 경험이 있었고 현재는 새로운 가정을 꾸려서 잘 지내고 있으며, 이전 친구들과도 변함없이 관계를 유지하고 있다."라고 반응해 준다. 가족이란 서로 존중하며 이해하고 소중히 여기고 노력하는 자세가 중요하다고 말해 준다.

4) 수용

수용은 사회복지사가 클라이언트의 강점과 약점, 바람직한 성격과 그렇지 못한 성격, 긍정적인 감정과 부정적인 감정, 건설적이거나 파괴적인 태도 및 행동 등을 있는 그대로 인정하고 존중해 주는 것이다.

사회복지사의 역할은 다음과 같다(엄명용 외, 2014: 265).

① 클라이언트에 대한 완전한 이해이다. 클라이언트의 잠재적인 힘과 새로운 가능성을 신뢰하고 클라이언트 존재 전부를 수용해야 한다.

② 사회복지사와 클라이언트와의 가치관 차이를 극복해야 한다.

③ 수용과 동의의 차이점을 인식하고 사고 및 감정의 수용과 클라이언트의 사회문제 발생, 유지하도록 하는 행동에 반응하는 것 사이에는 분명한 구별이 있어야 한다.

④ 중립성을 유지한다.

❖ 사례

미진이는 자기주장이 강한 반면 인내심이 약해서 공격적인 성격을 가지고 있다. 같은 반 친구들과도 사소한 일로 화를 내고 예민하게 반응하여 친구들이 가까이하기를 꺼리는 학생이다. 혼자 소외되어 외로움을 겪고 부정적인 인간관계로 고통을 받아 더욱더 성격이 왜곡되어 성적도 나빠지고 결석이 많아지게 되었다. 이로 인해 학교를 그만두기

위해 사회복지사를 만나게 되었다. 사회복지사는 미진의 불만과 짜증을 모두 들어 주고 받아 주며 한 학기 내내 항상 존중해 주는 자세로 상담을 계속해 주었다. 한 학기가 지난 후 미진이는 성적도 좋아지고 학교도 다시 열심히 다니는 학생으로 변해 있었다. 자신을 인정해 주고 변함없이 보살펴 준 사회복지사에게 고마움을 표시한 것이다.

5) 비심판적 태도

비심판적 태도는 문제의 원인이 클라이언트의 잘못 때문인지 아닌지 등을 심판하지 않으며, 클라이언트의 특성과 가치관을 비난하지 않는다는 원칙이다(양옥경 외, 2005: 141).

사회복지사의 역할은 다음과 같다(엄명용 외, 2014: 268).

① 사회복지사의 클라이언트에 대한 비심판적 태도가 클라이언트에게 전달되어야 한다.

② 편견과 선입견을 가지고 빠른 결론을 내리는 경우 비심판적 태도를 전달하는 데 장애가 된다.

❖ 사례

운전면허시험에 1회 응시하여 떨어진 클라이언트에게 사회복지사는 "당신이 무능해서가 아닙니다. 운전면허시험에 여러 번 떨어진 사람도 많이 있습니다. 다시 준비하시고 운전면허시험에 도전해 보세요."라고 말해 준다.

6) 클라이언트의 자기결정

클라이언트의 자기결정이란 클라이언트가 모든 의사결정에 참여하여 스스로 선택하고 결정하는 자유를 누리는 것이다(엄명용 외, 2014: 269).

사회복지사의 역할은 다음과 같다(엄명용 외, 2014: 270).

① 사회복지사는 클라이언트로 하여금 자신의 문제와 욕구를 전체적 관점에서 관찰하고 이해할 수 있도록 돕는다.
② 지역사회 내 인적 자원을 포함한 활용할 수 있는 자원을 알려 주어야 한다.
③ 클라이언트의 잠재적 자원을 적극적으로 개발하도록 자극을 준다.
④ 사회복지실천 전 과정에 참여할 수 있도록 돕는다.

❖ 사례

> 위장병으로 고생하는 80세 노인은 수술을 받은 후 퇴원하여 혼자서 집에 거주하고 있다. 이 노인은 소심하고 낯가림이 심하여 노인주거시설에 가는 것을 주저하고 있다. 사회복지사는 노인이 자기결정을 하도록 노인에게 노인주거지에 살 경우 이로운 점을 노인과 의논하였고 노인이 선호하는 노인주거시설을 여러 곳 방문하였다.

7) 비밀보장

비밀보장은 전문적 기관에서 알게 된 정보를 치료적 목적 이외에 타인에게 알려서는 안 된다는 원리이다. 비밀보장에 대한 갈등상황은 클라이언트 자신 내부에 있는 갈등, 타인의 권리와 갈등, 사회복지사의 권리와 갈등, 사회복지기관의 권리와 갈등, 전체로서의 사회의 권리와 갈등 등이 포함된다(전재일 외, 2007: 80). 비밀보장에는 한계가 있는데(양옥경 외, 2005: 145), ① 서비스 전달을 위해 기관 내외의 다른 전문가와 정보를 공유할 때, ② 초심자의 경우 슈퍼바이저에게 상세히 보고할 경우, ③ 사례회의를 할 경우, ④ 클라이언트의 생명을 위협할 경우가 포함된다.

❖ 사례

> 캘리포니아 대학교 대학생인 클라이언트가 자신의 과거 여자 친구인 p양을 살해할 계획이라고 사회복지사에게 상담을 하였다. 사회복지사는 학교에 알렸고 경찰은 클라이언트를 심문한 후 방면시켰다. 몇 개월 후 클라이언트는 p양을 죽였고 그녀의 부모는 딸에 대한 위험을 자신의 딸에게 알리지 않았다는 이유로 캘리포니아 대학을 상대로 소송을 걸었다. 법원은 대학에 호의적인 판결을 내렸지만, 상급법원에서는 그 판결이 뒤바뀌었다. 합의체 재판부의 다수의견은 "보호받을 수 있는 비밀보장의 특권은 공적인 위험이 시작할 때 끝난다."라고 결정하였다.

출처: 강선경 · 김욱, 2005: 70.

5. 변화를 방해하는 관계

사회복지사와의 관계를 단절시키거나 사회복지 개입을 중단시키는 일반적인 변화를 방해하는 관계에는 다음과 같은 것들이 있다(양옥경 외, 2005: 146-152).

1) 클라이언트의 불신

클라이언트의 불신은 대부분 사회복지사와의 관계 이전의 중요한 타인관계로부터 유래된다. 클라이언트가 방어적인 태도를 보이므로 클라이언트 자기노출은 어려워지고 더 이상의 변화는 기대할 수 없다.

2) 비자발적인 클라이언트

비자발성 클라이언트는 변화의 동기가 없으므로 개입과정에서 불만과 적대적 감정을 표현하기 쉽다. 비자발적인 클라이언트는 변화의 동기 없이 타인에 의해 전문적인 도움을 받도록 강요받은 사람으로, 일반적으로 제공되는 서비스를 꺼리고 변화에 저항하며 도움을 구하는 데 동기화되어 있지 않다(박경희, 2003: 10).

비자발적인 클라이언트에 대한 사회복지사의 과업은 박경희(2003; 15)의 연구에서는 순응을 위한 거부감과 저항감을 다루는 기술(Ritchie, 1986), 클라이언트에게 자유와 재량권을 부여하는 기술(Encandela et al., 1999), 클라이언트 스스로 자신에 대해 진술하도록 하는 기술(Brodsky & Lightenstein, 1999) 등을 원조과정에 혼합적으로 활용하면서 클라이언트의 이야기에 언급되는 주변화와 존중의 결핍, 그리고 책임의 회피와 무력감을 이해하고 개입해야 한다고 제시하고 있다.

3) 저항하는 클라이언트

저항(resistance)은 클라이언트가 개입목표와 반대되는 행동을 보이는 것이다. 저항은 침묵, 핵심에서 벗어난 주제 말하기, 무력함을 표현하기, 문제를 축소하거나 마술적 해법(예: 어떻게 되겠죠?)을 기대하는 것이다. 클라이언트의 저항에 대한 사회복지사의 역할은 다음과 같다(권향임 외, 2015: 231).

첫째, 저항이 변화의 진전을 심각하게 방해할 경우에만 다루는 것이 바람직하다.

둘째, 저항이 목표달성을 심각하게 방해할 때는 저항을 다루는 것을 최우선으로 하고, 저항의 저변에 있는 현재의 감정에 초점을 둔다.

셋째, 클라이언트는 저항 다루기를 통해 부정적인 감정을 표현함으로써 대인관계에서의 부정적 감정을 효과적으로 다룰 수 있는 경험을 하게 된다.

4) 전이와 역전이

전이(transference)는 클라이언트가 이전 타인에게 받았던 상처를 사회복지사에게 보이는 것이고 역전이(count-transference)는 사회복지사가 클라이언트에게 이전 타인에게 받았던 상처를 무의식적으로 반응하는 것이다. 역전이 제거방법으로서, 프로이트(Freud, 1912)는 역전이의 부정적 영향을 제거하기 위해 자기탐색(self-exploration)이나 자기분석(self-analysis)을 시도할 것을 권하였고, 치료사는

자신분석 등을 통하여 이러한 역전이 반응을 최소화할 수 있다고 하였다(Peabody & Gelso, 1982; 김채연, 2014: 20).

역전이 해결을 위해 사회복지사의 자기성찰을 위한 몇 가지 핵심적인 질문을 보면 다음과 같다(김기태, 2002: 131 재구성).

① 나는 이 클라이언트와는 왜 불편할까?

② 내가 그와 같은 반응을 할 때 내가 느끼는 것은 무엇인가?

③ 나의 행위나 메시지는 클라이언트의 이익을 위한 것인가?

④ 나는 왜 클라이언트가 싫은가?

6. 소진과 사회복지사의 역할

매슬래치(Maslach, 1976)는 소진은 "사람들과 관계하는 사람에게서 자주 나타나는 정서적 고갈과 냉소주의 증상"이라고 하였고 이는 사회복지사, 교사, 간호사, 심리상담가와 같은 휴먼서비스 직종의 종사자들에게 많이 나타난다고 보고하고 있다(Maslash, 1976; 이영미, 1991; 김소정, 2012 재인용).

진재찬(2012)의 연구에서는 사회복지사의 소진은 역할모호, 역할갈등, 과중한 업무량, 슈퍼비전교육 훈련 부족, 자율성 결핍으로 제시하고 있으며, 선행연구에서는 소지의 원인을 인구학적 요인(연령, 경력), 클라이언트 요인(클라이언트 수, 클라이언트 문제의 심각성 수준, 클라이언트 참여 수준), 조직 요인(사례관리업무의 과중함, 교육훈련 부족), 역할수행의 어려움(직접적 역할 수행의 어려움, 간접적 역할 수행의 어려움)으로 제시하고 있다. 이은희 외(2008: 5)의 연구에서는 사회복지사 소진의 원인은 ① 클라이언트에 대한 정서적 탈진, ② 비인격화, ③ 개인적 성취감의 감소 등으로 제시하고 있다

사회복지사의 소진결과는 잦은 결근, 업무태만, 직원 간 의사소통의 문제를 야기한다(공계순 2005a: 86; 최성진, 2006: 18–19). 이를 방지하기 위한 사회복지사

의 소진에 대한 사회복지사의 대처방안은 다음과 같다(박승택, 2012: 83-84; 진재찬, 2012: 71-73).

첫째, 직무분석을 통한 합리적인 업무분장 체계를 확립하도록 한다.

둘째, 직무스트레스 관리 및 대처 프로그램 개발, 정규적 교육 · 훈련, 슈퍼비전, 합리적 의사소통의 개발, 조직환경과 문화의 개선 등 사회복지사의 적절한 직무교육, 직무훈련, 직무배치 등 역할수행능력 향상을 위한 직무체계 마련이 필요하다.

셋째, 사회복지조직 내 갈등을 해소하고 스트레스 및 소진을 감소시키기 위한 교육 및 훈련 프로그램의 활성화가 이루어져야 한다. 이를 위해 직원교육이나 연수 시, 조직 내 인간관계 증진 훈련 프로그램이나 효율적인 시간 관리, 건강 관리, 스트레스 관리 프로그램, 소진에 대한 인식증진과 감소방안을 제시할 수 있는 소진 관련 워크숍, 사회복지사를 대상으로 한 전문적이고 주기적인 상담 프로그램의 제공 등이 필요하다.

넷째, 사회복지사의 역할수행을 돕는 슈퍼비전, 교육 · 훈련, 관련 프로그램 등은 사회복지사의 소진 감소에 효과적인 방안으로 작용할 수 있다. 사회복지사의 현실적인 처우 개선방안을 마련하고 조직 구성원들의 공정한 승진 기회 확대, 사회적 인정 등 다양한 심리적 · 경제적 보상체계를 강구하여야 한다.

다섯째, 최고관리자의 민주적이고 합리적인 리더십의 발휘와 슈퍼비전을 통해 조직의 분위기를 강화할 수 있는 효과적인 의사전달체계 수립이 필요하다.

<함께 토의해 보기>

1. 클라이언트의 불신에 대한 사회복지사의 역할에 대해서 토론해 보자.

2. 사회복지사의 소진 원인에 대해서 생각해 보자.

3. 변화를 방해하는 관계에 대해서 설명해 보자.

<함께 풀어 보기>

1. 다음 중 사회복지실천관계론 7대 원칙에 해당하지 않는 것은?
   ① 개별화　② 통제된 정서적 관여　③ 수용　④ 심판적 태도

2. 클라이언트의 저항에 대한 사회복지사의 역할 중 적절하지 않은 것은?
   ① 저항이 변화의 진전을 심각하게 방해할 경우에만 다루는 것이 바람직하다.
   ② 저항의 저변에 있는 현재의 감정에 초점을 둔다.
   ③ 클라이언트의 저항은 무응답을 하면 자연스럽게 줄어든다.
   ④ 클라이언트는 저항 다루기를 통해 부정적인 감정을 표현한다.

3. 사회복지실천과정에서 의미하는 전문적 관계의 특성을 적절히 설명한 것은?
   ① 사회복지실천과정에서 관계란 일반관계와 동일하다.
   ② 사회복지실천과정에서 관계란 사회복지사와 클라이언트와의 원조적 관계이다.
   ③ 사회복지실천과정에서 관계란 모든 대인관계를 포함한다.
   ④ 사회복지실천과정에서 관계란 삶의 질을 향상시킨다.

정 답

1. ④　2. ③　3. ④

07 사회복지실천을 위한 의사소통과 면접

Theories of Social Work Practice

제7장의 의사소통과 사회복지실천에서는 의사소통의 개념, 의사소통에 방해가 되는 사회복지사의 언어적 반응, 비언어적 의사소통, 클라이언트의 방어적인 태도를 완화하는 기술을 알아보고, 면접과 사회복지실천에서는 사회복지면접의 개념과 특성, 면접의 목적과 종류, 조건, 효과적인 면접기술과 사회복지실천 면접과 상담의 관계를 설명하고 있다. 또한, 면접의 기록에서는 기록의 목적, 기록의 원칙과 내용, 기록의 유의사항, 기록의 유형들을 제시하고 있다.

학 습 목 표

1. 사회복지실천에서의 의사소통의 특성을 이해하고 설명할 수 있다.
2. 사회복지실천에서의 면접의 목적과 유의사항 등을 이해하고 설명할 수 있다.
3. 면접의 기록 목적과 원칙 유형 등을 파악하고 설명할 수 있다.

1. 의사소통과 사회복지실천

1) 의사소통의 개념

의사소통은 두 사람 이상이 서로 의미를 주고받으면서 점검하는 상호작용이다(Satir, 1972). 메시지의 송신자와 수신자가 있고 송신자가 메시지를 부호화해서 송신하면 수신자는 메시지를 수신하여 해독하고 자기의 피드백 메시지를 기호화하여 이를 다시 최초의 송신자에게 송신하게 되는 과정이 반복되는 것이다. 메시지를 송 · 수신하는 과정에 잡음이 있을 수 있고, 송신자나 수신자 편에서 메시지를 해독하는 과정에도 잡음이 있을 수 있다. 이 때문에 수신자는 송신자를 통해 메시지를 점검해야 하는데 이런 과정이 누락되면 의사소통에 문제가 발생한다(Satir, 1972).

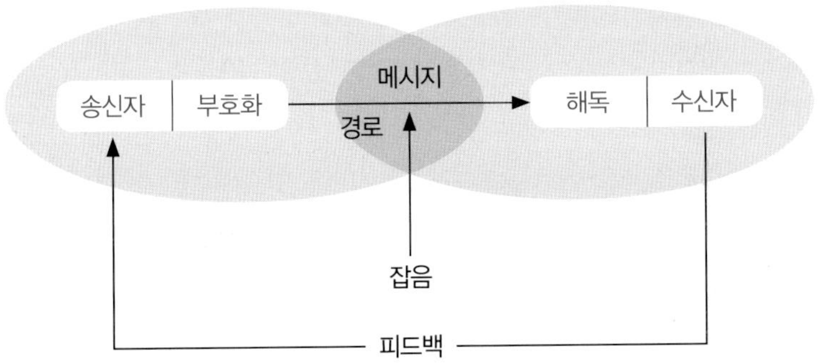

[그림 7-1] 의사소통의 상호작용 과정

출처: 이종복, 2015: 137.

2) 의사소통의 사회복지실천 적용

사회복지실천에서의 의사소통은 면접을 통해서 이루어진다. 면접의 기본단위는 대화이며, 대화는 의사소통의 한 방법이다. 사회복지 개입이 성공적으로 이루어지기 위해서는 두 사람 간의 편안한 대인관계 유지가 필요하고 명확하고 안정적인

의사소통이 이루어져야 한다(엄명용 외, 2014: 283).

사회복지실천에서의 의사소통은 ① 언어적 의사소통기술, ② 의사소통을 방해하는 언어적 행동, ③ 비언어적 의사소통, ④ 클라이언트 방어적인 태도를 완화하는 기술에 대해서 살펴보고자 한다(이종복 외, 2015: 139).

(1) 언어적 의사소통

사회복지사는 다양한 방법으로 클라이언트와의 언어적 의사소통을 격려하게 되는데 그 방법을 보면 다음과 같다(Kirst-Ashman & Hull, 1993; 엄명용 외, 2015: 284-286; 이종복 외, 2015: 139-141; 전남련 외, 2011: 186-187).

❶ 클라이언트에 대한 지지적 언어반응

클라이언트가 말을 하는 사이에 긍정적 언어반응으로 "아 그랬군요, 알겠어요, 음음, 예" 등의 간단한 반응을 해 줌으로써 클라이언트로 하여금 사회복지사가 자신에게 관심을 갖고 경청하고 있음을 알려 주는 것이다.

❷ 클라이언트 언어의 재구성

클라이언트가 말한 것을 다른 단어를 사용하여 재구성하는 기법으로 클라이언트의 의도를 제대로 파악했는지 알아보거나 클라이언트에게 자신의 말을 다시 한 번 생각해 볼 여유를 주기 위해, 클라이언트의 말을 경청하고 있다는 것을 보여주기 위한 목적으로 사용된다. 사회복지사는 "제가 듣기로는…", "제가 당신을 이해한 바로는….", "다른 말로 하면…", "제가 생각하기에는.. 말씀을 하시는데 맞습니까?"라고 말한다(엄명용 외, 2008: 102).

❸ 감정의 자유로운 표현

감정의 자유로운 표현은 어려운 일이다. 개입과정에서는 감정표현이 관건이다. 이럴 때 사회복지사는 감정이입적 의사소통을 위해 "실직하여 가족들을 볼 낯이 없다고 생각했군요." 등으로 공감을 표현해 준다.

❹ 클라이언트 인식의 명료화

명료화란 클라이언트가 말하는 것을 확실하게 이해하기 위해 사용되는 기법으로 클라이언트에게 자신이 말한 것을 좀 더 분명하게 인식시킴과 동시에 사회복지사 자신의 이해를 분명하게 하기 위한 목적으로 사용한다.

❺ 클라이언트 말의 해석

해석은 명료화보다 한 단계 더 진전하여 클라이언트가 말한 것에서 결론을 이끌어 내고 말 자체보다 그 의미를 도출해 내는 기법이다.

❻ 클라이언트의 간접적 표현의 직접적 언어화

클라이언트의 문제가 사회적 금기인 경우 사회복지사의 권위에 대한 두려움 등의 이유로 클라이언트는 의사표현을 은유와 비유를 사용하여 간접적으로 표현하는 경우가 있다. 이럴 때 사회복지사는 추측으로 간접적으로 반응하여 클라이언트가 의미하는 바를 명확하게 언어화하는 기술이 필요하다.

❼ 클라이언트에게 정보제공

클라이언트가 구체적 사항에 대해 직접적으로 물어 올 때가 있다. 이때 정확한 설명이나 정보를 제공하는 것을 말한다.

❽ 클라이언트의 장점 강조

대부분의 클라이언트는 많은 문제를 지니고 있기 때문에 삶에 비관적이고 희망을 잃은 경우가 많다. 클라이언트의 장점을 찾아 주어 클라이언트 자신에 대한 자존심을 회복시키고 문제해결 가능성을 모색할 수 있게 된다.

❾ 사회복지사의 자기노출

사회복지사가 어느 정도 자기노출을 하는 것은 클라이언트와의 관계 형성을 증진시킨다. 사회복지사의 자기노출은, 첫째, 클라이언트에게 도움이 되어야 하고, 둘째, 클라이언트 상황에 적합해야 하고, 셋째, 짧고 간결해야 한다.

⑩ 요약

면접의 내용을 요점만 간추려서 간결하고 분명하게 재구성하는 것으로 클라이언트에게 면접의 중요 시안을 이해시키며 동시에 면접의 방향을 정 위치로 잡는 데 도움이 되는 기법이다.

2) 의사소통에 방해가 되는 사회복지사의 언어적 반응

의사소통에 장애가 되는 사회복지사의 반응을 살펴보면 다음의 〈표 7-1〉과 같다(Hepworth & Larsen, 1990: 179-187).

〈표 7-1〉 의사소통을 방해하는 사회복지사의 언어적 반응

사회복지사의 언어	클라이언트의 반응	사회복지사의 대사
도덕적 반응	자기방어 강화	"당신이 아기를 낳기는 너무 어리지 않습니까?
성급한 조언과 해결책 제시	원조관계 실패	"지금 남편과 헤어지고 새로운 남자와 결혼하시는 것이 좋겠어요."
논리적 설득과 논쟁 및 지적 분석	자기방어 강화와 논쟁 유발	"당신의 알코올중독에 대해서 생각해 봅시다."
비판과 비난적 적응	저항과 공격 유발	"그 점에 있어서는 당신이 틀렸군요."
극적 해석과 명명	저항 유발	"당신은 수동적 공격성 성격장애군요." "나에게 투사하지 마세요."
겉치레적 확신, 동정, 위로	감정 외면	"모든 것이 잘될 겁니다." "정말 안 됐군요."
지나친 풍자와 유머	적개심 유발	"우리가 같은 문제로 또 만났군요."
위협 · 경고 · 역공격적 반응	원조관계 위협	"그렇게 안 하면 후회할 겁니다."
부적절한 질문 유형	의사소통 효과 감소	폐쇄형 질문의 남용, 중첩형 질문, 유도형 질문
시기적으로 부적절 또는 과도한 끼어들기	문제표출 방해	말하는 중간 끼어듦. "잠깐, 이사간 날이 언제죠?"
사교적인 대화	대화의 초점 방해	"어제 눈이 많이 왔어요?"
소극적 반응	신뢰감 상실	사회복지사의 소극적 반응과 비활동성
되뇌임과 진부한 문구의 남용	상황인식력 감소	간결한 문장을 사용하는 것이 바람직
과거나 미래 집착	현재의 문제 방해	과거나 미래보다는 현재에 초점을 맞추기
사회복지사의 부적절한 자기노출	신뢰감 약화	사회복지사가 지나치게 자신에 관한 이야기를 함

출처: Hepworth & Larsen, 1990: 179-181; 김융일 외, 1995: 205-209; 이종복, 2015: 141-143 재구성.

3) 비언어적 의사소통

비언어적 의사소통에 대해 도드(Dodd, 1982)는 "몸짓이나 시간 또는 공간을 상징으로 하여 의사를 표현하는 의사소통"이라고 정의하였다.

의사소통의 70%는 비언어적 신호들을 통해 이루어지며, 의사소통 시 동작언어의 정보 전달량이 65~70%(김우룡 · 장소원, 2004)인 반면, 음성언어의 정보 전달량은 30~35% 정도(전은주, 1999: 201)라고 한다. 또한, 비언어적 메시지는 언어적 메시지를 보완 · 대치 · 강조하며, 언어적 메시지와 비언어적 메시지가 상충될 때 사람들은 언어적 메시지보다는 비언어적 메시지에 더 의존하게 되어, 비언어적 의사소통을 통해서도 클라이언트의 감정과 생각 그리고 인식 정도를 충분히 알 수 있다는 것이다(임칠성, 2002: 22). 아가일(Argyle, 1975)은 비언어적 의사소통의 기능으로 다음과 같은 네 가지를 들었다(김민정, 2011: 13). ① 감정을 표현해 준다. ② 대안적 태도를 전달해 준다. ③ 자신의 성격을 나타낸다. ④ 반응이나 주목 등을 전달하는 데 말과 동반된다.

비언어적 의사소통을 원활히 하기 위한 기법은 다음과 같다(Kirst-Ashman & Hull, 1993: 44-48; 김융일 외, 1995: 209-214; 이종복, 2015: 144).

(1) 눈맞춤(시선 접촉)

시선은 의사소통의 중요한 수단이며, 감정적 상태를 알려 준다. 시선 접촉은 참여하겠다는 의지 표현이며, 강하게 응시하거나 노려보면, 무례함이나 분노로 받아들여진다. 눈을 마주치지 않으면 지루하거나 흥미가 없거나 솔직하지 못한 의사소통을 할 때이다. 적절한 눈맞춤은 클라이언트와의 관계 수립에 도움이 된다.

(2) 목소리의 어조

어조는 감정을 즉각적으로 드러낸다. 크고 강한 어조는 적극성, 통제력, 강함을 드러내며, 온순하고 겨우 들릴 듯한 목소리는 위축감, 두려움, 약함을 표현한다.

(3) 표정

표정은 전달하고자 하는 내용을 더욱 분명하게 해 준다. 언어적 표현과 비언어적 표현의 의미가 다르며, 사회복지사는 진정한 의미 파악을 위해 노력해야 한다. 예를 들면, 소진된 사회복지사의 표정은 무관심하고 냉담하면서 말로는 반갑다고 인사를 하는 경우 클라이언트는 사회복지사의 표정을 읽게 되고 관계 형성은 실패할 가능성이 큰 것이다.

(4) 자세

클라이언트와 사회복지사는 90도 각도로 대하는 것이 서로 간의 개방성과 안정감을 주는 자세이다. 클라이언트에게 약간 기울인 듯한 자세는 관심과 수용을 표현한다.

(5) 손과 팔 등의 몸동작

손과 팔의 동작은 강한 감정을 나타낸다. 팔짱을 끼면 방어적, 주먹을 쥐고 있으면 분노의 표시, 손과 발을 떤다면 불안의 표시이다. 사회복지사의 자세도 의미를 전달한다. 도드(Dodd, 1982)는 몸짓을 적응행위, 상징행위, 설명행위로 구분하였다(김민정, 2011: 17). 멀리 떨어져 있으면 무관심, 클라이언트에게 몸을 기울이거나 기대어 앉는 것은 관심과 수용을 보여 줄 수 있다.

(6) 옷차림과 외모

사회복지사가 입는 옷과 머리 모양 등도 중요한 비언어적 의사소통 수단 중 하나이다. 비언어적 의사소통에서 옷차림과 외모도 중요하다. 사회복지사는 자신의 옷과 머리 스타일 등에 관심을 가져야 하고 보편적인 스타일이 무난할 것이다.

〈표 7-2〉 비언어적 의사소통기법의 목록

	바람직한 태도	바람직하지 않은 태도
얼굴 표정	• 따뜻하고 배려하는 표정 • 적절하게 다양하며 생기 있는 표정 • 자연스럽고 여유 있는 입 모양 • 간간히 적절하게 짓는 미소	• 눈썹 치켜뜨기, 하품, 입술 깨물기 • 부적절한 미소, 지나친 머리 끄덕임
자세	• 팔과 손을 자연스럽게 놓고 상황에 따라 적절한 자세 • 클라이언트를 향해 약간 기울인 자세 • 관심을 보이는 그러나 편안한 자세	• 팔짱 끼기, 비켜 앉기 • 계속 손을 움직이기 • 의자에서 몸 흔들기 • 몸을 앞으로 수그리는 태도 • 입에 손을 대거나 손가락으로 지적하기
눈맞춤	• 문화를 고려한 직접적인 눈맞춤 • 클라이언트와 같은 눈높이 • 적절한 시선과 움직임	• 눈 마주치기를 피하기 • 클라이언트보다 높거나 낮은 곳으로 시선을 고정하기
어조	• 크지 않은 목소리 • 발음이 분명한 소리 • 온화한 목소리와 적절한 말 속도 • 클라이언트 정서에 반응하는 어조	• 우물대거나 작은 목소리, 단조로운 어조 • 주저하는 어조, 긴 침묵, 들뜬 목소리 • 너무 높은 어조, 작은 헛기침 • 너무 빠르거나 느린 어조 • 큰 소리로 말하기, 잦은 문법적 실수
신체적 거리	• 의자 사이는 1~1.25m	• 지나치게 가깝거나 먼 거리 • 책상이나 다른 물체를 사이에 두고 말하기
옷차림 외양	• 기관의 특성에 맞추어, 클라이언트의 특성에 맞추어, 보통 단정하고 점잖게	

출처: Hepworth & Larsen, 1990; 김융일, 2000: 213 재정리.

4) 클라이언트의 방어적 태도를 완화하는 기술

원조관계에서 양가감정을 가지고 있는 클라이언트는 의사소통 과정에서 매우 방어적인 태도를 취한다. 클라이언트의 방어적인 태도를 감소시키는 기법과 지침은 다음과 같다(Shaefor et al., 1997: 105–107; 김융일, 1995: 214–217; 이종복 외, 2015: 146–148 재구성).

① 저항적 태도를 유발시키는 위협요소를 찾아내어 반응하고, 저항적 태도를 유발시키는 사회복지사 자신의 감정과 태도가 무엇인지 살펴본다.

② 클라이언트와 정반대 혹은 같은 태도를 취하는 거울기법과 클라이언트의 말

에 일리가 있다고 인정해 주는 안개기법을 쓴다.

③ 클라이언트의 결정권과 통제력을 인정하고 감정에 동조하고, 무조건 동의만 하면 클라이언트가 동의한 것을 다시 확약하고 침묵하거나 때로는 단호하게 직접적인 태도로 개입한다.

④ 클라이언트를 어떤 집단별로 명명하는 것은 삼가야 하고 문제회피의 클라이언트는 직접적 의사소통을 한다.

〈표 7-3〉 의사소통과정에서의 클라이언트의 방어적인 태도의 예

종류와 사례	
• 부정: "우리는 문제 없어요."	• 비난: "그것은 제 남편 탓이에요."
• 명명: "원래 그런 사람이에요."	• 엄살: "스트레스가 오면 나는 지치고 말 거에요."
• 회피: "남편은 오늘 올 수 없어요."	• 주의분산: "남편은 오늘 비서와 싸웠어요. 그것에 대해 얘기를 하죠."
• 비관: "아무 소용이 없을 거예요."	
• 침묵	• 지나친 동조: "그럼요. 지당하신 말씀입니다."

출처: Shulman, 1979: 41; 김융일 외, 1995: 215 재인용; Shaefor, Horejsi, & Horejsi, 1991: 104-107; 이종복 외, 2015: 146 재인용.

2. 면접과 사회복지실천

1) 사회복지면접의 정의와 특성

『사회사업사전』에 의하면 "면접이란 특별하고 예정된 목표를 위해 일어나는 상호작용 속에서 사람들의 만남"이라고 정의하고 있다.

학자들의 견해를 보면, 존슨(Johnson, 1989: 187)은 "면접은 전문적 관계에 바탕을 두고 정보수집, 과업수행, 클라이언트의 문제나 욕구해결 등과 같은 목적을 수행하는 시간제한적 대화이다."라고 정의하고 있다. 브라운(Brown, 1992: 101)은 "면접은 지식기반을 가지고 있기 때문에 과학이라고 할 수 있으며, 사회복지사가 면접에서 창의적 방법을 활용하므로 예술이라고 할 수 있다."라고 하였다.

사회복지실천에서 면접의 특성은 ① 면접은 명백한 목적이 있으며, ② 목표를 향한 상호작용을 지도할 책임자가 있고, ③ 비상호적 관계이며, ④ 면접자의 행동은 계획적 · 의식적으로 선택된 것이며, ④ 면접자의 개인적 이유로 종결할 수 없을 뿐만 아니라 공식적으로 준비된 만남이며, ⑤ 불쾌한 사실과 감정을 피하지 못한다는 것이다(Kadushin, 1972: 8–10; 전재일 외, 2004: 204–205 요약).

컴튼과 갈라웨이(Compton & Galaway, 1994: 274)는 사회복지실천면접의 특성을 다음과 같이 정리하였다(양옥경 외, 2005:153).

첫째, 면접은 맥락이나 세팅을 가지고 있다.
둘째, 목적과 방향이 있고 계약에 의한다.
셋째, 면접자와 피면접자에 특정한 역할이 주어진다.

면접과 대화의 차이점은 무엇인가? 대화도 면접과 같이 서로 영향을 주고받는다. 면접과 대화의 차이점을 비교해 보면 다음의 〈표 7–4〉와 같다.

〈표 7-4〉 면접과 대화의 차이점 비교

면접	대화
목적 달성을 위한 뚜렷한 목적이 있고 단일성, 진보성, 주제의 계속성이 있음(목적지향적)	연상적이며 중심주체가 없음
면접자와 피면접자의 구조화된 역할이 있고 전문가가 클라이언트의 이익을 제공하도록 계획됨(구조화된 역할 분담)	역할행동이 없음
비상호적이며 클라이언트에게 이익을 제공함	상호작용은 문제해결에 도움 안 됨
면접자의 행동은 계획적이고 의도적임	자발적이고 비계획적임
클라이언트의 요구를 수용하고 면접자의 개인적 이유로 종결할 수 없음	중단하기 쉬움
시간, 장소, 지속시간이 실천되는 공식적인 만남이며, 사회복지면접은 전문적 관계에 바탕을 두고 정보수집, 과업수행, 클라이언트의 문제나 욕구해결 등과 같은 목적을 수행하는 시간제한적 대화(Johnson, 1989: 187)	비공식적 만남
불쾌한 사실과 감정을 피하지 못함	불쾌한 감정을 피할 수 있음

출처: Kadushin, 1972: 8–10; 전재일 외, 2004: 204–20; 이종복 외, 2007: 143 재구성.

2) 사회복지면접의 목적과 종류

(1) 면접의 목적

사회복지실천에서 면접의 목적에 대해 카두신(Kadushin, 1972: 15-21)은 사회복지의 기능에 따라 다르긴 하나 대부분 면접의 일반적인 목적은 사회조사를 위한 정보적인 것과 평가에 도달하기 위한 조정적인 것, 그리고 사회변화를 위한 치료적인 것이 있으나 실제로 면접에서도 여러 가지 목적을 동시에 갖게 되는 것이 일반적이라고 하였다. 사회복지실천과정에서 면접의 목적은 클라이언트를 돕기 위한 ① 자료를 수집(data collection)하고, ② 사정(assessment)하며, ③ 치료(treatment)하는 데 있다고 할 수 있다(전재일 외, 2007: 205-207).

(2) 면접의 종류

자스트로우(Zastrow, 1995: 106-107)는 사회복지실천 면접의 종류를 정보수집면접, 사정면접, 치료면접으로 나누었다(양옥경 외, 2005: 155-156; 전남련 외, 2015: 170-171).

① 정보수집면접: 이는 클라이언트의 사회적 기능과 관련된 사회력의 자료를 선택적으로 수집하는 것으로 클라이언트의 개인적 · 사회적 문제와 관련된 인구사회학적 배경과 개인성장 발달사에 관한 정보를 수집한다. 정보를 수집할 때 파악해야 할 항목은 클라이언트에 대한 기본 정보, 외모 및 행동, 호소문제(현재 문제), 스트레스 원, 사회적 지원체계, 호소문제와 관련된 가족관계, 호소와 관련된 개인사 등이 있다(노안영, 2009: 78-79).

② 사정면접: 정보수집면접보다 더 목적지향적이며, 사정(assessment)은 문제가 무엇인지, 어떤 원인 때문인지, 그 문제를 해결하거나 줄이기 위해 무엇이 변화되어야 하는지 대해 답하는 사회복지실천과정의 핵심적인 단계이다.

③ 치료면접: 클라이언트를 변화시키기 위한 면접이고 클라이언트가 더 잘 기능하도록 주변 환경을 변화시키기 위한 면접이다(이윤로, 2005). 면접을 통

해 클라이언트의 변화를 돕기 위한 것과 클라이언트의 더 나은 사회적응을 위해 환경을 변화시키는 것이다. 주로 클라이언트의 자신감, 자기 효율성 강화, 필요한 기술훈련, 문제해결능력 증가 등을 목적으로 한다.

3) 사회복지면접의 조건

면접 시의 물리적 환경이나 조건 등은 참여자의 태도, 감정, 반응 등에 주요한 영향을 미칠 수 있으므로 생산적 면접이 되기 위해서는 다음과 같은 조건이 갖추어져야 한다(Hepworth & Larsen, 1986: 35; 양옥경 외, 2005: 154).

- 적절한 채광과 조명
- 안락한 온도
- 넓은 공간
- 어울리는 기구와 실내장식
- 방해를 받지 않는 분위기
- 참여자 사이의 개방적 공간
- 비밀을 이야기할 수 있을 정도의 독립적인 공간

면접의 조건을 보면 다음과 같다(Garret, 1972: 72-78; 전재일 외, 2004: 208-213; 전남련 외, 2011: 172-173; 이종복 외, 2015: 127-130).

(1) 물리적 환경

면접의 물리적 환경은 비밀성과 안락하고 이완된 분위기를 가지는 것이 중요하다. 사무실에서 면접을 하는 경우에는 면접실을 이용하는 것이 효과적이며, 면접실은 방음장치, 방 크기, 채광, 집기, 적절한 실내장치 등을 배려하여 편안한 기분으로 임할 수 있어야 한다. 물리적 환경에는 쾌적한 면담 공간의 확보, 프라이버시의 보장, 주의력 집중의 확보, 평등성을 강조하는 면담실 배치 등을 고려해야 한다. 면접은 사무실, 가정, 병원 등 다양한 장소에서 이루어진다. 주로 사회복지사가 활용하는 사무실의 물리적 환경을 중심으로 보면 쾌적한 면담 공간, 프라이버시의 보장, 주의력 집중의 확보, 평등성을 강조하는 면담실 배치 등으로 구분할 수 있다(이원숙, 2008: 198-200).

① 쾌적한 면담 공간의 확보: 면접은 주로 사무실에서 이루어지며, 이는 면담환경에 대한 통제력을 제공한다. 마음에 드는 그림을 붙이거나 선반이 있다면 장식물을 올려놓을 수 있다. 이때 그림이나 장식물이 클라이언트에게 미칠 수 있는 잠재적 영향력을 인식할 필요가 있다(Kirst-Ashman & Hull, 2009: 56). 그 외에도 적절한 환기와 조명, 쾌적한 실내온도, 비좁다는 생각이 들지 않는 넉넉한 공간, 안락한 의자 등이 고려되어야 할 것이다(Hepworth et al., 2006: 44).

② 프라이버시의 보장: 클라이언트는 개인적 정보를 공개하고 감정을 표현할 때 다른 사람이 보거나 들을 수 있다면 방어적으로 될 가능성이 크다(Hepworth et al., 2006: 44). 그러므로 다른 사람이 면접을 하는 곳을 볼 수 없고 사적인 정보가 새어 나가지 못하는 비밀보장의 요건이 갖추어진 곳에서 면접을 할 필요가 있다(Hutchins & Vaught, 1997: 52).

③ 주의력 집중의 확보: 때로 면접에서는 강한 감정이 유발되므로 주의가 분산되지 않도록 하는 것이 중요하다. 전화벨, 문을 노크하는 것, 외부 잡음 등은 집중을 방해하고 대화에 지장을 준다.

④ 평등성을 강조하는 면담실 배치: 사회복지사와 클라이언트 사이에 책상이 놓여 있으면 사회복지사의 권위가 강조된다. 사회복지사는 면접에서 평등한 분위기를 조성하기 위해 노력한다(Hepworth et al., 2006: 44).

(2) 면접시간

면접시간의 약속은 사회복지사가 자신의 일정표에 따라 클라이언트와 면접 시간을 결정할 수도 있으나 이보다는 클라이언트가 이용하기 편리한 시간을 선택할 수 있게 하는 것이 중요하다. 50분 이상의 면접은 바람직하지 않다(이종복 외, 2015: 129).

① 상황에 따른 면접 시간과 횟수: 면접은 1주에 1회를 진행하고 1회의 면접은 50분 정도의 시간이 적당하다(양옥경 외, 2005: 154). 종결시간은 면접인과

피면접인 양자의 동의와 참여로 끝마치는 것이 최선이다. 면접인은 종결이 다가왔음을 알리는 비언어적 행위를 취한다. 면접을 마친 후 클라이언트가 다시 중요한 문제를 이야기하면 다음 면접 때 함께 나눌 것을 제안한다(사회복지사 1급 수험연구회, 2008: 266).

② 면접 관계에서의 효율성: 면접 관계에서 효율성은 면접 횟수가 아니라 면접하는 동안 클라이언트가 실천을 통하여 반영할 여유를 가지게 한 후에 다음 면접을 하는 것이 중요하다(이종복 외, 2015: 129).

(3) 기록

면접 도중에는 많은 것을 적을 필요가 없으며, 클라이언트가 보는 앞에서 기록하지 말고 기억해 두었다가 면담 직후에 자세하게 기록하는 것이 효과적이다. 보통 면접에서는 클라이언트의 이름, 주소, 날짜 및 직업 등의 기본적 속성은 클라이언트가 말하는 즉시 기록하는 것이 일반적이다(이종복 외, 2007: 147).

(4) 면접의 비밀성

클라이언트의 비밀이 유지될 수 있어야 한다. 사회복지사는 전문적 관계 유지에 대한 책임을 이행하여야 하며, 클라이언트의 비밀을 경솔하게 취급하지 않아야 한다.

(5) 면접자의 예비지식

효과적인 면접을 위해서는 일정한 지식체계가 필요하다. 일반성을 기초로 하는 보편적인 지식과 특수성에 관한 지식을 갖추어야 한다. 지식을 실천에 적용할 때는 창의력을 발휘하여 지식을 활용할 수 있어야 한다.

4) 효과적인 사회복지실천의 면접기술

사회복지면접을 위한 효과적인 의사소통의 기술은 학자마다 다양하게 제시하고 있으며, 이를 정리해서 살펴보면 나음과 같다(전남련 외, 2011: 175–183; 엄명용 외, 2014: 288–293; 이종복 외, 2015: 131–138; 이원숙, 2008: 210–220).

(1) 첫 소개

사회복지사가 클라이언트에게 인사하는 방식은 원조과정의 성공 여부에 영향을 끼친다.

> 사회복지사: 안녕하십니까? 저는 ㅇㅇ사회복지사입니다. 자리에 앉으시지요. 어떻게 오셨습니까?

(2) 클라이언트의 불안감 등 감정에 반응해 주기

클라이언트의 기분을 관찰하고 필요하다면 이에 적절히 반응할 필요가 있다. 클라이언트의 언어적 · 비언어적 메시지에 적절하게 반응할 때 클라이언트는 도움을 받을 것이라고 느낄 가능성이 크다(Hutchins & Vaught, 1997: 57–58).

> 사회복지사: ㅇㅇ씨는 화가 나신 것 같아 보입니다. 어떻게 도와드릴까요?

(3) 자신감과 역량 보여 주기

클라이언트가 사회복지사의 역량에 의문을 가지는 것이다.

> 사회복지사: 저는 당신(클라이언트)보다 더 어리고 아직 자녀가 없습니다. 그러나 사회복지를 전공했고 이 문제(아동문제)를 가진 클라이언트를 돕는 훈련을 여러 해 동안 받아 왔습니다.

(4) 목적과 역할에 대한 진술

면접의 목적과 사회복지사의 역할을 클라이언트에게 분명히 설명한다. 그리고 클라이언트에게 목적에 대해서 피드백을 하도록 격려하는 것이다.

> 사회복지사: (면접 목적) 오늘 만나게 되어 기쁩니다. 부인께서 ○○기관에 도움을 요청하셨습니다. 부인께서는 결혼문제에 대해 상담받기를 원하고 계십니다. 이에 대한 생각이 어떠신지요? (사회복지사 역할 설명) 어떻게 도움을 드릴 수 있는지 아이디어를 찾기 위한 것입니다. (피드백 격려) 지금까지 제가 설명을 드렸습니다. 하고 싶은 말씀이 있으신가요?

(5) 최소한의 격려

최소한의 격려는 클라이언트에게 주의집중하고 있음을 표시하고 계속 말하도록 격려하는 것이다.

> 사회복지사: "예.", "그래서요.", "좀 더 말씀해 주시겠어요?", "계속하세요."

(6) 재진술

재진술은 클라이언트가 사용한 마지막 단어 몇 개 또는 중요한 구절을 반복해 주는 것이다. 사회복지사가 경청하고 이해했는지 점검해 주는 기능이다.

> 클라이언트: 그 일이 너무 빨리 일어나서, 저는 서둘러 떨어진 조각들을 집느라 정신이 하나도 없었어요.
> 사회복지사: 정신이 하나도 없었다고요?

(7) 바꾸어 말하기

바꾸어 말하기는 클라이언트가 사용한 단어와 구절을 원래와는 다른 말로 바꾸어 표현해 주는 것이다. 이를 통해 사회복지사는 클라이언트가 말하고 있는 바를

경청하고 있음을 확인시켜 준다(Miley et al., 2007: 174).

> 클라이언트: 오늘은 정말로 모든 일이 엉망이었어요.
> 사회복지사: 오늘은 모든 일이 뒤엉켜 잘 풀리지 않는다고 느끼셨군요.

(8) 명료화

명료화는 클라이언트에게 자신이 한 말을 보다 분명히 하라고 격려하거나 사회복지사가 클라이언트의 말을 옳게 이해했는지 확인하기 위해 질문하는 것을 의미한다(Shaefor & Horejsi, 2006: 148).

> 사회복지사: 제가 올바로 이해했는지 모르겠군요. ㅇㅇ씨가 기대했던 것보다 일이 느리게 변화하고 있다고 말씀하시는 것입니까? 아니면 상황이 전보다 더 악화되었다고 말씀하시는 것입니까?

이어서 효과적인 면접기술은 분위기 조성기술, 관찰기술, 경청기술, 초점 · 안내 · 해석기술로 나누고 있다. 이를 살펴보면 다음과 같다(Jonson, 1989: 189-193; 이종복 외, 2015: 131-137).

(1) 분위기 조성 기술

면담의 시작에서 클라이언트가 처음 보는 사회복지사에게 자신의 문제를 곧바로 이야기하는 것은 쉽지 않기 때문에 사회복지사는 공감, 진심, 온화함을 활용하면서(Johnson, 1989: 192), 심리적으로 편안한 분위기 조성 기술이 필요하다. 분위기 조성 기술은 면접을 위해 심리적으로 편안한 분위를 만드는 기술이다.

존슨(Johnson, 1989: 192)은 이런 분위기 형성을 위한 중요한 특성으로 공감, 진심, 온화함을 제시하였다. 헵워스와 라이슨(Hepworth & Larsen, 1986: 35)은 생산적인 면담을 위한 전제조건으로 '물리적 조건'과 '라포 형성'을 제시하였으며, 분위기 조성의 요소로 ① 면담의 물리적 환경 조성, ② 라포 형성을 통한 심리적

분위기 조성, ③ 긴장 완화적 분위기로 나누어서 다음과 같이 제시하고 있다(최선화, 2013: 65).

(2) 관찰기술

관찰기술은 클라이언트가 행동하는 것에 주의를 기울여 그를 이해하는 것이다. 관찰은 대기실에서부터 시작된다. 면접 중 클라이언트의 언어적 표현뿐만 아니라 비언어적 표현인 분노, 원망, 초조함, 불안, 두려움, 표정, 손놀림, 눈맞춤, 얼굴 붉힘 등의 표현도 관찰의 대상이 된다(이종복 외, 2012: 180).

관찰의 유의점은 클라이언트의 표현을 허용하고 수용한다는 것인데, 이는 자칫 표현된 것을 사회복지사가 인정하고 긍정적으로 받아들이는 것과 혼동할 수 있다. 이것은 클라이언트의 입장을 이해하고 그 상황에서 클라이언트의 처지를 사실로 받아들여 주어야 한다는 것이다(권오균 외, 2011: 123).

(3) 경청기술

경청기술은 클라이언트가 하는 말을 주의 깊게 듣는 것뿐만 아니라 클라이언트의 비언어적 제스처나 자세를 관찰하고, 자유로운 표현을 하도록 적극적으로 격려하며, 사회복지사나 클라이언트 양자 간의 대화 내용을 기억하는 것이다(Cournoyer, 2000; 엄명용, 2008: 93 재인용). 경청기술은 면접에서 가장 중요한 기술이다. 경청기술은 단지 클라이언트의 말을 듣는 것이 아니라 무엇을 표현하는지, 그의 감정과 사고는 어떤 것인지, 이해하고 파악해 가면서 듣는 것이다(양옥경 외, 2014: 173). 즉, 클라이언트의 말을 주의 깊게 듣는 것뿐만 아니라 비언어적 자세를 이해하고 클라이언트가 자유로이 표현할 수 있도록 적극적으로 격려하고 대화 내용을 기억하는 것이다(Coumoyer, 2000; 엄명용 외, 2008: 93).

사회복지사가 클라이언트의 말을 방해하지 않으면서 경청하는 태도는 클라이언트로 하여금 자신이 인정받고 있다는 것을 느끼게 한다(Straen, 1978: 52). 사회복

지사가 판단, 비판, 충고 없이 자신의 이야기를 충분히 이해하면서 성의껏 들어주는 태도는 클라이언트로 하여금 자신의 가치를 느끼게 하고 자신감을 갖게 하기 때문에 그 자체만으로도 매우 의미 있는 경험이며 도움이 되는 것이다(김융일 외, 2001: 194). 즉, 공감적 태도 속 경청은 클라이언트의 감정 정화(catharsis)를 경험하고 마음의 안정을 찾게 하는 효과가 있다. 감정이 격해 있거나 부정적 감정을 표현하여 해소하고자 하는 클라이언트에게 경청은 그 자체가 변화를 위한 적극적 개입이라고 할 수 있다(양옥경 외, 2005: 160).

효과적인 경청을 위해 고려할 사항은 다음과 같다(정원철, 2005: 131-132).

① 적당한 주목과 시선을 유지하도록 한다. 서구와 달리 우리나라의 경우는 상대방과 눈을 강하게 맞출 경우 클라이언트가 긴장할 수 있기 때문에 시선을 클라이언트에게 너무 집중시키지 않도록 주의해야 한다.
② 적극적으로 듣는 것으로 그칠 것이 아니라 클라이언트의 표현에 대해 선택적으로 경청하고 있다는 느낌을 줌으로써 사회복지사에게 다루어져야 할 내용의 우선순위를 클라이언트에게 알릴 수 있다.
③ 침묵에 대해 클라이언트는 허용적인 태도를 보여야 한다. 침묵을 '저항'으로 받아들일 것이 아니라 '준비'로 받아들일 필요가 있다.

경청을 방해하는 조건들을 보면 다음과 같다(Kirst-Ashman & Hull, 1993: 45-47; Hepworth & Larsen, 1990: 38-39).

① 클라이언트에게 원인이 있을 수 있다. 즉, 클라이언트의 상이한 문화적 배경으로 인해 사용하는 단어를 사회복지사가 이해할 수 없는 경우이다.
② 사회복지사로부터 발생하기도 한다. 사회복지사의 편견이나 다른 관심 분야의 경우이다.
③ 대화 장소의 소음이나 전화벨 소리 등의 환경요소도 경청을 방해할 수 있다.

(4) 적극적인 경청기술

적극적인 경청(active listening)이란 '제3의 귀'(Brill, 1997: 79)라고도 하며, 단순히 듣기(hearing)가 아니라 클라이언트의 언어적 · 비언어적 메시지 모두에 주의를 기울여 잘 듣고, 사회복지사는 이 메시지가 정확히 전달되었음을 클라이언트에게 반영해 주는 것을 말한다(금기윤 외, 2013: 62).

적극적 경청은 클라이언트의 말을 매우 신중하게 듣고 있다는 것이며, 사회복지사는 바꾸어 말하기(paraphrasing), 반영하기(reflecting), 요약하기(summarizing) 등의 기법을 사용하여 클라이언트에게 적극적인 경청을 하고 있음을 전달할 수 있다. 비언어적인 행동도 적극적 경청에 포함되는데 지속적인 눈맞춤, 적당한 몸짓, 음성신호(예: 으흠, 어허) 등이 있다(이윤로, 2007: 40).

적극적 경청의 기본기술은 다음과 같다(Trevithich, 2000: 59; 엄명용 외, 2005: 103−104).

- 최대한 개방적이고 객관적이며 공감하고 자기인식을 하고 있도록 한다.
- 눈맞춤을 유지하고 개방적이고 주의를 기울이는 몸자세를 취한다.
- 비언어적 의사소통에 주의를 기울이고 비언어적 의사소통의 의미를 파악한다.
- 침묵을 허용하고 활용하며, 적절한 신체적 거리(너무 멀거나 가깝지 않게)를 유지한다.
- 주요한 단서를 파악하고 이를 확인하며 사회복지사의 산만한 행동과 매너리즘에 빠져 있는 행동을 인식한다.
- 모호하고 혼란스러운 언급을 회피하고 시대에 맞는 적절한 언어를 활용하는 중요성을 인식한다.
- 면담 장소와 일반적인 물리적 환경의 중요성을 인식하고 간섭되거나 산만해질 가능성을 최소화한다.
- 면담의 전반적인 분위기, 특히 의사소통이 되고 있지 않은 분위기에 민감해야 한다.

- 면담의 정서적 내용을 경청하면서 적절한 질문을 한다.
- 가능할 때마다 그리고 적절한 피드백을 제공한다.

적극적인 경청기술의 단계는 주의를 끄는 단계, 경청 단계, 반영 단계로 구분되며, 반영에는 내용반영, 감정반영, 감정과 의미반영으로 구성된다(성숙진 역, 2000: 101; 엄명용 외, 2005: 104-106 재인용).

반영의 단계는 클라이언트가 한 말을 사회복지사가 다시 진술하는 해석이며, 그 종류는 다음과 같다.

① 내용 반영하기(reflectioning contents)는 클라이언트의 메시지나 정보에 대한 이해를 전달하기 위한 감정이입기술로서 클라이언트가 말한 내용을 부연하고 다시 클라이언트에게 표현하는 것을 의미한다.

② 감정 반영하기(reflecting feeling)는 클라이언트가 표현한 감정을 사회복지사가 이해하고 반응하는 것을 의미한다.

③ 감정과 의미 반영하기(reflecting feeling and meaning)는 감정이입과 적극적 경청의 완벽한 형태로서 클라이언트의 감정과 사실 혹은 생각을 반영하는 것을 의미한다.

(5) 해석기술

해석은 클라이언트의 표현과 행동상황 저변의 단서를 발견하고 그 결정적인 요인들을 이해하고 그것을 클라이언트가 깨달을 수 있도록 도와주는 방법이다(양옥경 외, 2005: 164). 헵워스와 라이슨(Hepworth, & Larsen, 1986)은 해석기술 사용 시 주의점을 다음과 같이 기술하고 있다(양옥경 외, 2005: 165 재인용).

- 클라이언트가 사회복지사의 동기를 오해하여 방어적인 반응을 할 수 있으므로 신뢰관계가 돈독해진 후에 해야 한다.
- 클라이언트가 자기탐색을 할 준비가 되어 있어야 하고 사회복지사도 정보를 충분히 확보한 다음에 해석기술을 사용한다.

- 해석은 사회복지사의 추론에 의한 것이므로 틀릴 수 있음을 염두에 두고 해석 후 충분히 생각할 시간을 주는 것이 필요하다.
- 클라이언트가 해석에 불쾌하거나 부정적인 반응을 하면 실수가 있을 수 있음을 인정하고 클라이언트의 반응에 공감하며 주제를 상세히 탐색하고자 하는 논의를 계속해야 한다.

(6) 질문기술

질문하기와 관련된 내용은 다음과 같다(Hepworth & Larsen, 1990: 144-145; 최선화, 2013: 90-93; 권향임 외, 2015: 190-192; 권오균 외, 2011: 126-127; 이원숙, 2008: 218-219).

❶ 개방형 질문

개방형 질문은 클라이언트가 생각하는 것을 좀 더 자세하고 구체적으로 말할 수 있도록 질문하는 형태이며, 탐색을 돕고 명료화하고 감정을 탐색하기 위해 활용된다.

> 사회복지사: "지난주에 어떤 일이 생겼는지 제게 말씀해 주시겠습니까?" / "자녀들에 대해 이야기해 주시겠습니까?" / "이 상황에 대해 어떻게 느끼십니까?"

❷ 폐쇄형 질문

폐쇄형 질문은 객관적 사실 파악에 활용되지만, 클라이언트에게 선택할 자유를 주지 않고 제한을 두는 것이다. '예', '아니요'만으로 대답할 수 있는 질문이다.

> 사회복지사: "결혼은 하셨습니까?" / "내일 출근하십니까?"

❸ 주의하고 피해야 할 질문

사회복지사가 질문에 주의해야 할 점은 다음과 같다(Benjamin, 1969; 이윤로, 2007: 65-66; Kadushin, 1990; 엄명용 외, 2005: 96-97).

- '왜'라는 질문: 이는 비난하는 성격을 가지며, 클라이언트로 하여금 가식적인 답을 하도록 하여 자신을 방어하게 한다. '왜'라는 질문 대신에 '어떻게(how)' 또는 '무엇(what)'이라는 질문으로 바꾸는 것이 필요하다.

> 사회복지사: "왜 그렇게 술을 많이 마십니까?" / "왜 당신은 자녀를 때립니까?"

- 유도성 질문: 유도성 질문은 압박을 주어 클라이언트로 하여금 방어하게 하거나 거짓말을 하게 할 수 있다(엄명용 외, 2008: 88).

> 사회복지사: "그때 당신은 부인에게 너무 지배적으로 대하시는 것이 아닌가요?"

- 중첩성 질문: 한꺼번에 여러 개의 질문을 하는 것이다. 클라이언트가 말하고자 하는 초점을 흐려지게 하는 역효과를 발생시키므로 한 가지씩 질문을 해야 한다.

> 사회복지사: "아드님이 직장을 그만두었다는 사실을 알고 계십니까? 집에서는 매일 직장에 가는 것으로 알고 계시다는데 아드님이 여자 친구와 헤어졌다는 것을 알고 계십니까? 아드님의 봉급명세표를 받아 보신 적이 있으신가요?"

- 모호한 질문: 모호한 질문은 대명사와 상황에서 벗어난 질문을 사용할 때 발생하므로 질문은 구체적으로 해야 한다.

> 사회복지사: "그 아이의 그러한 행동에 대해서 말씀해 주세요."라기보다는 "인숙이의 가출에 대해 말씀해 주세요."

- 단순한 호기심에서 나온 질문

❹ 유용하고 적절한 질문

유용하고 적절한 질문은 다음과 같다(이윤로, 2005: 67).

- …라는 사실에 대해서 어떻게 생각하세요?
- 가장 큰 장애물은 무엇이라 생각하세요?
- 어떻게 반응하셨어요?
- 그녀에게 무엇을 말할 것인지 생각해 보셨나요?
- 무엇이 최선이라고 생각하세요?
- 예를 든다면?
- 그것이 효과가 없다면 무엇을 할 생각이세요?
- 이것이 선생님에게 어떤 영향을 주었나요?
- 그 외에 다른 것이 있나요?
- 어떤 방식으로 할 예정이세요?
- 그것이 일어난 이유를 무엇이라고 생각하세요?
- 이제 어떻게 하실 건가요?
- 지금은 상황이 어떻게 보이세요?
- 지금 그것은 어떻게 되어가고 있나요?

❺ 무엇인가?라는 질문

무엇인가?라는 질문은 광범위한 이슈나 영속적인 문제에 작용하는 요인들이나 관련이 있는 다른 사람들에 대해 탐색하려고 할 때 매우 적절한 질문기법이다.

> 사회복지사: “당신이 볼 때 현재 무슨 일이 일어나고 있다고 봅니까?” / “당신의 상황이 변화하기 위해서 제가 무엇을 해드릴 수 있나요?”

(7) 침묵의 활용

적극적인 경청에서는 침묵에 주의를 기울여야 한다. 카두신(Kadushin, 1990)은 침묵은 불안이나 위협이 아니라 기회라고 했다(엄명용 외, 2008: 100).

벤자민(Benjamin, 1987)에 의하면 면담에서의 침묵은 자기 생각을 정리하거나 이야기했던 상황이 혼란스럽거나 화가 나 있거나 혹은 곧 해야 할 작업을 두고 잠깐 쉬고 있다는 것을 의미할 수 있으므로 침묵을 존중해 주는 것이 중요하며, 클라이언트가 질문에 대답할 기회를 주는 것이라고 제시하고 있다. 또한, 클라이언트의 침묵은 중요한 정보를 전달하는 비언어적인 '생산적인 침묵'과 클라이언트가 생각에 깊이 빠져 있는 '창의적인 침묵' 그리고 불안, 초조, 정보를 숨기려는 '문제성 침묵'의 의미가 있다고 한다(Trevithick, 2000; 엄명용, 2008: 100).

그러므로 클라이언트가 침묵하는 동안에는 사회복지사도 함께 침묵을 지키며 공감적 결합을 시도하면서, 여유를 가지고 서두르지 말고 기다리는 것이 필요하다(최선화, 2013: 77).

(8) 초점제공 기술

초점을 제공하고 유지하는 기술은 제한된 시간에 최대의 효과를 가져와야 하는 전문적 관계에서 불필요한 방황과 시간 낭비를 막아 주는 효과적 기법이다. 사회복지사는 전 과정을 통해 클라이언트의 산만한 사고와 감정을 정리하여 문제를 좀 더 깊이 탐색하고 원하는 변화를 이끌어 낼 수 있도록 도와준다(이종복 외, 2015: 137).

> 사회복지사: "환경오염도 중요하지만 아이의 학교생활에 대해 이야기를 나누는 것이 더 중요한 일인 것 같군요."

(9) 표현촉진기술

표현촉진기술은 언어적 의사소통기술에 포함되며, 사회복지 면접과정에서 클라이언트의 생각을 정리하고 탐색해 보도록 원조하고 정보를 끌어내기 위해서 사회복지사는 클라이언트가 표현을 원활히 하도록 표현촉진기술을 활용해야 한다.

표현촉진기술은 내용 반영, 감정 반영, 의미 반영, 결합적 반영이 포함된다(양옥경 외, 2005: 162-167; 박세정 외, 2008: 119-123).

> 사회복지사: (감정 반영) "당신은 아들에 대해 죄책감을 느끼고 의기소침한 것 같군요."라고 말하면서 느낌을 반영할 수 있다.
>
> 사회복지사: (의미 반영) "부모님이 당신에게 너무 많은 기대를 하고 계시고, 그러한 부모님의 요구가 합당하지 않다고 생각하는군요."
>
> 사회복지사: (감정의미의 결합적 반응) "길동 씨, 당신은 혜영 씨에게 화가 났군요. 그녀가 당신에게 어른이 되라고 말했기 때문이죠." 혹은 "당신은 이제 막 일자리를 잃었는데 다른 일자리를 얻을 수 없다고 생각하기 때문에 답답하게 느끼고 있군요." 등으로 결합적으로 반영한다.

출처: 양옥경 외, 2005: 162-167; 박세정 외, 2008: 119-123.

(9) 직면기술

직면은 클라이언트에게 말과 행동 사이에서 불일치나 모순을 직접적으로 지적하는 것을 의미한다(Cournoyer, 1996).

직면을 사용할 수 있는 경우는 사회복지사와 클라이언트의 관계 형성이 확립되었을 때 하기, 그 행동에 대해서 하기, 특별한 행동이나 사건에 대해 구체적으로 하기, 사용하는 언어방법을 예의 바르게 하기 등으로 고려되어야 한다(이윤로, 2007: 59-60). 직면은 클라이언트가 모르고 있거나 인정하기를 거부하는 생각과 느낌에 대해서 주목하도록 하는 것을 말하며, 클라이언트가 한 말을 전체적으로 올바르게 이해하고 있는가를 검토할 수 있어 유용하다(권오균 외, 2011: 124).

(10) 해석기술

해석기술은 면접 시 클라이언트가 말한 경험 내용에 새로운 의미와 관련성을 부여하여 언급하는 것이다(나동석 외, 2014: 220). 즉, 해석은 클라이언트가 새로운 방향에서 문제를 바라볼 수 있도록 행동이나 생각, 감정 등에 새로운 의미와 원인을 설명하는 것으로 말속에 숨은 메시지에 초점을 두는 것이며, 여러 번 반복해서 사용하는 것이 효과적이다(최선화, 2013: 87-88). 헵워스와 라이슨(Hepworth & Larsen, 1986)은 해석기술 사용 시 주의사항을 다음과 같이 제시하고 있다(양옥경 외, 2005: 165 재인용).

첫째, 클라이언트와 사회복지사가 신뢰관계를 형성하여 사회복지사의 좋은 의도를 믿을 수 있을 때까지 기다려서 사용한다.

둘째, 클라이언트가 자기탐색을 할 준비가 되어 있어야 하고, 사회복지사도 충분한 정보 없이 너무 빨리 해석하면 틀릴 수 있으므로 이는 해석하지 않는 것보다 못한 결과를 가져올 수 있다.

셋째, 클라이언트에게 연속적인 해석보다는 충분히 생각할 시간을 주는 것이 필요하다.

넷째, 해석은 사회복지사의 추론이므로 틀릴 수 있음을 염두에 두어야 한다.

다섯째, 클라이언트가 해석에 대해 부정적으로 반응하면 이에 공감하며 주제를 더 상세히 탐색하고자 하는 논의를 계속해야 한다.

3. 면접의 기록

1) 기록의 목적

기록은 사회복지실천에서 매우 중요한 부분이며, 실무자들 대부분은 업무의 부담으로 기록시간이 충분하지 않아 기록에 소홀하기 쉽다. 하지만 기록은 서비스

과정과 사례의 진행 과정 등을 탐색하고 재확인할 수 있으므로 시간이 경과됨에 따라 지속적으로 문서화되어야 한다.

기록의 목적은 ① 사회복지실천 활동의 문서화, ② 효과적 서비스를 위한 모니터, ③ 사례의 지속성 유지, ④ 전문가 간 의사소통 활성화, ⑤ 슈퍼비전의 활성화, ⑥ 클라이언트와 정보 공유, ⑦ 행정적 자료, ⑧ 조사연구를 위한 자료 제공이다(Kagle, 1991: 2–5; Wilson, 1976: 3–5; 윤현숙 외, 2001: 310–314).

2) 기록의 원칙과 내용

기록의 원칙은 다음과 같다(오봉옥 외, 2013: 332–333).

첫째, 기록을 위한 메모는 클라이언트의 사전동의를 받아 개입활동에 방해가 되지 않는 선에서 최소한의 핵심 사항을 중심으로 간략하게 한다.

둘째, 기록은 비언어적 표현에 대한 관찰을 포함하여야 한다.

셋째, 사회복지사의 주관적 판단도 전문성을 갖도록 근거를 갖고 기술해야 하며, 클라이언트 사생활 보호의 관리가 이루어져야 한다.

기록내용은 상황 정보, 사정 정보, 개입 정보, 결과 정보 등이 기록되어야 하며, 사회복지단계별 기록의 내용은 다음의 〈표 7–5〉, 〈표 7–6〉과 같다.

〈표 7-5〉 기록내용

구분	내용
상황 정보	클라이언트의 나이, 연령, 성, 직업, 교육 수준, 사회력
사정 정보	문제 정의, 개입의 필요성, 서비스 제공 이유, 사정의 근거(면접, 내용)
개입 정보	단계별 목표, 계획, 과정 정보 등 서비스 과정
결과 정보	종결 평가 내용, 사후관리

출처: 오봉옥 외, 2013: 336.

〈표 7-6〉 사회복지실천과정의 단계별 기록의 내용

단계	내용
1. 접수단계	① 상담신청서 ② 초기면접지
2. 자료수집 및 사정단계	③ 동의서 ⑥ 사정질문지 ⑨ 가계도 ④ 접촉일지 ⑦ 자원조사지 ⑩ 생태도 ⑤ 사회력 조사지 ⑧ 사정 및 개입 계획서 ⑪ 사례관리 지역사회자원망
3. 목표설정 및 계약단계	⑫ 목표설정 및 계약기록지
4. 개입단계	⑬ 면담과정 기록지 ⑭ 요약기록지 ⑮ 문제중심기록지
5. 종결단계	⑯ 종결보고서

출처: 양옥경 외, 2005: 286-290.

기록은 다음과 같이 활용될 수 있다(kagle, 1991; 최해경, 2009: 174-175).

① 클라이언트의 욕구 확인과 서비스 내용의 보고

② 담당자 혹은 담당자 부재 시 대리인에게 사례 관련 연속성의 유지

③ 전문가 간 의사소통의 원활화

④ 슈퍼비전, 자문, 동료 검토의 원활화

⑤ 학생과 다른 전문가들에 대한 교육

⑥ 행정 업무를 위한 자료와 연구조사 자료로 제공

3) 기록의 유의사항

기록 시 사회복지사는 클라이언트의 비밀을 보장해 주어야 한다. 클라이언트는 자신만 간직하고 싶은 이야기를 사회복지사와의 대화 속에 노출하게 되는 경우도 있기 때문에 사회복지사는 기록에 대한 관리를 철저히 해야 한다(이준우 · 임원선, 2011). 기록 시 유의 사항을 홍순혜 외(1991)는 다음과 같이 제시하고 있다.

첫째, 사정 · 개입 · 평가의 기초가 되는 클라이언트의 상황에 관한 정보를 잘 정리해야 한다.

둘째, 현실 상황에 대한 객관적인 서술과 사회복지사의 주관적 견해를 명확하

게 분리하여 읽는 사람이 사회복지사의 관찰 사항과 해석을 구분하여 이해할 수 있도록 해야 한다.

셋째, 기록이 간결 · 타당 · 명확하며 구체적이고 논리적이어야 한다.

넷째, 전문가적 윤리를 바탕으로 기록 업무를 수행해야 한다.

다섯째, 전문가의 견해를 담으면서도 클라이언트의 관점을 무시하지 않도록 애써야 한다.

면접자로서의 태도를 갖추기 위해 사회복지사는 지속적으로 추가적인 교육과 훈련에 참가하며, 경험이 많은 면접자의 조언을 경청하는 태도를 갖도록 노력해야 한다(우국희 외, 2015: 250).

4) 기록의 유형

사회복지실천 현장에서 사회복지사는 기록의 종류와 각 기록방법의 장단점을 알고 있어야 한다. 기록의 유형은 과정기록, 이야기체 요약기록, 문제중심기록이 있다. 이를 살펴보면 다음과 같다(Kagle, 1991: 54-104; Wilson, 11980: 18-140; Sheafor, Horejsi & Horejsi, 1997; Johnson, 1995: 382-384; 윤현숙 외, 2001: 330-342; 양옥경 외, 2005: 291-299; 이종복 외, 2012: 216-225).

(1) 과정기록

과정기록은 사회복지실천에서 가장 오랜 역사를 가진 기록방법이다. 과정의 기록을 통하여 클라이언트 및 그들의 사회적 상황에 대하여 말하고, 행동하고, 관찰하고, 추측한 것을 사회복지사가 기억할 수 있는 한 모두 기록하는 것이다. 사회복지교육에서 학생들이나 초보 사회복지사의 기본적 기술학습 및 진단적 사고를 돕기 위한 교육용 도구로서 과정기록이 광범위하게 사용되고 있다. 과정기록은 사회복지실습이나 교육방법으로 유용하게 쓰이며, 과정기록은 학생의 자아인식 및 서비스 과정에서의 자아의 활용을 향상시켜 준다.

〈표 7-7〉 과정기록방법

슈퍼바이저의 코멘트	면접내용과 사회복지사의 느낌, 분석에 대하여 슈퍼바이저가 추후에 코멘트한다.
면접 내용	클라이언트의 언어적 · 비언어적 의사소통을 포함하여 면접 중에 일어난 일을 있는 그대로 기록한나.
사회복지사의 느낌	대화가 진행되는 동안 사회복지사의 느낌을 솔직하고 개방적으로 적는다.
분석	사회복지사의 느낌은 근원, 면접기법의 분석, 다른 대안적 접근을 기록한다.

출처: 이종복 외, 2013: 217.

(2) 이야기체 요약기록

이야기체 요약기록은 기록내용이 이야기체 요약 형식을 취하고 있어서 일반적으로 이야기체 기록이라고 한다. 이야기체 요약기록은 간결하고 초점이 분명하며, 사회력이나 임상실무를 문서화하는 데 적합하고, 기록에 융통성이 있어서 중요하다고 생각되는 것을 포괄적으로 기록할 수 있다. 이야기체 요약은 사회복지사의 재량에 의존해야 하며, 기록시간이 많이 걸리고 개별적 구성과 부담스러운 양 때문에 원하는 정보를 쉽게 찾기 어렵다.

(3) 문제중심기록

문제중심기록은 현재 제시되고 있는 문제를 중심으로 구성되며, 문제영역을 규명하고, 사정하고, 각 문제에 대하여 무엇을 할 것인지에 대한 계획을 기록하는 것이다. 문제중심기록은 책무성을 향상시키며, 여러 상이한 전문직 간의 의사소통을 촉진하며, 여러 분야 간의 공조를 원활하게 해 준다. 반면, 문제를 강조하여 사회복지사의 관심을 한정시키고, 개인을 강조하여 현상의 복잡성을 단순화시킬 우려가 있다. 그리고 부분화를 강조함으로써 통합적이고 체계적인 쟁점들을 왜곡시킬 우려가 있다. 문제중심기록은 데이터베이스, 문제목록, 초기계획, 진행노트 4부분으로 이루어진다.

① 데이터베이스: 클라이언트의 문제목록을 작성하기 위한 기본 자료가 된다.

② 문제목록: 각 문제마다 번호가 붙여지고, 나중에 새로운 문제가 규명되면

문제목록에 추가된다.

③ 초기계획: 서비스 제공자들은 독립적 혹은 개별적으로 문제목록의 각 문제에 대해서 계획을 세운다.

④ 진행노트: 사례가 진행되면 서비스 진행과 변화내용에 대해 문제목록에 기재된 번호에 따라 SOAP 방식으로 기록한다.

SOAP 방식은 다음과 같다.

- S(Subjective information): 주관적 정보. 클라이언트가 지각하는 문제, 자신의 상황과 문제에 대해 어떻게 생각하고 느끼고 있는지에 대한 주관적 정보를 기술한다.
- O(Objective information): 객관적 정보. 클라이언트의 행동이나 외모에 대한 사회복지사의 관찰과 사실적 자료와 같은 객관적 정보를 기술한다(클라이언트의 주거 상태, 경제적 상태, 건강 상태 등이 포함될 수 있다).
- A(Assessment): 사정. 주관적 정보, 객관적 정보에 기초하여 사정, 견해, 해석, 분석을 기술한다. 사회복지사의 관찰 및 사실적 정보의 의미를 사정하고 분석한 견해를 기술하는 것이다.
- P(Plan): 계획. 위의 주관적 정보, 객관적 정보 사정을 기반으로 하여 확인된 문제에 대하여 무엇을 할 것인지에 대한 계획을 기술한다.

기록의 세 가지 종류에 대해 특징, 활용, 장점, 단점을 비교하면 〈표 7-8〉과 같다.

〈표 7-8〉 기록의 종류 · 특징 · 활용 · 장점 · 단점

	과정 기록	이야기체 요약기록	문제중심기록
특징	• 대화 내용 중심 • 면접(인터뷰) 적합 • 대화체, 이야기체 기술	• 요약 기록 • 활용도 높음 • 시간, 사건, 주제별 요약	• 문제중심으로 기록 • 문제해결중심모델 적합 • 과정은 SOAP 방식 기록
활용	• 교육적 도구	• 가장 많이 활용	• 의사소통, 정보 교환
장점	• 비평이 쉬움 • 시행착오의 개선 용이 • 판단의 근거 파악 용이 • 면담 기록에 적합	• 기록 비용 절감 • 전반적 경향 쉽게 파악 • 기록 형식에 따른 제약이 적음	• 전문직 간 의사소통 유리 · 책임성 및 집행력 강조
단점	• 완벽한 기록은 불가능 • 기록 비용이 많이 소요 • 기억에 의존	• 기록자의 판단에 의존 • 판단의 근거 확인 불가 • 초점이 불명확	• 사정의 단순화 • 강점이나 자원 활용, 협업 등한시

출처: 오봉옥 외, 2013: 337.

<함께 토의해 보기>

1. 의사소통을 방해하는 사회복지사의 언어적 반응에 대해 설명해 보자.

2. 클라이언트의 침묵이 의미하는 것에 대해서 설명해 보자.

<함께 풀어 보기>

1. 다음 중 면접의 종류에 해당하지 않는 것은?
   ① 정보수집면접　② 사정면접　③ 치료면접　④ 취업면접

2. 적극적인 경청을 설명한 것 중 적절하지 않은 것은?
   ① 최대한 개방적이고 객관적이며 공감하고 자기인식을 하고 있도록 한다.
   ② 비언어적 의사소통에 주의를 기울이고 비언어적 의사소통의 의미를 파악한다.
   ③ 침묵 시에는 질문을 계속하여 면접에 참여하도록 한다.
   ④ 눈맞춤을 유지하고 개방적이고 주의를 기울이는 몸자세를 취한다.

3. 다음의 질문내용 중 적절하지 않은 것은?
   ① 가장 큰 장애물은 무엇이라 생각하세요?
   ② 무엇이 최선이라고 생각하세요?
   ③ 왜 반응하셨어요?
   ④ 그녀에게 무엇을 말할 것인지 생각해 보셨나요?

4. 클라이언트의 방어적인 태도를 감소시키는 기법에 해당하지 않는 것은?
   ① 저항적 태도를 유발시키는 위협요소를 찾아내어 반응한다.
   ② 저항적 태도는 무시하고 사회복지사의 원칙을 고수한다.
   ③ 클라이언트와 정반대 혹은 같은 태도를 취하는 거울기법을 쓴다.
   ④ 클라이언트의 결정권과 통제력을 인정하고 존중하는 태도를 보인다.

5. 다음의 빈칸에 적절한 내용을 쓰시오.

사회복지사: (가.   ) "당신은 부인에 대해 죄책감을 느끼고 의기소침한 것 같군요."라고 말하면서 느낌을 반영할 수 있다.
사회복지사: (나.   ) "부모님이 당신에게 너무 많은 기대를 하고 계시고, 그러한 부모님의 요구가 합당하지 않다고 생각하는군요."
사회복지사: (다.   ) "길동 씨, 당신은 혜영 씨에게 화가 났군요. 그녀가 당신에게 어른이 되라고 말했기 때문이죠." 혹은 "당신은 이제 막 일자리를 잃었는데 다른 일자리를 얻을 수 없다고 생각하기 때문에 답답하게 느끼고 있군요."와 같이 결합적으로 반영한다.

출처: 양옥경 외, 2005: 162-167; 박세정 외, 2008: 119-123.

6. 다음 중 기록의 목적에 해당하지 않는 것은?

① 사회복지실천 활동의 문서화
② 효과적 서비스를 위한 모니터
③ 사례의 지속성 유지
④ 일반인과 전문가 간 의사소통 활성화

정답

1. ④　2. ③　3. ③　4. ②
5. 가. 감정반영, 나. 의미반영, 다. 감정의미의 결합적 반응　6. ④

08

Theories of Social Work Practice

사회복지실천과정

제8장에서는 사회복지실천과정을 단계별로 구분하여 각 단계의 특성과 내용 및 사회복지사의 역할을 제시하고 있다. 사회복지 실천과정의 단계를 보면 접수단계, 자료수집단계, 사정단계, 계획단계, 개입단계, 종결 및 평가단계로 구분하여 제시하고 있다.

학 습 목 표

1. 사회복지실천과정–접수단계를 파악하고 설명할 수 있다.
2. 사회복지실천과정–자료수집단계를 파악하고 설명할 수 있다.
3. 사회복지실천과정–사정단계를 파악하고 설명할 수 있다.
4. 사회복지실천과정–계획단계를 파악하고 설명할 수 있다.
5. 사회복지실천과정–개입단계를 파악하고 설명할 수 있다.
6. 사회복지실천과정–종결 및 평가단계를 이해하고 설명할 수 있다.

1. 사회복지실천과정: 접수단계

사회복지실천과정이란 사회복지사가 클라이언트와 클라이언트를 둘러싼 다양한 환경 내의 체계를 변화시키기 위해 그의 전문직 가치와 지식에 기초하여 개입하는 과정이다. 사회복지실천과정은 구조화된 과정을 가지고 있으며, 각 과정에 따라 사회복지사가 수행하게 되는 실천업무가 상이하게 결정된다. 학자마다 대동소이하지만 사회복지실천과정의 단계를 서로 달리 구분하고 있다.

〈표 8-1〉 학자별 사회복지실천 단계 구분 표

학자	단계 구분
Pincus & Minahan	① 문제의 사정 ② 자료수집 ③ 초기접촉 ④ 협상적 계약 ⑤ 행동체계 ⑥ 영향력 행사 ⑦ 변화노력의 종결
Sheafor와 동료들	① 접수와 관계 형성 ② 자료수집과 사정 ③ 계획과 계약 ④ 개입과 모니터링 ⑤ 평가와 종결
Compton & Galaway	① 자료수집과 사정 ② 업무동의 ③ 개입 ④ 평가 ⑤ 종결
Timberlake와 동료들	① 계약 ② 자료수집 ③개입 ④ 평가 ⑤ 종결
Hepworth & Larsen	① 탐색, 사정 및 계획 ② 변화, 문제해결 ③ 종결과 평가
Johnson & Yanca	① 사정 ② 계획 ③ 직접 · 간접적 실천행동 ④ 평가와 종결
Krist-Ashman & Hull	① 관계 형성 ② 사정 ③ 계획 ④ 실행 ⑤ 평가 ⑥ 종결 ⑦ 사후지도
양옥경 외	① 접수 ② 자료수집 및 사정 ③ 목표설정 및 계약 ④ 개입 ⑤ 평가와 종결
김융일 외	① 접수 및 참여유도 ② 자료수집, 사정, 계획 ③ 개입 ④ 평가와 종결

출처: 엄명용 외, 2007; 이원숙, 2008; 나동석 외, 2014 재구성.

본 책에서는 사회복지실천과정 단계를 학자들의 구분을 근거로 접수, 자료수집, 사정, 계획, 개입, 평가 및 종결의 순으로 구분하여 다루고자 한다.

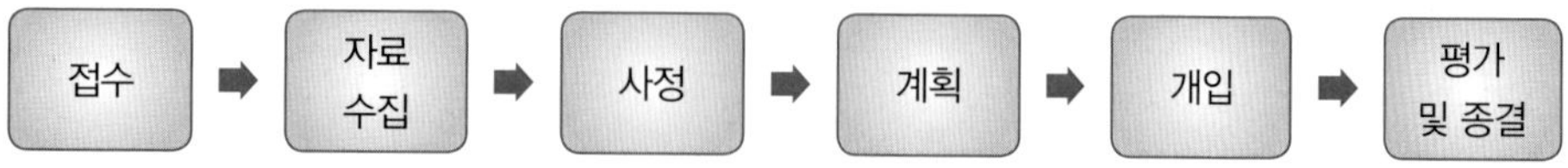

[그림 8-1] 사회복지실천과정 단계

1) 접수(intake)의 개념

접수란 인테이크라고 사용하기도 하며, 원조과정의 최초 단계이다. 접수는 기관의 서비스 수급 여부를 결정하는 중요한 단계이다. 그러므로 사회복지사는 클라이언트의 문제와 욕구를 분명하게 확인하고, 원조의 목적과 원조과정에서 기대하는 바가 무엇인지 명확히 해야 한다(양옥경 외, 2005: 169-179; 김융일 외, 1955: 17).

2) 접수 내용

접수 시 사회복지사의 과제를 헵워스와 라이젠(Hepworth & Larsen, 1986: 26)은 라포 형성, 문제 확인으로 보았고, 김융일 외(1995: 181-190)는 문제 확인, 의뢰, 관계 형성, 개입활동계약의 성립, 클라이언트 동기화, 클라이언트의 저항감과 양가감정 해소 등을 들었다. 접수 시의 접수내용을 ① 문제 확인, ② 신뢰관계 형성, ③ 클라이언트 동기 촉진하기, ④ 기관서비스에 대한 정보제공, ⑤ 의뢰로 나누어서 살펴보기로 한다(나동석 외, 2014: 259-260; 이종복 외, 2015: 172-175; 엄명용 외, 2014: 303-309; 최해경, 2018: 264-275).

(1) 문제 확인

접수단계에서 사회복지사는 클라이언트체계가 주된 관심을 갖고 있는 문제 혹은 욕구를 확인한다. 문제들은 ① 사회환경적 결핍으로 인한 문제, ② 생애사건과 상황, ③ 대인관계, ④ 유전, 체질, 건강요인, ⑤ 성격특성, 관계 패턴, 취약성 등 다섯 가지 영역에서 유래될 수 있다(Goldsten & Noonan, 1999). 따라서 사회복지

사는 클라이언트의 실제 문제가 무엇인지 정확하게 파악하고 기관에서 그에 관한 서비스를 제공할 수 있는지 평가해야 한다(양옥경 외, 2005: 171).

(2) 신뢰관계 형성(라포 형성)

접수 시 기관을 찾는 클라이언트는 일반적으로 사회복지사에게 문제를 드러내게 되면 자신의 문제가 외부로 드러나 자신에게 해가 되거나 부담이 되지 않을까? 하는 두려움이 있고 문제를 해결하고자 하는 욕구도 있는 양가감정을 가진다. 이를 해소하기 위해 사회복지사와 상호 긍정적 친화관계, 즉 라포(Rapport)를 형성한다. 라포는 긍정적인 '좋은' 관계(Hepworth & Larsen, 1997: 26)이며, 사회복지사가 감정이입과 따뜻함, 그리고 진실함을 가지고 클라이언트를 대하고(김융일 외, 2001: 184), 피드백을 요청하며, 문화적 차이를 고려하고, 참여에 전념해 줄 것을 요청한다(Gambrill, 2013). 클라이언트를 동등한 인격체로 대하는 것이 클라이언트의 흥분을 가라앉힐 수 있는 고도의 공감반응이다(Gambrill, 2013; 최해경, 2018: 271).

(3) 클라이언트 동기를 촉진하기

클라이언트의 동기를 촉진하기 위해서는 ① 클라이언트의 불편함과 희망, ② 원조요청이 자발적인지 혹은 비자발적인 참여인지의 여부, ③ 원조요청 이전의 과거 경험, ④ 클라이언트의 원조과정에 대한 기대, ⑤ 클라이언트가 시간, 에너지와 자원을 원조과정에 투입할 수 있는 능력 등을 파악하고 촉진해야 한다(Goldsten & Noonan, 1999).

(4) 기관의 서비스에 대한 정보제공

사회복지사는 기관이 클라이언트에게 제공할 수 있는 서비스에 대한 정보를 명확하게 제공할 필요가 있다. 이는 클라이언트가 비현실적인 기대를 가지지 않도

록 하고, 서비스의 선택기회를 제공하여 스스로 자기결정을 하도록 하기 위함이다(나동석 외, 2014: 260).

(5) 의뢰

의뢰(referral)는 클라이언트의 문제와 욕구를 기관에서 해결할 수 없을 경우 혹은 문제해결에 더 적합한 기관이 있을 경우 다른 기관으로 클라이언트를 보내는 것이다. 의뢰 시에는 반드시 클라이언트의 동의가 필요하므로 다른 기관에서 제공되는 서비스에 대해 충분히 토론하고 정서적으로 지지해 주어야 한다. 그리고 사후 의뢰된 기관에서 클라이언트가 서비스를 적절히 받고 있는지 반드시 확인해야 한다(양옥경 외, 2005: 173).

3) 접수양식의 내용

접수양식은 기관마다 다르지만 일반적으로 기본 정보(이름, 나이, 주소, 직업 등), 주요문제, 기관에 오게 된 이유, 의뢰 이유, 이전 서비스를 받은 경험의 유무, 가족관계 등을 기록한다. 접수내용을 기록하는 것을 초기면접지(인테이크 기록지)라고 한다. 접수양식의 사례를 보면 다음과 같다.

〈표 8-2〉 초기 면접지의 주요 내용

구분	주요 내용
기본 정보	이름, 성별, 나이, 결혼 관계, 주소, 전화번호, 직업, 교육 정도 등
주요 문제	클라이언트가 사회복지사의 도움을 청하게 된 문제가 무엇이며, 언제부터 어떤 과정으로 문제가 지속되었는지에 관한 내용
기관에 오게 된 동기	기관을 어떻게 알고 찾아오게 되었는지에 관한 내용(광고, 소개, 의뢰 등)
의뢰 이유	타 기관 혹은 가족으로부터의 의뢰된 경우 의뢰된 이유에 관한 것
과거 사회복지서비스를 받은 경험	현재의 문제 혹은 다른 문제로 과거에 사회복지기관을 방문한 적이 있는지, 있다면 어느 기관으로부터 어떤 서비스를 받았는지에 관한 내용
기본적인 가족관계	현재 동거 중인 가족을 중심으로 가족구성원의 이름, 나이, 직업, 교육 정도, 종교, 관계 등에 대한 내용

출처: 양옥경 외, 2003: 141 재구성.

4) 접수단계에서의 사회복지사 과업에 대한 사례

(1) 클라이언트와 첫 만남에서 사회복지사가 면접의 목적 설명하기

사회복지사: 당신이 지난번 저희 기관에 전화했을 때 말씀하시길, 결혼이 파경 지경에 있으며, 남편과는 항상 싸운다고 하셨는데 정말 그렇습니까? 오늘 만남에서 저는 당신의 결혼생활의 본질과 그 과정, 그리고 어떻게 이 지점까지 오게 되었는가에 대해 구체적으로 탐색해 보려 합니다. 우리가 상황을 좀 더 잘 이해하게 되면 다음에 무엇을 할 것인지 함께 결정할 수 있을 것입니다.

출처: 김인숙 외, 2006: 174.

(2) 클라이언트의 각 개인 역할 설명해 주기

사회복지사: 여러분은 원조과정에서 생각과 감정을 자유롭게 나눔으로써 도움을 받을 수 있습니다. 이해가 잘 안 될 때 질문해 주세요. 그리고 더 나은 방안이 있으면 제안해 주시고 도움이 됐던 것과 그렇지 않은 것에 대해서 피드백을 주십시오.

출처: 김인숙 외, 2006: 178.

〈서식-1〉 인테이크 기록지 양식

접수년월일: ________년 ___월 ___일

담당 사회복시사: ______________(인)

담당	팀장	부장	관장

1. 가족 및 구성원

대상자명		종교		주민번호		
대상자 분류	□ 아동 · 청소년(　　) □ 노인(　　) □ 장애인(　　) □ 가족구성형태(　　　　)					
	□ 일반수급(　) □ 조건부 수급(　) □ 자활특례(　) □ 차상위(　) □ 저소득(　) □ 일반(　)					
	의료보장	□ 의료보호 1종(　) □ 2종(　) □ 직장의료보험(　) □ 지역의료보험(　)				
주소						
전화번호			의뢰 경위			
가족사항	관계	성명	생년월일	직업	종교	동거 여부	비고

2. 스크리닝 판정 및 사유

판정결과	□ 잠재적 대상 □ 의뢰대상 □ 정보제공대상 □ 서비스 거부 □ 종결
판정사유	

3. 가계도/생태도

가계도	생태도

4. 개인력/가족력

1) 개인력
2) 가족력

5. 가족 및 사회적 관계

6. 사회적 상황

경제 상황	(수입/생활비/저축/부채 등)
건강 상황	(장애/병력/진단 및 치료 여부 등)
주거 상황	(주거 형태/방/화장실/난방 종류/채광/환기 등)
사회심리적 상황	(생활 상태/사회적 관계망/심리정서적 상태 등)

7. 일상생활수행능력(ADL, IADL)

8. 대상자 욕구

9. 자원활용상황

공식적 자원	비공식적 자원

10. 클라이언트 태도와 반응 및 사회복지사 의견

11. 서비스 계획

문제 및 욕구	서비스 계획

○○(종합)사회복지관

출처: 본 서식은 이종복 외, 2012: 425-440;
대전 전 지역 소재의 ○○종합사회복지관에서 활용하고 있는 서식에서 발췌함.

2. 사회복지실천과정: 자료수집단계

1) 자료수집의 목적

자료수집은 클라이언트의 문제를 이해 · 분석 · 해결하는 데 필요한 자료를 모으는 과정을 말한다. 자료수집은 개입과정 전체를 통하여 이루어지지만, 특히 초기 단계에서는 집중적으로 이루어진다(엄명용 외, 2014: 311).

자료수집의 주요 목표는 사회복지사가 사정 평가를 할 수 있도록 도움이 되는 자료를 광범위하게 모으는 것이다. 이 목표를 달성하기 위해서 사회복지사는 문제, 개인, 환경으로 범주화될 수 있는 자료들을 수집한다(Timberlake, Farber, & Sabatino, 2002).

자료수집에 포함되어야 하는 요소는 다음과 같다(김융일 외, 2001: 177–178).

① 접수 시 클라이언트에 대한 기본적인 정보
② 문제에 대한 깊이 있는 정보: 문제에 영향을 미친 요인과 문제를 지속시키거나 악화시키는 요인에 관한 정보를 개인적 · 환경적 측면에서 찾기
③ 개인력: 클라이언트의 유아기부터 현재까지의 생활주기, 인간관계, 감정 등
④ 가족력: 원가족의 가족상황, 가족관계, 현재의 가족구성 등
⑤ 클라이언트의 기능: 지적 기능, 정서적 기능, 신체적 기능, 행동적 기능, 대인관계기능, 업무능력, 문제해결능력 등
⑥ 클라이언트의 자원: 현재 이용하고 있는 서비스, 활용 가능한 자원 등
⑦ 클라이언트의 한계, 장점, 동기 등

자료수집의 정보원은 매우 다양하며, 주로 활용하는 출처는 다음과 같다(Hepworth & Larsen, 1990: 196–198; Zastrow, 1995: 78).

① 클라이언트의 이야기: 클라이언트의 이야기는 상당한 정보출처일 뿐만 아니라 거의 유일한 정보출처이기도 하다. 클라이언트의 문제, 기분, 의견, 생각, 사건 등에 대한 정보가 포함된다. 그러나 주의점은 클라이언트의 편견과 잘

못된 인식, 강한 정서적 감정 등 왜곡된 경우가 있으므로 클라이언트의 말에서 객관성을 정확하게 인지할 수 있어야 한다.

② 클라이언트가 작성한 양식 서류: 초기 면접지에 작성한 클라이언트의 이름, 성별, 나이, 직업, 주소, 연락처, 문제, 가족구성원 등은 중요한 정보원이 될 수 있다.

③ 클라이언트의 비언어적 행동에 관한 사회복지사의 관찰: 클라이언트가 언어로 표현하지 못한 제스처, 표정, 손동작, 목소리 등을 통해 클라이언트의 감정과 사고를 전달하게 된다.

④ 부부, 가족구성원 간의 상호작용에 관한 사회복지사의 관찰: 클라이언트와 그 삶에 중요한 사람들과의 상호작용을 관찰하여 얻는 정보를 통해 환경적인 영향을 더 잘 파악할 수 있게 된다.

⑤ 부수정보: 클라이언트 외 친척, 친구, 이웃, 다른 기관, 학교 등으로부터 얻는 정보는 클라이언트로부터 얻지 못한 정보를 파악할 수 있다. 부수정보 수집에는 클라이언트의 동의가 필요하며, 동의 없이 정보를 얻어서는 안 된다.

⑥ 심리검사: 성격검사, 지능검사, 사회성숙도, 결혼만족도, 가족관계친밀도, 자아존중감 등이며, 이는 심리학자나 전문가에 의해 진행되고 해석되도록 해야 한다.

⑦ 클라이언트와 직접 상호작용하면서 느끼는 사회복지사의 개인적인 경험이다.

2) 자료수집단계에서의 사회복지실천사례

(1) 질문기술을 활용한 정보수집

❖ 토머스 세퍼슨 기념관 관장(사회복지사의 질문)

워싱턴 주에 있는 토머스 제퍼슨 기념관의 외곽 벽이 심하게 부식되고 있었다. 원인을 파악하는 과정에서 당시 관장(사회복지사)은 다음과 같은 질문을 던졌다.

관장(사회복지사): 왜 제퍼슨 기념관을 그렇게 청소하나요?
직원: 비둘기들이 떼 지어 몰려와 똥을 싸 놓고 가기 때문입니다.
관장(사회복지사): 그런데 비둘기들은 왜 몰려오나요?
직원: 거미를 잡아먹기 위해서입니다.
관장(사회복지사): 왜 그렇게 거미가 많은가요?
직원: 나방 때문입니다. 나방이 많아 나방을 먹고 사는 거미가 많이 몰려드는 것입니다.
관장(사회복지사): 왜 그토록 많은 나방이 생기는 것일까요?
직원: 해 질 녘 켜 놓은 기념관 불빛에 나방이 몰리는 것입니다.

그 후 제퍼슨 기념관은 외곽 조명을 2시간 늦게 켰다. 나방이 모이는 시간대에 불을 켜지 않으니 나방이 날아들지 않았고, 자연히 거미도 없어지면서 비둘기 역시 몰려들지 않았다. 결국, 기념관 외곽 조명을 2시간 늦게 켠 것이 기념관 벽의 부식을 막는 해결책이었다.

* 본 사례는 토머스 제퍼슨 관장을 사회복지사로 간주하고 재구성하였다.

출처: 장경원, 2019: 18. '소통하는 수업을 위한 토의 수업 전략과정', 한국대학교육협의회 고등교육연수원 자료.

3. 사회복지실천과정: 사정단계

1) 사정의 정의

사정은 자료들은 해석하고 의미를 부여해서 실천적 개입을 위한 함의를 도출해내는 활동이다. 사정의 목표는 문제를 규정하여 실천의 방향을 결정하는 것으로 구체적으로는 문제가 무엇인지, 어떤 원인 때문인지, 그 문제를 해결하거나 감소시키기 위해 무엇이 변화되어야 하는지에 대해 대답을 하는 것이다. 사정과 동시에 필요하면 자료수집을 하기 때문에 자료수집과 사정은 동시에 순환적으로 행해진다고 볼 수 있다(최해경, 2018: 295–296).

문제의 유일하고 분명한 정의는 존재하지 않으며(Krist–Ashman & Hull, 2009: 153), 사회복지사가 상황을 이해하려면 시간이 걸리므로(이원숙, 2008: 260) 사회복지사는 불확실성에 편안해져야 하며, 사정의 지속적 과정을 신뢰해야 하는 것이다(Jonson & Yanca, 2007: 197).

한 가지 문제만 갖고 있는 클라이언트는 거의 없다. 그러므로 사회복지사는 클라이언트의 문제를 다양하게 규정할 줄 알아야 한다. 그리고 문제의 심각도에 따라 우선순위를 정해야 한다. 이러한 우선순위는 사회복지사 임의대로 정하는 것이 아니라 다음 네 가지 기준에 정해야 한다(Kirst–Ashman & Hull, 1993: 158–159; 김융일 외, 1995: 229).

① 문제의 존재가 클라이언트가 인정하는 문제여야 한다.
② 분명한 용어로 정의된 문제여야 한다.
③ 해결 가능한 문제여야 한다.

2) 사정의 목적

사정과정에서 달성해야 하는 몇 가지 목적은 다음과 같다(Krist–Ashman & Hull, 2009: 154–155).

첫째, 욕구, 문제 혹은 상황에 대해 분명한 이해를 하는 것이다. 문제설정은 개입의 방향에 영향을 미치기 때문이다.

둘째, 클라이언트가 사회복지사-클라이언트 관계에 가져오는 강점, 자산, 기술 및 능력을 인식하는 것이다.

셋째, 클라이언트체계를 개인, 가족, 지지집단, 지역사회 등으로 분명하게 설정하는 것이다.

넷째, 클라이언트체계와 다른 체계의 상호작용을 이해할 필요가 있다.

다섯째, 상황을 이해하는 데 필요한 중요한 정보를 놓치고 있는 것은 아닌지를 규명하는 것이다.

여섯째, 모든 정보를 종합하는 것이다.

3) 사정의 주요 영역

사정의 주요 영역은 다음과 같다(이원숙, 2008, 266-274; 나동석 외, 2014: 263-270; 이종복 외, 2015: 180-192; 전남련 외, 2011: 244).

(1) 문제사정

문제의 발견은 사정의 첫 번째 작업이며, 사회복지사가 평가하는 문제에 더 비중을 준다(이종복 외, 2015: 180). 문제발견의 세 단계는 ① 사회복지사는 해결하지 않은 클라이언트 요구가 무엇인지 확인하기, ② 욕구를 충족시키는 데 장애가 되는 요인 파악하기, ③ 문제해결 계획이나 개입 방향이 드러나도록 문제 규명하기 등이다(Krist-Ashman & Hull, 1993: 153 김융일 외, 1995: 224).

다음의 〈표 8-1〉에서 학자들이 공통으로 분류하고 있는 문제는 대인관계상의 갈등, 사회적 관계상 불만족, 역할수행의 어려움, 의사결정문제, 부적합한 자원문제, 심리문제와 행동문제, 공식적 체계와의 문제나 갈등, 스트레스적 사건이나 사회적 전환기에 경험하는 문제 등이다(나동석 외, 2014: 264).

〈표 8-3〉 클라이언트의 문제에 대한 학자별 분류

학자	문제 분류
레이드와 엡스테인 (Reid & Epstein, 1977)	① 대인관계상 갈등문제 ② 사회적 관계상 불만족 ③ 공식적 체계와의 문제 ④ 역할수행상의 문제 ⑤ 의사결정문제 ⑥ 정서적 문제 ⑦ 부적합한 자원 문제 ⑧ 심리문제와 행동문제
노던 (Northen, 1982)	① 대인관계상 갈등문제 ② 사회적 관계상 갈등문제 ③ 공식적 체계와의 문제 ④ 역할수행상의 문제 ⑤ 의사결정문제 ⑥ 정서적 문제 ⑦ 부적합한 자원 문제 ⑧ 심리문제와 행동문제 ⑨ 관계상실 ⑩ 문화적 갈등
저메인과 기터맨 (Germain & Gitterman, 1996)	① 생활 전환문제: 발달적 변화, 역할지위 변화, 위기 사건 ② 사회적 · 물리적 환경으로부터의 적절한 반응을 얻지 못함에서 오는 문제 ③ 가족과 기타 1차 집단 내의 의사소통과 관계상의 어려움
커스트-애쉬맨과 헐 (Kirst-Ashman & Hull, 1999)	① 대인관계 문제 ② 사회적 관계상의 불만 ③ 공식적 체계(기관)와의 문제 ④ 역할수행상의 어려움 ⑤ 직업전환, 자녀출산, 이혼 ⑥ 사별과 같은 생활상 전환의 문제 ⑦ 심리 및 행동 문제 ⑧ 부적당한 자원(자원결핍) ⑨ 의사결정 문제 ⑩ 문화갈등, 문화적 갈등 ⑪ 문제의 우선순위 결정 문제

출처: 양정남 · 최선령, 2003: 132 재인용.

(2) 정보의 발견

정보발견을 위한 유용한 지침 12가지는 다음과 같다(Brown & Levit, 1979: 408-415; 양옥경 외, 2005: 182-188).

① 누가 문제체계에 관여되어 있는가?

② 참여자들은 어떻게 관여하고 있는가?

③ 클라이언트가 문제에 어떤 의미를 부여하는가?

④ 어디서 문제행동이 일어나는가?

⑤ 언제 문제행동이 일어나는가?

⑥ 문제행동이 일어나는 빈도는 어느 정도인가?

⑦ 문제행동은 언제부터 있었는가?

⑧ 문제와 관련하여 채워지지 않은 욕구는 무엇인가?

⑨ 문제에 대한 클라이언트의 정서적 반응은 어떠한가?

⑩ 클라이언트는 그동안 문제에 어떻게 대처해 왔으며, 문제를 해결하는 데 어떤 기술이 필요한가?

⑪ 클라이언트는 어떤 장점과 기술을 가지고 있는가?

⑫ 필요로 하는 외적 자원은 무엇인가?

(3) 클라이언트의 개인에 대한 사정

❶ 클라이언트의 자원에 대한 사정

교육 정도와 취업 경험, 문제해결능력과 의사결정능력, 개인적 자질과 능력, 물리적 · 재정적 자원 소유, 문제해결에 대한 동기와 의지 등이 포함된다(Kirst-Ashman & Hull, 1993: 156–158; 김융일 외, 1995: 227–228).

❷ 클라이언트의 환경 측면의 사정

개인에 대한 환경의 부적절함, 긍정적인 측면과 취약함 등이며, 부부관계, 가족, 친구, 친척, 이웃 등을 포함하는 사회자원체계들이 이에 속하고 그 외 보육, 건강서비스, 취업구조, 행정조직 등도 포함된다(김융일 외, 1995: 228; 이종복 외, 2015: 186 재인용).

❸ 클라이언트의 정서·심리상태에 대한 사정

클라이언트의 심리상태는 지능, 동기화, 대처행동의 유형, 자기개념, 불안, 우울, 인성의 통합 등 표준화된 심리검사를 통하여 파악할 수 있다. 필요하다면 심리학자에게 의뢰할 수도 있다(이종복 외, 2015: 186).

❹ 클라이언트의 역할 수행 문제에 대한 사정

역할 갈등, 역할 모호성, 역할 단절 등이 있다(김융일 외, 1995: 232–234; 이종복 외, 2015: 187 재인용).

❺ 클라이언트의 자아방어기제에 대한 사정

방어기제란 프로이트 이론에 근거한 무의식적 전략으로서 클라이언트가 사용하는 방어기제는 억압, 반동형성, 퇴행, 격리, 취소, 투사, 투입, 자기에게로의 전

향, 역전, 합리화, 전치, 동일시, 전환, 지성화, 보상, 내면화, 부정, 치환, 대치 등이 있다. 사회복지사가 클라이언트의 방어기제에 반응할 때는 첫째, 방어기제가 클라이언트 행동을 설명해 주는 것은 아니라는 것, 둘째, 방어기제도 학습되는 것이므로 클라이언트가 과거에 했던 기제에 의존한다는 것, 셋째, 불안이 크면 더욱 강하게 방어기제에 의존한다는 것을 고려해야 한다(김융일 외, 1995: 238; 이종복 외, 2015: 192).

(4) 가족에 대한 사정

가족에 대한 사정은 ① 가족의 의사소통에 대한 평가, ② 가족구조에 대한 평가, ③ 출산, 죽음, 결혼 등 가족주기에 따른 전환에 어떻게 적응했는지에 대한 평가, ④ 가족불화, 부모-자녀 간의 관계 문제, 구성원 개인의 문제 등 가족갈등의 주요 문제를 평가한다(김융일 외, 1995: 245; 이종복 외, 2015: 192).

(5) 사회적 환경에 대한 사정

사회적 환경에 대한 사정은 클라이언트의 외적 환경, 즉 고용 및 경제적 상황, 직장력, 주택 및 교통, 영향 및 가정의 안정성, 사회관계망, 대인관계력 등이 포함된다(나동석, 2014: 269). 클라이언트의 공식적 · 비공식적인 지지체계와 사회적 관계망에는 무엇이 있으며, 클라이언트에게 사회적 관계망이 어떠한 영향을 미치는지에 대한 정확한 사정이 필요하다(권오균 외, 2011: 183).

(6) 강점사정

강점사정은 클라이언트의 약점보다는 장점이나 순기능적인 부분을 사정하여 클라이언트에게 문제해결을 위한 힘을 주는 것이다. 클라이언트의 강점을 파악하고 이를 개입 방향에 연결할 때 문제해결의 방향을 찾을 수 있다(권오균 외, 2011: 187). 사회복지사는 클라이언트의 잠재력을 발견하여 그 능력을 발휘할 수 있도록 임파워먼트를 한다(나동석, 2014: 270).

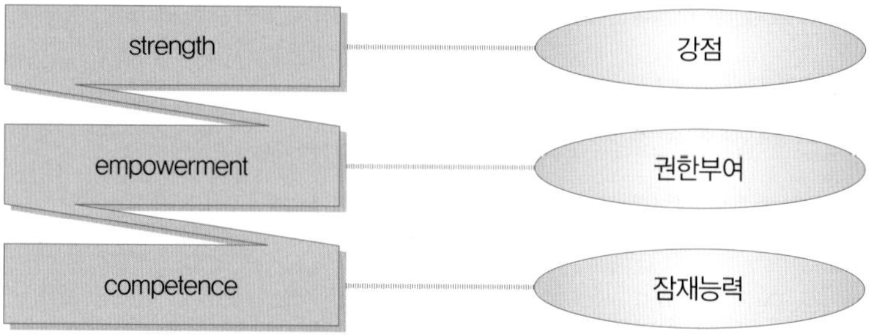

[그림 8-2] 강점에 이르는 과정

출처: 나동석 외, 2014: 271 재인용.

5) 사정에 유용한 도구

사정에 유용한 도구로 ① 가계도, ② 생태도, ③ 사회도, ④ 생활력도표, ⑤ 사회적 관계망 표, 사회적 관계망 지도, ⑥ PIE 분류체계, ⑦ 정신장애진단 및 통계편람(DSM−5)으로 구분하여 살펴보고자 한다.

(1) 가계도

가계도(genogram)는 2~3세대에 걸친 가족관계를 묘사한 것이며, 현재 제시된 문제의 근원을 찾는 것으로 항상 사회복지사와 클라이언트가 함께 작성해야 한다(Zastrow, 1995: 227). 가계도의 작성방법은 ① 우선 가족구조를 도식한다. ② 가족원에 관한 정보를 기록한다. ③ 가족관계를 표현한다(손광훈, 2012: 423). 가계도는 각 가족구성원이 한 세대에서 다음 세대까지 생물학적, 법적 그리고 정서적으로 어떻게 관련되어 있는지를 도표로 묘사하는 것(김유순 · 이용분 역, 1992: 129)으로 가족 스스로가 세대 간 반복되는 관계유형을 찾고 그것에 대한 통찰력을 갖도록 하는 데 매우 유용한 도구이다(양옥경 외, 2005: 190).

가계도를 통한 분석 내용은 ① 가족구조에 대한 체계적 이해, ② 가족 내 클라이언트 위치, ③ 가족사건에 대한 이해, ④ 가족의 상호작용 유형, ⑤ 문제의 발견(김혜영 외, 2015: 243)으로 이루어진다.

가계도에서 공통으로 사용되는 상징들은 다음의 [그림 8-3]과 같다.

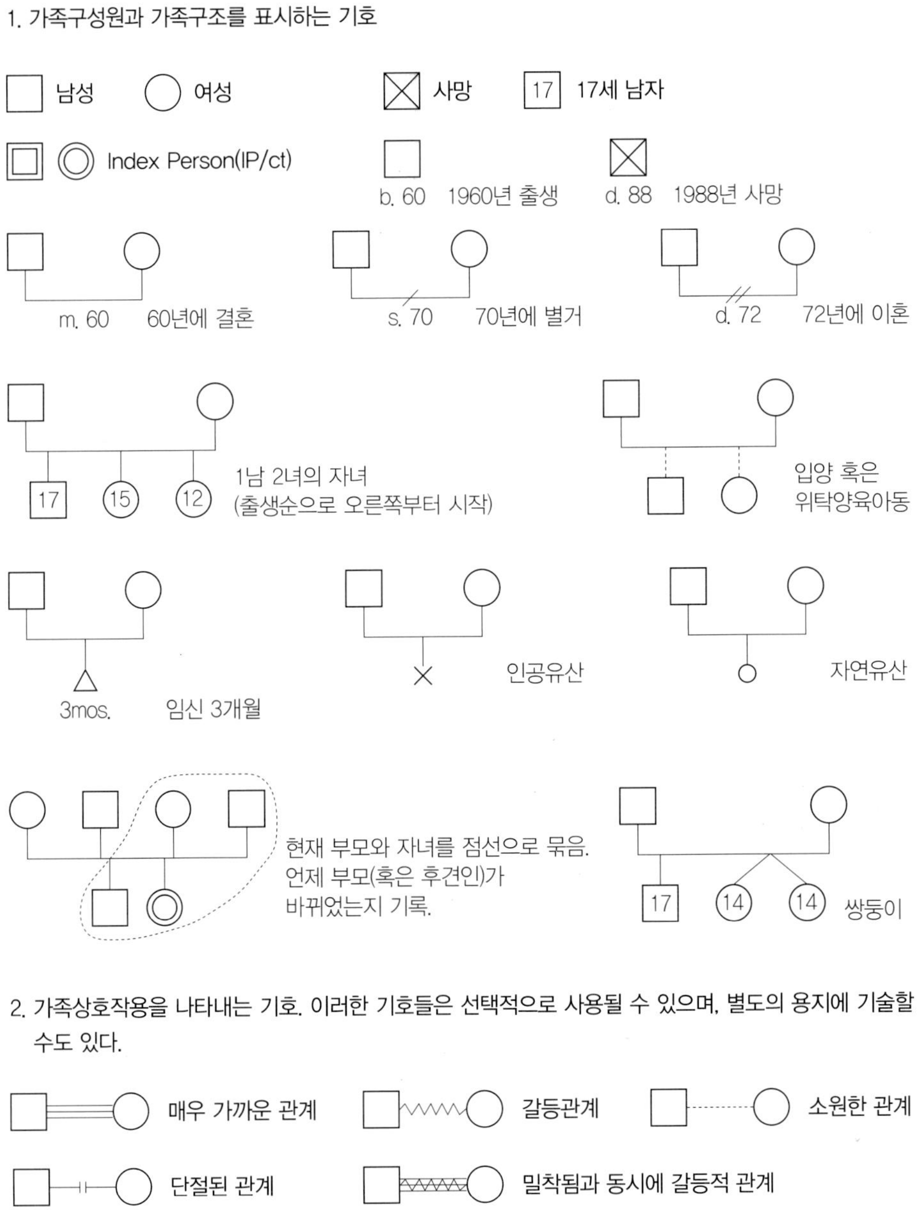

[그림 8-3] 가계도의 작성에 사용되는 기호

출처: 김융일 외, 1995: 247 재구성.

❖ 가계도의 사례-1

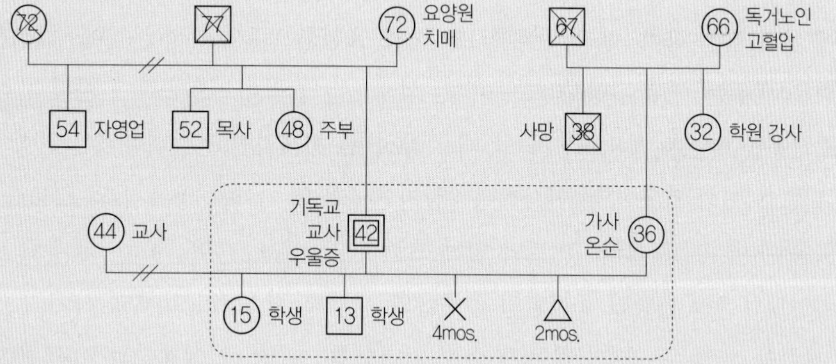

해석: 위의 그림에서 나타난 사례의 가족을 보면 남편은 두 번째 결혼이고 남편은 전처와의 사이에 15세 딸과 13세 아들을 두고 있다. 현재 부인은 4개월에 인공유산했고 임신 2개월 중이다. 클라이언트는 현 남편이고 동거가족은 남편과 현재 부인, 전처 사이에서 데려온 딸과 아들로 총 4명이 살고 있다.

출처: 권오균 외, 2014: 318 재구성.

❖ 가계도의 사례-2

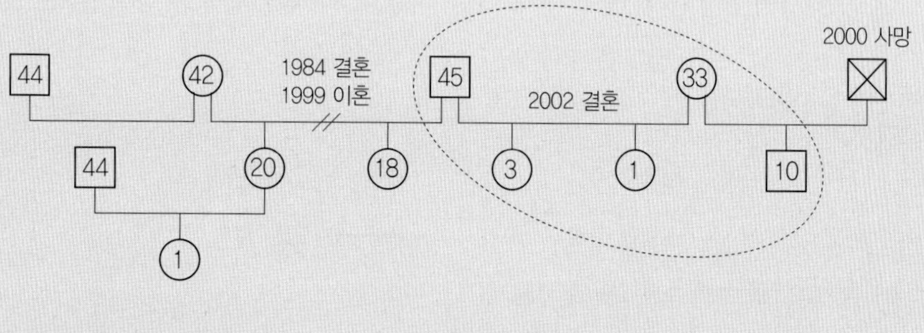

해석: 2002년에 재혼한 가정이며 45세 남편은 1999년에 전 부인과 이혼했었고 33세 부인은 전 남편이 2000년에 사망하였다. 재혼 후 부부는 두 딸을 낳았고(3세와 1세) 현재 부인이 전 남편과의 사이에 낳은 10세 된 아들과 함께 살고 있다.

출처: Sheafor & Horejsi, 2006: 256; 이원숙, 2008: 291 재인용.

(2) 생태도

생태도(eco-map)는 하트만(Hartman)에 의해 개발되었으며, 클라이언트의 상황에 의미 있는 체계들과의 관계를 그림으로 표현함으로써 특정 문제에 대한 개입 계획을 세우는 매우 유용한 도구이다. 생태도는 클라이언트체계가 환경과 어떤 상호작용을 하는지 살펴보고자 할 때 사용하며, 체계적이고 생태학적인 관점에서 가족을 보는 데 도움이 된다(사회복지실천연구회 역, 1988: 양옥경 외, 2005). 가계도와 마찬가지로 클라이언트와 함께 그린다(Zastrow, 1995: 226). 생태도는 클라이언트의 양육환경과 유지환경의 종류와 관계의 질, 그리고 체계 사이의 에너지 흐름을 보여 줌으로써 가족이 현재 지역사회 자원이나 체계들과 어떤 관계를 맺고 있는지를 보여 준다(나동석 외, 2014: 269).

생태도의 특성을 알아보면 다음과 같다(엄명용, 2008: 113-115).

① 종이와 필기도구만 있으면 쉽게 작성할 수 있고, 가족을 둘러싼 자원 또는 에너지의 유입, 유출을 표시할 수 있다.

② 가족의 장점을 위축시키는 외부요인과 가족의 적응과 대처능력을 향상시킬 수 있는 외부요인들을 확인할 수 있다.

③ 생태체계적인 공간 내에서 가족구성원을 향한 에너지의 출입 경향을 확인함으로써 가족구성원의 현 상태에 대한 객관적 이해와 수용을 유도할 수 있다.

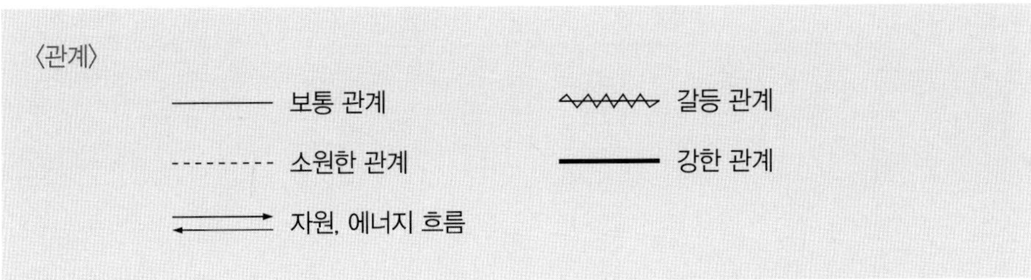

출처: 엄명용 외, 2005: 378 재구성.

❖ 생태도의 사례

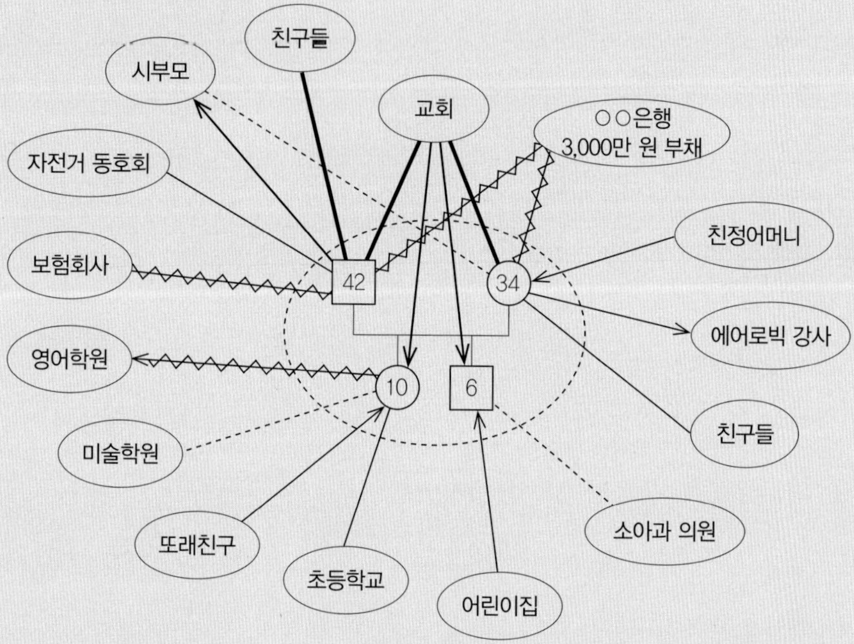

해석: 42세 아버지는 34세 부인과의 사이에 10세 된 딸과 6세 된 아들을 두고 있다. 큰 딸은 초등학생이며 또래 친구의 지지를 받으면서 잘 지내고 있으나 영어학원에서는 갈등관계에 있다. 6세 된 둘째 딸은 어린이집에 잘 다니고 있고 소아과 의원에 가는 것을 두려워한다. 두 부부는 은행 부채가 있어 힘들어하며, 같은 교회에 다니면서 교회에서 많은 위안을 받는다. 교회를 다니고 있지 않은 두 딸에게 교회에 나오라고 친숙하게 지지한다. 42세인 아버지는 보험회사에 다니고 있으며, 회사 내에서 갈등이 심하고 친구들과는 매우 친숙하다. 자전거 동호회에서 활동하고 있으며, 남편의 부모님에게 의지를 하는 편이다. 34세 된 부인은 에어로빅 강사를 하며 직업에 충실하고, 친구들과 친정어머니와는 친밀하게 잘 지내지만 시부모와는 소원한 관계이다.

출처: 김혜영 외, 2015: 194 재구성.

❖ 생태도 사전 사후 변화의 사례 예

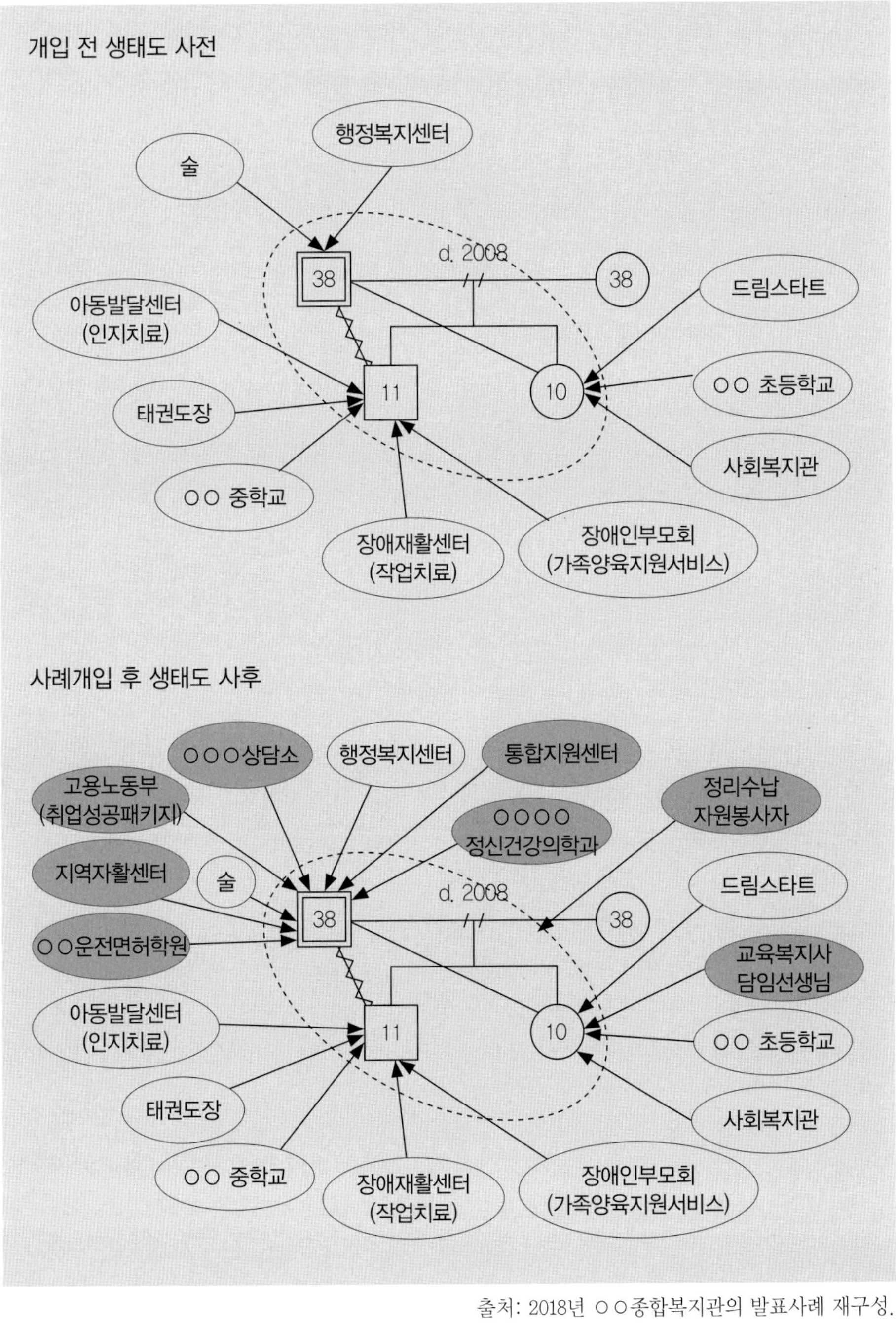

출처: 2018년 ○○종합복지관의 발표사례 재구성.

(3) 사회도

사회도(sociogram)는 상징을 사용해서 집단 내 구성원 간 상호작용을 표현하는 그림으로 구성원 간의 개인적 수용과 거부 및 집단 내의 대인관계를 평가하는 데 사용하며, 모레노(Moreno)와 제닝스(Jenning)가 개발한 방법이다(남세진 · 조흥식, 1997). 사회도를 통해 집단의 특징적 상호작용과 대인관계 유형의 변화를 파악할 수 있고, 집단 구성원의 행동을 관찰만으로는 파악하기 어려운 집단 내의 소외자, 2인군, 3인군, 결탁, 경쟁관계, 경쟁적 연합, 하위집단 등을 파악할 수 있어 유용하다(엄명용 외, 2014: 325). 사회도는 구성원들 사이의 호의적, 무관심, 상호 호의적, 적대적, 무관심, 상호 적대적 관계로 표현한다. 사회적 지지가 절대적으로 필요한 개인이나 가족이 오히려 가족, 친지, 친구로부터 고립되어 있는 경우가 있다.

❖ 사회도의 사례 1

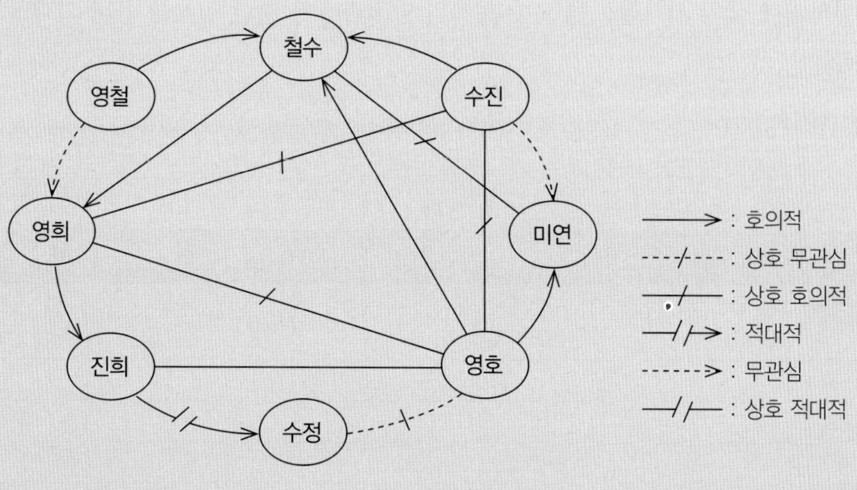

해석: 철수가 이 집단의 리더 역할을 하며, 집단 내에서 다른 구성원과의 상호작용은 매우 긍정적이다. 그리고 영희, 수진, 영호는 집단 내에서 하위집단을 이루고 있으며, 수정과 진희는 집단에서 소외되어 있음을 알 수 있다.

출처: 양옥경 외, 2005: 195.

❖ 사회도의 사례 2

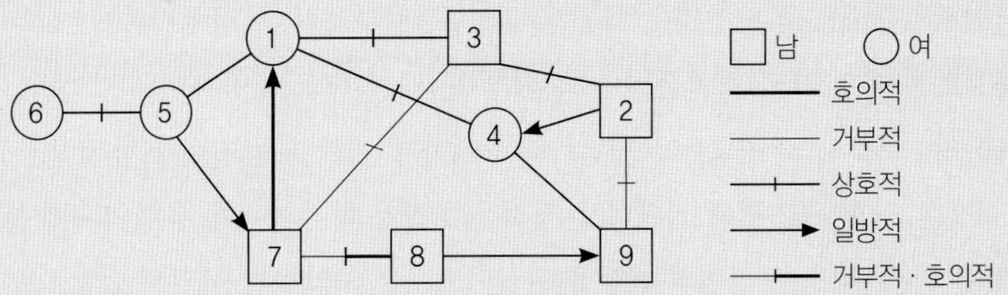

해석: 1번은 집단의 리더 역할을 하며, 3번-7번, 3번-2번-9번, 5번-6번은 하위집단이다. 그리고 7번-8번은 서로 거부적 · 호의적인 관계임을 알 수 있다.

출처: 엄명용 외, 2006: 276 재인용.

(4) 생활력 도표

생활력 도표는 클라이언트의 생애 동안 발생한 사건, 문제의 발전과정을 상징하는 데 쓰이는 사정도록이며, 가족구성원의 삶에서 중요한 사건을 시계열적으로 나열하거나 삶의 시기별로 중요한 문제의 발전과정에 대한 전개를 표나 그래프로 나타내는 것이다.

〈표 8-4〉 생활력 도표의 사례

※ 클라이언트: 김○○ / ○○세(　　년　월 현재)

년도	나이	주거지	가족상황	학교	건강	활동상황	문제
1989	출생일자 89. 5. 2.	서울	부: 28 모: 23		정상 출생		
1990	1						
1991	2						
1992	3		인천 출생		천식 발작		
1993	4						
1994	5	대전	부의 교통사고	어린이집 입학			
1995	6						
1996	7	부산					등교 거부

출처: 엄명용 외, 2014: 323 재구성.

(5) 사회적 지지를 사정하는 도구

사회적 지지란 개개인이 가지고 있는 사회적 관계망의 한 구성요소이며, 사회망은 한 개인이 지속적으로 관계를 맺고 있는 사람들이나 집단을 의미한다. 대부분의 클라이언트는 사회적 지지가 매우 부족하기 때문에(김융일 외, 2005), 사회복지사는 개발 가능한 사회적 지지를 찾아내고 평가하도록 클라이언트를 격려해야 한다(권오균 외, 2011: 185).

이러한 목적을 달성하고, 사회적 지지를 효과적으로 사정할 수 있는 트레이시(Tracy, 1987)가 개발한 사회적 관계망지도(social network map)와 사회적 관계망표(social suppoert network)를 이용할 수 있다(엄명용 외, 2014: 325). 특히, 사회적 관계망은 클라이언트의 사회적 지지자원을 사정하는 유용한 도구이다(김융일 외, 2005; 권오균 외, 2011: 185).

[그림 8-4] 트레이시와 휘태커(Tracy & Whittaker)의 사회적 관계망 지도

출처: Tracy & Whittaker, 1990; 이원숙, 2008: 292.

〈표 8-5〉 사회적 관계망 사정 표

클라이언트 이름:		생활영역	구체적 지원	정서적 지원	정보/충고	비판	원조의 방향	친밀성	얼마나 자주 보는가	얼마나 오래 만났는가
이름	번호	1. 동거가족 2. 다른 가족 3. 직장/학교 4. 조직 5. 친구 6. 전문가 8. 기타	1. 거의 없음 2. 간혹 있음 3. 거의 항상 있음	1. 거의 없음 2. 간혹 있음 3. 거의 항상 있음	1. 거의 없음 2. 간혹 있음 3. 거의 항상 있음	1. 거의 없음 2. 간혹 있음 3. 거의 항상 있음	1. 양방향 2. 당신이 그들에게 방향 3. 그들이 당신에게 방향	1. 친밀하지 않음 2. 보통으로 친밀함 3. 매우 친밀함	0. 보지 않음 1. 몇 회/년 2. 매달 3. 주별 4. 매일	1. 1년 미만 2. 1~5년 3. 5년 이상
	01									
	02									
	03									

출처: Tracy & Whittaker, 1990: 461-470; 이원숙 외, 2008: 292 재인용.

(6) PIE(person in environment) System Code

칼스와 원드레이(Karls & Wandrei, 1992)에 의해 개발된 PIE는 클라이언트의 사회적 기능수행의 문제를 서술하고 부호화하는 것으로, 18세 이상 개인의 사회적 기능수행의 문제에 국한되어 사용할 수 있다. PIE는 네 가지 요인으로 구성되며, 각 요인이 클라이언트의 문제 상황의 특성을 나타낸다. 클라이언트가 어려움을 호소할 때 사회복지사는 네 가지 축에 입각하여 다면적 사정을 하고 기록하게 된다(엄명용 외, 2015: 161).

〈표 8-6〉 PIE의 기본구조

구분	내용
요소 I : 사회적 기능	사회적 역할 관련 문제영역(4개 영역)/역할문제의 유형(9개 영역) 심각성(6점 척도) 지속기간(6점 척도)/대처능력(6점 척도)
요소 II : 환경상 문제	문제가 존재한다고 확인된 사회체계(6가지) 각 사회체계 내에서의 문제 유형(3~11개 유형) 심각성(6점 척도)/지속 기간(6점 척도)
요소 III : 정신건강상 문제	DSM-IV의 I 축에 의한 임상적인 증상 DSM-IV의 II 축에 의한 성격 및 발달 장애
요소 IV : 신체건강상 문제	DSM-IV III I CD-9에 의해 전문의의 진단을 받은 질병 클라이언트 혹은 다른 사람들에 의해 보고된 기타 건강상의 문제

출처: Karls & Wandrei, 1994.

(7) 정신장애 진단 및 통계편람

심리적 관련 사정도구인 미국정신의학회의 정신장애진단통계편람(Diagnostic and Statiscal Manual of Mental disorder: American Psychiatric Association, 1994)은 정신건강과 관련해서 광범위하게 인정받고 있는 주요 진단체계로서 정신보건영역에서 활용한다(권향림 외, 2015: 144–145; 최해경, 2018: 307–309 재구성).

DSM–5는 정신장애를 20가지 범주로 구분하였다(권석만, 2013; 권준수 역, 2015). 신경발달장애, 조현병 스펙트럼 및 기타 정신병적 장애, 우울 장애, 양극성 및 관련 장애, 불안 장애, 강박 및 관련 장애, 외상 및 스트레스 장애, 해리 장애, 신체증상 및 관련 장애, 급식 및 섭식 장애, 배설 장애, 수면–각성 장애, 성기능부전, 성별 불쾌감, 파괴적 · 충동조절 및 품행 장애, 물질 관련 및 중독 장애, 신경인지 장애, 성격 장애, 변태 성욕 장애, 기타 정신 장애 등이 포함된다.

정신장애진단통계편람(DSM–5)의 다축체계는 다음과 같다.

- Axis Ⅰ: 임상 장애와 임상적 주목의 초점이 되는 상태
- Axis Ⅱ: 인격 장애와 지적 장애, 습관적으로 사용되는 특정 방어기제
- Axis Ⅲ: 신체질환이나 일반의학 상태
- Axis Ⅳ: 심리사회적 · 환경적 문제
- Axis Ⅴ: 전반적인 기능상태

6) 사정단계에서의 사회복지실천사례

① 문제에 대한 사회복지사의 관점을 공유

사회복지사: 데이트만 하는 관계에서 동거 관계로 바꾼 것은 매우 큰 변화라고 생각합니다. 그런데 이런 변화는 새로운 관계로서 상대방이 무엇을 원하고 무엇을 요구하는지 불확실할 수 있다고 생각합니다. 어떻게 생각합니까? 기대에 대한 불확실함도 우리가 고려해야 할 문제 아닙니까?

출처: 김인숙 외 역, 2006: 267.

② 개입을 위한 문제를 구체화하기

사회복지사: 저도 그렇게 바랍니다. 우리가 함께 일하는 동안 고려할 세 개의 중요한 문제 영역이 밝혀진 것 같습니다. 문제들을 다시 살펴보고 적어 놓도록 하겠습니다. 첫째, 주택에 관한 문제가 있습니다. 둘째, 당뇨병 문제입니다. 셋째, 당신은 두 달 전에 직장을 잃었으며, 돈을 벌기 위해 직장을 구해야 합니다. 어떻게 생각하십니까? 제가 당신의 문제를 정확히 기록했다고 생각하십니까?

출처: 김인숙 외 역, 2006: 269.

4. 사회복지실천과정: 계획단계

계획과정은 수집된 자료를 근거로 사회복지사와 클라이언트가 공동협의에 의하며 다루어야 할 문제를 정의하고 목적을 구체화시키고 문제로부터 목적으로 옮겨가기 위하여 계획된 중재방법을 제공하는 과정이다(전재일 외, 2004: 314-315). 계획단계는 목표설정과 계약으로 나누어서 살펴보고자 한다.

1) 목표설정

(1) 목표설정의 개념

목표는 목적을 세분화한 것으로 단기적이고 구체적이라는 점에서 목적과는 구별된다(이종복 외, 2015: 199). 목표는 '문제가 해결된 상태' 혹은 '개입을 통해 일어나기를 바라는 변화'를 의미한다. 목표설정은 클라이언트가 원하는 것을 반영하고 수용할 수 있는 것이어야 하며, 사회복지사의 전문성과 가치 및 윤리성에 부합되어야 하고, 기관의 기능범위 내에서 설정되어야 한다(이원숙, 2008: 305).

목표설정이 중요한 이유는 사회복지사와 클라이언트에게 개입과정의 방향을 제시해 주어 진행을 도와주고 개입이 끝난 후 그 결과를 효과적으로 평가할 수 있게 해 주기 때문이다(양옥경 외, 2005: 196).

(2) 목표설정지침

클라이언트와 함께 목표를 설정할 때 설정지침으로 SMART 형식을 보면 ① 구체성(specific), ② 측정 가능성(measurable), ③ 성취 가능성(achievable), ④ 현실성(realistic), ⑤ 시기적절성(timely)을 사용할 수 있다. SMART 방식으로 정의된 목표들은 이해하고, 착수하며, 성취하고, 사정하는 데 용이하다(김인숙 외 역, 2006: 271–272).

목표를 설정할 때의 지침은 다음과 같다(Hepworth & Larsen, 1986: 302–307; 양옥경 외, 2005: 197–199).

① 목표는 반드시 클라이언트가 바라는 바와 연결되어야 한다.
② 목표는 명백하게 측정 가능한 형태로 진술되어야 한다.
③ 목표는 달성 가능해야 한다.
④ 목표는 사회복지사의 지식과 기술에 상응하는 것이어야 한다.
⑤ 목표는 성장을 강조하는 긍정적 형태여야 한다.
⑥ 목표가 사회복지사의 권리나 가치에 맞지 않는다면 동의하지 않아야 한다.
⑦ 목표는 반드시 기관의 가능과 일치해야 한다.

목표의 우선순위 기준은 ① 클라이언트에게 가장 시급한 문제, ② 가장 단기간에 달성할 수 있어 성취감을 느낄 수 있는 것, ③ 강한 동기를 제공할 수 있는 것, ④ 사회복지사의 능력과 기관의 기능상 무리 없이 달성 가능한 것으로 제시할 수 있다(양옥경 외, 2005: 200).

2) 계약

(1) 계약의 개념

목표 설정 후 달성을 위한 전략, 역할, 개입, 평가방법 등을 구체적인 용어로 기술한 계획에 대해 사회복지사와 클라이언트가 서로 동의하는 것을 계약이라고 한다(양옥경 외, 2005: 200). 계약은 클라이언트와 사회복지사가 목적, 초점 및 기대되는 결과에 대해 합의에 도달할 수 있도록 촉진하는 도구이다(Hepworth &

Larsen, 2006: 343). 계약을 중시하는 이유는 개입활동의 성공 여부는 클라이언트가 자기가 해야 할 일과 역할을 분명하게 인식하고 적극적 참여가 요구된다는 사실을 인정하는 데 있기 때문이다(나동석 외, 2014: 272-273).

〈표 8-7〉 계약서에 포함될 내용

포함사항	구체적 내용
1. 구조적 요인	• 사례번호, 참석자/날짜, 시간/장소
2. 문제	• 클라이언트가 규정한 문제/사회복지사가 규정한 문제 • 개입활동을 위한 합의된 문제 개요/최종목표
3. 최종목표	• 명확하고도 구체적으로, 목표달성 정도가 측정될 수 있도록 기술
4. 계획	• 접근방법/클라이언트의 과제/사회복지사의 과제 • 세션 내의 과제/평가계획(목표와 과정에 대한 평가)
5. 비용	• 합의된 목표를 달성하기 위하여 사용될 비용
6. 서명날인	• 사회복지사 서명날인/클라이언트 서명날인

출처: 이종복 외, 2006: 264 재인용.

(2) 계약의 유형

계약을 서면계약, 구두계약, 암묵적 계약으로 나누어서 살펴보기로 한다.

① 서면계약은 가장 공식적이며 사회복지사, 클라이언트, 기타 관련된 사람들이 동의한 바를 분명하고 시각적으로 반영한다. 구체적 목표를 진술하고 누가-무엇을-언제 할 것인지의 형식을 준수한다(이원숙, 2008: 308).

② 구두계약은 서면화하는 대신 구두로 하는 것이다. 구두계약이라도 클라이언트의 파일에 계약내용을 간략하게 기록해 놓도록 한다(Hepworth et al., 2006: 344; Kirst-Ashman & Hull, 2009: 205),

③ 암묵적 계약은 언어화하거나 서면화하지 않았어도 암묵적으로 합의한 계약이다. 이는 사회복지사나 클라이언트가 서로 동의했다고 잘못 생각할 수 있으므로 가능하면 서면계약이나 구두계약을 활용하는 것이 바람직하다 (Kirst-Ashman & Hull, 2009: 205).

계약은 구두로 하지만 최근에는 서면 작성이 선호된다(엄명용 외, 2014: 30).

(3) 계약 내용

계약에 포함되어야 할 내용은 클라이언트의 신상정보, 구체적 목표와 행동단계(누가, 언제, 무엇을), 사회복지사와 클라이언트의 서명, 합의한 날짜가 포함되어야 한다(이원숙, 2008: 308).

3) 계획단계의 사회복지실천 사례

① 목표를 설정하도록 권유하기

사회복지사: 이러한 슬픔과 허무함의 감정과 관련하여 목표를 설정하는 것이 가능할지 궁금하네요. 지금이 당신의 감정이 사라진 미래의 어느 때라고 상상해 보십시오. 우울한 감정이 당신에게 더 이상 문제가 되지 않을 때 당신을 무엇을 생각하고 느끼며, 어떤 일을 하고 있겠습니까?

출처: 김인숙 외 역, 2006: 275.

② 목표 반영과 피드백 구하기

사회복지사: 보시다시피 우리의 개입 행동을 위한 목표 중의 하나는 우리 모두 더욱 편안하게 이야기하고 서로를 존중하도록 하는 것입니다. 맞습니까?

출처: 김인숙 외 역, 2006: 274.

〈서식〉 서비스 계획

대 상 자 명 :
일 시 :
담당사회복지사 :

담당	팀장	부장	관장

클라이언트의 문제 및 욕구	결과목표	서비스 목표	서비스 실행방법

ㅇㅇ(종합)사회복지관

5. 사회복지실천과정: 개입단계

1) 개입의 개념

개입은 계획을 이행하는 과정으로 중재적 역할을 수행함으로써 목표에 도달하려는 것을 말한다. 사회복지사의 활동은 크게 직접적 중재(클라이언트에 대한 활동)와 간접적 중재(체계에 대한 활동)로 나누어진다(전재일 외, 2004: 315).

2) 개입의 목표

개입은 문제해결을 위해 목표를 달성하려는 전문적 활동이다. 이 단계의 목표는 다음과 같다(엄명용 외, 2006: 286).

첫째, 문제해결을 위한 구체적 변화전략의 수립
둘째, 개입, 원조, 교육, 동기유발, 자원연결, 행동변화 등을 통한 변화의 창출
셋째, 지속적 점검(monitoring)을 통한 변화 정도의 유지와 평가

사회복지사가 개입을 수행하는 특정한 상황에서 반드시 염두에 두어야 할 원칙은 다음과 같다(Johnson, 1982; 엄명용 외, 2006: 287).

① 경제성의 원칙이다. 선택된 활동은 사회복지사와 클라이언트의 시간과 비용을 최소화할 수 있는 것이어야 한다.
② 클라이언트의 자기결정의 원칙이다. 개입의 전 과정을 통해 가능하면 클라이언트가 스스로 의사결정을 하도록 해야 한다.
③ 개별화의 원칙이다. 도움이 필요한 특정 클라이언트체계의 특성과 욕구에 맞도록 개입활동을 조정해야 하는데, 클라이언트의 능력과 상황에 맞는 접근이 필요하다.
④ 발달적합의 원칙이다. 개입의 전체 방향은 클라이언트체계의 발달적 단계에 적합한 것이어야 한다.

⑤ 상호 의존성의 원칙이다. 사회복지사 활동의 일부는 클라이언트의 활동에 달려 있다. 클라이언트의 활동은 서로에게 의존하고 있으므로 양측의 활동은 상호 보완적이어야 한다.

⑥ 서비스 목표에 초점의 원칙이다. 사회복지사와 클라이언트의 모든 활동은 어떤 식으로든 두 사람이 합의한 계획의 목표에 부합되어야 한다.

3) 개입단계에서 사회복지사의 역할

개입단계에서 사회복지사의 역할은 중개자, 조력자, 교사, 중개자 및 옹호자, 평가자, 사례관리자/조정자의 역할로 구분된다(Compton & Galalway, 1989; Kirst-Ashman & Hull, 2009: 81-82).

(1) 중개자(broker)

중개자의 역할은 클라이언트에게 필요한 자원을 연계시키는 것이다(Kirst-Ashman & Hull, 2009: 81). ① 기관의 수혜자격 기준(소득이나 연령 제한 등)에 대한 지식이 필요하고, ② 다른 자원체계에 대해 익숙하게 알고 있어야 하며, ③ 클라이언트를 의뢰할 때 접촉할 담당자들의 네트워크를 구축해야 한다(Kirst-Ashman & Hull, 2009: 507).

(2) 조력자(helper)

조력자의 역할은 클라이언트가 보다 쉽고 성공적으로 과제를 완수하거나 문제를 해결해 나갈 수 있도록 클라이언트체계에 지지, 격려 및 제안을 제공하는 것이다(이원숙, 2008: 322).

(3) 교사(teacher)

교사의 역할은 클라이언트에게 문제에 대처하는 새로운 정보를 제공하거나, 새

로운 행동 혹은 기술을 연습해 보도록 돕고, 모델링을 통해서 클라이언트에게 대안적 행동패턴을 가르치는 것이다(Compton & Galalway, 1989: 509-510).

(4) 중재자(mediator)

중재자의 역할은 양자 간의 논쟁이나 갈등을 일으키고 있는 클라이언트에게 개입하며, 타협 또는 외부체계를 조정하여 상호 만족스러운 합의에 도달하도록 하는 것이다(이종복 외, 2015: 204).

(5) 옹호자(advocate)

옹호자의 역할은 클라이언트를 대신해서 클라이언트의 이익을 대변해 주며(양옥경 외, 2005: 202), 클라이언트의 이해와 권리만을 대변하는 것이다(이원숙, 2008: 323). 헵워스 외는 다음과 같은 경우 계층옹호와 사회행동이 적절하다고 지적한다(Hepworth et al., 2006: 427-430 재구성).

① 서비스 급여가 거부되었을 때
② 서비스나 실천이 비인간적이고 강요적일 때
③ 인종, 종교 등의 요인 때문에 차별적인 실천이나 정책이 실시될 때
④ 서비스 급여의 틈새가 역기능에 기여할 때
⑤ 정부 또는 기관의 정책과 절차, 지역사회 혹은 직장에서 하는 일이 집단에 불리하게 영향을 미칠 때
⑥ 많은 이들이 욕구가 있으나 지원이 이용 가능하지 않을 때
⑦ 클라이언트의 법적 권리가 거부되었을 때

(6) 사례관리자/조정자(case management/coodinater)

복합적인 문제를 가진 클라이언트는 여러 기관의 서비스를 필요로 한다. 이 역할은 자원을 탐색하고, 이를 어떻게 전달할 것인지 계획하고, 서비스 제공을 조직

하고, 진전을 모니터하는 것이다(Kirst-Ashman & Hull, 2009: 82).

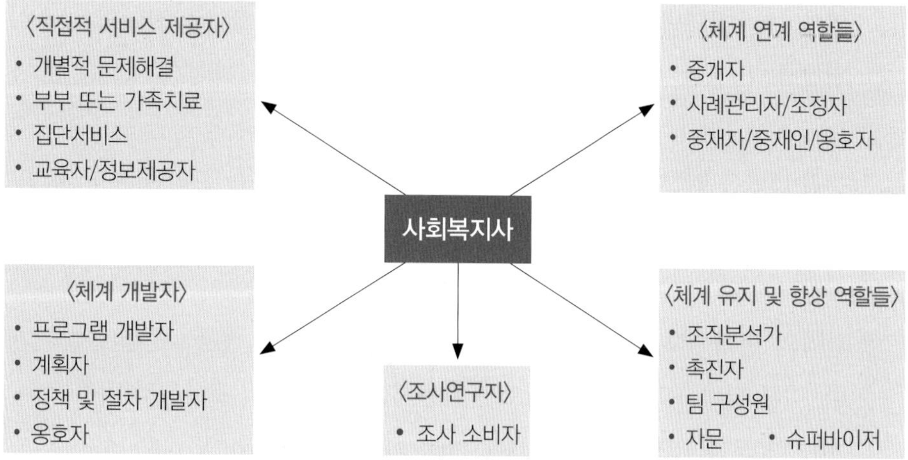

[그림 8-5] 사회복지사의 역할

출처: Hepworth et al., 2006: 27; 이원숙, 2008: 320 재인용.

4) 개입단계에서 사회복지사의 기술

(1) 직접적 개입

직접적 개입이란 개인, 가족이나 소집단체계 자체의 변화나 주변 환경과 연결된 개인, 가족, 소집단의 기능과 관련된 것이다. 직접적 개입은 클라이언트의 심리적 · 내적 측면의 욕구나 문제에 초점을 두며, 중재를 통하여 클라이언트가 생활에서 필요한 대처능력을 향상시키는 데 목적이 있다. 문제 되는 상황이 어떤 것이든 긍정적이고 효과적인 방법으로 대응할 수 있도록 클라이언트의 감정, 주관적 사실, 사고와 행동방식에 초점을 두어 장애가 되는 태도와 행동, 그리고 인간관계의 왜곡을 수정하려고 하는 것이다(전재일 외, 2004: 291).

① 개인 수준의 직접적 개입은 첫째, 감정의 표현 촉진과 자기인식 확정을 통한 개인의 변화이다. 둘째, 인지수정을 통한 개인의 변화이다. 셋째, 행동체험을 통한 개인의 변화이다.

② 관계의 변화를 위한 직접적인 개입은 첫째, 효과적인 의사소통기술의 향상이다. 의사소통의 효과적인 표현기술로는 나-전달법(I-Message)을 들 수 있다. 너-전달법(You-Massage)은 상대방을 탓하므로 나-전달법 활용이 적절하다. 둘째, 문제해결기술의 향상이다. 헵워스와 라이젠(Hepworth & Larsen)은 1단계(문제인식), 2단계(문제분석과 참여자의 욕구 발견) 3단계(가능한 대안을 위한 브레인스토밍), 4단계(참여자의 욕구를 고려한 대안 평가), 5단계(선택된 대안 실행), 6단계(문제해결노력 결과 평가)의 여섯 단계로 제시하고 있다.

③ 환경의 변화이다. 가족관계의 증진, 가족환경자원의 보충, 지원체계의 개발, 다른 환경으로 재배치, 새로운 자원개발, 옹호 등이 포함된다(이종복 외, 2012: 306-311; 양옥경 외, 2005: 208-216; 손광훈, 2012: 144-158).

(2) 간접적 개입

간접적 개입이란 사회복지사가 표적체계에서 변화를 일으키기 위하여 취해지는 사회복지사의 활동이다(이종복 외, 2012: 271). 사회복지사는 간접적인 개입기술을 민감한 표적체계와 실천하기 위해 클라이언트의 잠재적 자원을 발견하며, 증거 제공, 홍보, 교섭, 조직, 시위운동, 합법적 행동을 취하는 것, 정책개발에 영향을 미치는 정책기술들을 활용하고, 결합해서 사용한다(전재일 외, 2004: 321; 이종복 외, 2015: 272). 환경에 대한 개입에는 ① 서비스 조정에 관련되는 활동, ② 프로그램 계획과 개발을 위한 활동, ③ 환경조작, ④ 옹호활동 등이 포함된다(엄명용 외, 2006: 299).

5) 점검

점검은 개입단계에서 서비스 계획의 적절성 여부와 목표달성 여부, 결과목표 달성 여부를 확인히여 점검(monitoring)하는 것이다(양옥경 외, 2005: 328-329).

개입활동이 진전되는 과정에서 클라이언트 자신이나 주변 환경의 변화가 올 수 있으며, 변화를 감지하고 적절히 대처하기 위해서는 진전과정에 대한 끊임없는 점검과 지속적 평가가 요구된다(엄명용 외, 2006: 302).

6) 완수된 행동의 재검토 실천사례

사회복지사: 지난번 만남에서 당신은 매일 15분씩 정원 가꾸기를 하기로 하였습니다. 우리는 당신의 마음의 눈으로 그 활동을 상상하는 연습을 했습니다. 어떻게 되었습니까?

클라이언트: 아주 좋아요! 정원을 매일 가꾸고 가끔은 15분 넘게도 했어요. 그리고 너무나 즐거웠어요. 정원 가꾸기는 다른 생활에도 영향을 주었지요. 저는 더욱 평온하고 만족스러운 생활을 했습니다.

사회복지사: 좋습니다. 그래서 정원 가꾸기가 당신의 만족감을 높이는 데 정말 효과적이었다는 것입니까?

클라이언트: 그래요. 정말 효과가 있었어요. 일주일 내내 두통은 한 번밖에 없었고 기분도 훨씬 좋았어요.

사회복지사: 대단합니다. 더 나은 상황을 만들기 위해 정원 가꾸기 활동에 대해 우리가 수정해야 할 것이 있습니까?

클라이언트: 아니오. 이대로 좋습니다. 아무것도 바꾸지 않았으면 해요.

사회복지사: 좋아요. 정원 가꾸기 활동을 그대로 합시다. 이것은 정원 가꾸기 활동을 매일 15분씩 한다는 것입니다. 맞지요?

클라이언트: 맞습니다.

출처: 김인숙 외 역, 2006: 310.

6. 사회복지실천과정: 종결 및 평가단계

1) 종결

(1) 종결의 개념

종결은 사회복지사의 개입활동을 계획에 따라 마무리하는 것이므로, 개입기간이 종료되었거나 목적이 달성되었을 때 일어난다. 종결은 클라이언트가 스스로 문제에 대처하게 되었다는 예고이므로, 클라이언트는 불안과 긴장을 느낄 수도 있고 사회복지사가 관계를 종결하는 것에 대한 혼합된 감정을 경험하게 된다. 따라서 개입을 성공적으로 마무리하려면 클라이언트가 긍정적 성과를 얻게 한 다음, 돕는 관계가 만족스럽게 끝나도록 해야 하는데 여기에는 상당한 기술과 신중한 계획이 필요하다(엄명용 외, 2006: 304).

(2) 종결할 시기를 판단해야 하는 기준

쉬퍼(Sheafor, 1991)는 ① 개입목적의 달성 정도, ② 서비스의 시간 내 제공완료 여부, ③ 클라이언트 문제 상황의 해결 정도, ④ 사회복지사와 기관의 투자 노력, ⑤ 이득 체감에 대한 사회복지사와 클라이언트의 합의 여부, ⑥ 클라이언트의 의존성, ⑦ 클라이언트에 대한 새로운 서비스의 적합성을 제시하고 있다(엄명용 외, 2006: 305).

종결의 과정에서 사회복지사는 ① 종결 시기를 결정하고 ② 클라이언트와 사회복지사의 이별 과정 중 공통으로 경험되는 정서적 반응을 상호 해결하고 ③ 제공된 서비스의 목표달성 정도를 평가하고 ④ 얻어진 이익을 유지하며 계속적 성장계획을 수립하는 것이다(Hepworth & Larsen, 1986: 578).

(3) 종결의 유형

일반적으로 클라이언트는 자신을 수용하며 긍정적으로 돌봐 준 사회복지사와의 이별을 큰 상실과 슬픔으로 느낀다(양옥경 외, 2005: 277). 헵워스와 라이젠은 종결의 유형을 다음과 같이 설명하고 있다(Hepworth & Larsen, 1989: 578–585; 김융일 외, 1995: 310–316; 양옥경 외, 2005: 277–280).

① 시기상조의 클라이언트의 일방적 종결이다. 시기상조의 클라이언트의 일방적 종결은 클라이언트가 약속시간에 나타나지 않거나 여러 가지 이유를 제시하면서 문제를 논의하려 하지 않을 때 종결하게 되는 것을 말한다.

② 시간적 제약에 의해 일정 기간만 제공되는 계획적 종결이다. 시간적 제약에 의해 일정 기간만 제공되는 계획적 종결은 학기 중 제공하는 학교 프로그램, 입원기간에 제공되는 병원 서비스, 실습기간 동안 진행한 실습생의 경우가 포함되며, 클라이언트는 갑작스럽게 종결을 맞는 것보다 충격이 작고 종결에 대비할 수 있어 종결에 따른 감정을 해소할 충분한 시간을 갖게 된다.

③ 시간제한이 있는 계획적 종결이다. 시간제한적 방식에 의한 계획적 종결은 초기부터 사회복지사와 클라이언트가 개입의 시간을 미리 제한하고 시작하는 것이다.

④ 시간제한이 없는 계획적 종결이다. 언제 종결할 것인지를 결정하는 것이 중요하다. 일반적으로 사회복지사와의 만남을 통해 클라이언트가 얻는 이득이 점차 줄어드는 때에 종결하는 것이 적절하다.

⑤ 사회복지사의 이동에 의해 재촉된 종결이다. 사회복지사가 떠남으로 인해, 클라이언트가 계속해서 원조를 요구하기 때문에 클라이언트와 사회복지사 모두에게 어렵다. 클라이언트의 정서를 극복에 원조하고, 다른 사회복지사에게 의뢰하는 것을 수용할 수 있도록 준비시킨다.

(4) 종결 시 사회복지사의 전문가적 의무

사회복지사는 종결이나 의뢰가 클라이언트에게 긍정적 경험이 될 수 있도록 다음과 같은 최소한의 전문가적 의무를 가져야 한다(Sheafor, Horejsi, & Horejsi, 1997: 410–411; 김융일 외, 1995: 328–330).

① 사회복지사는 종결이 급작스럽게 예상 밖의 일이 되지 않도록 최선을 다한다. 종결은 계약단계에서 논의되어야 한다.
② 클라이언트가 종결을 원하더라도 계속 진행해야 하는 경우 사회복지사는 계속해야 하는 이유를 클라이언트에게 설명해 주는 동시에 지금 종결함으로써 생길 수 있는 부정적 결과도 설명해야 한다.
③ 법원 명령에 의해 제공되는 서비스의 종결은 특별한 고려가 필요하다.
④ 사회복지사는 종결이 클라이언트의 가족과 사회적 관계망 내의 다른 사람들에게 어떻게 영향을 줄 수 있는지를 예상해야 한다.
⑤ 종결이 가까워지면 접촉빈도를 조금씩 줄이는 것이 바람직하다.
⑥ 중요한 관계를 끝내는 데 수반되는 상실과 분노의 감정은 클라이언트가 표시하지 않더라도 사회복지사가 먼저 말을 꺼내야 한다.
⑦ 공식적 종결이 끝난 몇 주 후의 사후면접이나 전화 접촉계획은 이별을 두려워하는 클라이언트를 안심시킬 수 있다. 욕구가 생겼을 때 기관에 또다시 올 수 있다는 것을 클라이언트에게 알려 주어야 한다.

2) 평가

(1) 평가 개념

평가는 기대했던 일들이 정말로 일어났는지 보는 것이다(엄명용 외, 2006: 304). 즉, 평가는 개입의 효과성과 효율성을 측정하는 것이다(김융일 외, 1995: 281). 평가는 개입의 전 과정에서 시행되지만, 특히 개입이 끝날 때 더욱 중요하다(이종복 외, 2015: 212).

(2) 평가의 종류

평가의 종류를 살펴보면 다음과 같다(Hepworth, & Larsen, 1986: 589–590; 양옥경 외, 2005: 274–276).

❶ 결과평가

결과평가(outcome evaluation)는 설정했던 목표들을 얼마나 달성했는가를 평가하는 것이다. 즉, 개입과정을 통해 원했던 변화가 일어났는가 하는 평가이다. 사전–사후 비교방법과 통제집단과 실험집단의 비교로 구분할 수 있다.

첫째, 사전–사후 비교방법은 사회복지실천 과정을 평가하는 데 가장 많이 사용하는 방법으로 우선 평가하고자 하는 문제와 그 측정도구를 명확히 해야 한다. 그리고 개입하기 전에 문제가 어느 정도인지를 측정하고 개입 후 다시 같은 방법으로 문제의 정도를 측정하여 그 변화를 개입의 결과로 보는 것이다. 예를 들면, 의사소통에 문제가 있는 부모를 훈련하여 '나–메시지(I–message)'를 쓰게 한 후 '나–메시지'를 쓰기 전과 어떻게 자녀의 행동이 달라졌는지를 비교해 보는 것이 여기에 속한다.

둘째, 통제집단과 실험집단의 비교방법은 개입을 한 집단과 개입을 하지 않은 집단을 비교하여 그 차이를 개입의 결과로 추정하는 것이다. 이 방법은 사전 · 사후 비교방법에 비해 적게 사용되는데 그 이유는 우선, 개입이 필요한 집단에 의도적으로 개입을 하지 않는다는 것이 사회복지윤리에 맞지 않기 때문이다. 예를 들면, 아이들의 공격성을 보기 위해 한 집단은 공격적 장면을 많이 보게 하고 한 집단은 공격적 장면을 통제하여 두 집단 간의 공격성을 비교해 보는 것이 이에 속한다.

❷ 과정평가

과정평가는 개입과정을 클라이언트가 어떻게 지각하는지를 평가하는 것이다. 즉, 과정이 자신에게 도움이 되었다고 느끼는지 아니면 자신에게 오히려 나쁜 영

향을 주었다고 생각하는지를 평가하는 것이다. 특히, 사회복지사가 목표를 달성하기 위해 사용한 방법이나 기법에 대한 피드백을 포함한다.

❸ 실무자 평가

실무자에 대한 평가는 사회복지사의 행동, 마음가짐, 태도, 속성 등이 개입과정에 어떤 영향을 미쳤다고 생각하는지에 대한 피드백을 요청하는 것이므로 이때 이 평가에서 사회복지사는 어떠한 비판도 각오해야 한다(Hepworth & Larsen, 1986: 590; 양옥경 외, 2005: 277). 부정적 평가는 고통스럽기는 하지만 사회복지사가 자신의 태도와 행동이 개입결과에 어떤 영향을 미치는지 지각하는 데 매우 중요한 의미를 갖게 하고 자신이 의식하지 못하고 있었던 행동을 수정할 수 있는 기회를 제공할 수 있기 때문에 의미가 있다(양옥경 외, 2005: 277).

<함께 토의해 보기>

1. 다음의 사례를 읽고 자신이 쉼터에서 사회복지사로 일한다면, 처음으로 클라이언트를 만났을 때 무슨 말을 할 것인지 집단 구성원들과 함께 생각해 보자.

> 사례: 42세의 어떤 여성이 도움을 원하고 있는데, 내막인즉 지난 10여 년간 여러 차례 남편으로부터 거의 죽을 지경까지 구타당해 왔다는 것이다. 가장 최근에도 이런 일이 있은 후 그녀는 구타당하는 여성들을 위한 피난처인 쉼터를 찾았다.

출차: 김인숙 외, 2006: 188.

2. 자아방어기제의 종류에 대해 자세히 알아보고 내가 잘 쓰는 방어기제와 학우들이 쓰는 방어기제를 예를 들어 발표해 보자.

3. 자신의 가계도와 우리 가족의 생태도를 그려 보고 해석해 보자.

<함께 풀어 보기>

1. 사회복지실천과정 중 접수의 내용에 해당하지 않는 것은?

① 클라이언트와의 긍정적인 관계 형성　　③ 문제 확인
② 직접적 개입과 간접적 개입　　④ 기관의 서비스에 대한 정보제공

2. 다음의 빈칸의 가. 나.에 적절한 내용을 적어 넣으시오.

접수 ➡ 자료 수집 ➡ 가.(　　) ➡ 계획 ➡ 나.(　　) ➡ 평가 및 종결

3. 사회복지실천과정 중 자료수집의 내용에 해당하지 않는 것은?

① 클라이언트가 작성한 서식
② 클라이언트와의 면담
③ 클라이언트와의 비언어적 행동에 대한 직접적인 관찰
④ 사회복지사의 자기노출

4. 사회복지실천과정 중 사정의 특성에 해당하지 않는 것은?

① 사정은 산물이며 과정이다.
② 사정은 지속적이고 한계가 있다.
③ 사정에는 항상 판단이 요구된다.
④ 개인의 여가활동지원과 취업알선

5. 다음 중 목표 설정지침의 SMART 형식에 해당하지 않는 것은?

① 구체성 ② 측정 가능성 ③ 광범위한 포용성 ④ 성취 가능성

6. 사회복지사가 개입을 수행하는 특정한 상황에서 반드시 염두에 두어야 할 원칙에 해당하지 않는 것은?

① 개별화의 원칙 ③ 정치성의 원칙
② 클라이언트의 자기결정의 원칙 ④ 상호의존성의 원칙

7. 종결 시 사회복지사의 전문가적 의무에 적절하지 않은 것은?

① 클라이언트가 종결을 원하더라도 사회복지사는 계속 진행해야 한다고 생각하는 경우 클라이언트에게 부정적 결과들은 설명하지 않아도 된다.
② 종결이 클라이언트의 가족과 사회적 관계망 내의 다른 사람들에게 어떻게 영향을 줄 수 있는지를 예상해야 한다.
③ 사회복지사는 종결이 급작스럽게 예상 밖의 일이 되지 않도록 최선을 다한다.
④ 법원 명령에 의해 제공되는 서비스의 종결은 특별한 고려가 필요하다.

8. 다음은 리차드 가족의 생태도 기록지이다. 이 사례를 에너지 균형관계에 대해 해석하시오.

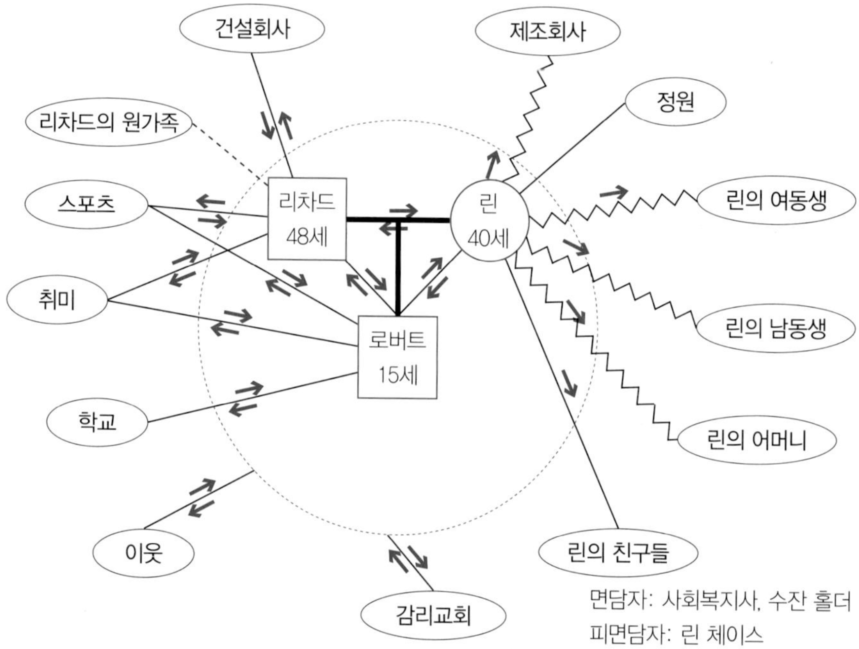

면담자: 사회복지사, 수잔 홀더
피면담자: 린 체이스

[그림] 리차드 가족의 생태도

출처: 김인숙 외, 2006: 62 재구성.

정답

1. ②　2. 가. 사정, 나. 개입　3. ④　4. ④　5. ③　6. ③　7. ①

8. 해석: 리차드와 로버트는 투자하고 돌아오는 에너지 양에서 볼 때 적당한 균형관계가 나타난다. 그러나 린은 그녀가 받는 것보다 훨씬 더 많은 에너지를 소비하는 것으로 나타난다. 그녀는 많은 대인관계에 투자하지만, 그녀가 얻는 에너지는 거의 없다.

09 *Theories of Social Work Practice*

사회복지실천모델

제9장에서는 다양한 사회복지실천모델에 대한 이해와 사회복지실천적용의 특성을 파악하기 위한 내용을 제시한다. 클라이언트중심모델, 과제중심모델, 인지행동주의모델, 정신역동모델, 심리사회모델, 위기개입모델, 권한부여모델의 개념과 특성 그리고 사회복지실천의 적용과 한계점을 제시한다.

학 습 목 표

1. 클라이언트중심모델의 개념과 특성을 이해하고 설명할 수 있다.
2. 과제중심모델의 개념과 특성을 이해하고 설명할 수 있다.
3. 인지행동주의모델의 개념과 특성을 이해하고 설명할 수 있다.
4. 정신역동모델의 개념과 특성을 이해하고 설명할 수 있다.
5. 심리사회모델의 개념과 특성을 이해하고 설명할 수 있다.
6. 위기개입모델의 개념과 특성을 이해하고 설명할 수 있다.
7. 권한부여모델의 개념과 특성을 이해하고 설명할 수 있다.

1. 클라이언트중심모델

1) 클라이언트중심모델의 정의

'인간중심모델'로 불리기도 하는 클라이언트중심모델은 칼 로저스(Carl Rogers)가 1940년대에 처음 개발한 '인간성장과 변화에 대한 접근법'이다. 당시 개인치료의 지식적인 면과 무의식적 결정론에 근거한 정신분석이론, 환경결정론에 근거한 행동주의이론에 반대하는 반동으로 인간중심모델이 생겨난 것으로 볼 수 있다(엄명용 외, 2005: 371).

로저스(Rogers, 1959: 196)는 인간의 본성을 선천적으로 선한(good) 존재로 보았고 인간이 자아실현의 욕구를 지녔다고 가정하는데, 자아실현의 욕구는 자신을 유지하거나 향상시키는 방향으로 자신의 모든 능력을 개발하려는 인간의 타고난 성향이라고 하였다.

클라이언트중심모델은 사회복지사와 클라이언트와의 관계를 통해 클라이언트의 성장적 변화를 추구하면서(양옥경 외, 2005: 343), 클라이언트의 잠재력이 발현될 수 있는 분위기를 조성하는 것을 목적으로 하며, 개입 방향에 대한 일차적인 책임이 클라이언트에게 있도록 문제에 대해 과거사보다는 '지금–여기'를 강조한다(양옥경 외, 2005: 339),

그러므로 이 모델은 인간의 성장과 변화에 대해 인본주의적 관점을 가진 모델로서 사회복지사의 공감적 이해, 무조건적인 긍정적 관심과 진실성을 바탕으로 한 사회복지사와 클라이언트 간의 관계를 중시한다(김정희 · 이창호 역, 1992: 104).

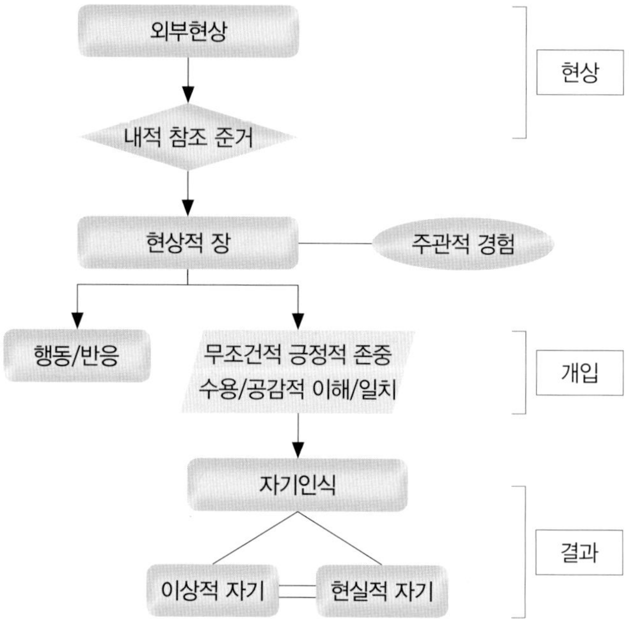

[그림 9-1] 개인이 자기이해에 이르는 과정

출처: 엄명용 외, 2014: 414.

2) 클라이언트중심모델의 주요 개념

로저스(Rogers, 1967)는 인간중심접근법의 핵심사항은 사회복지사가 클라이언트에게 감정이입적 반응, 무조건적 긍정적 관심, 수용, 진정한 존중 등을 표현하면 클라이언트에게 긍정적이고 건설적인 변화가 발생한다는 것이다(엄명용 외, 2005: 371-372). 주요 개념을 살펴보면 다음과 같다(김경희 · 이장호 역, 1992: 196-204; 양옥경 외, 2005: 339-340; 전남련 외, 2012: 260).

(1) 실현화 경향

실현화 경향은 유기체를 유지하거나 고양시키는 방식으로 발달해 가려는 유기체의 생득적인 경향이다. 즉, 인간은 출생 시부터 성취를 향해 생산적으로 성장하

도록 운명 지어졌다는 것이다. 이는 자율성을 향한 발달이며, 타율성이나 외부 세력에 의한 통제에서 벗어난 유기체가 본래 소유하고 있는 자아실현의 욕구성취를 지향하게 하는 동기이다.

(2) 자아실현 욕구

자아실현 욕구는 보다 기본적인 실현화 경향의 하위체계로 간주된다. 실현화 경향은 기본적인 인간의 동기이며, 자아실현은 이러한 산물이다. 즉, 자아가 형성됨에 따라 일부 실현화 경향이 자아실현으로 표현된다. 로저스(Rogers)는 유전적 프로그램으로 구성된 인간의 모든 변화는 실현화 경향성에 의하여 달성된다고 보았다.

(3) 무조건적 긍정적 존중

무조건적 긍정적 존중은 클라이언트에게 충고나 방향을 제시하는 것이 아니라 그들의 상황, 관점, 진술의 논리 등을 따뜻하게 감싸 주면서 인정하고 받아들이는 것을 말한다.

(4) 조건부 가치

조건부 가치는 중요한 타인의 긍정적 관심을 모두 제공하는 것이 아니라 조건부로 주어짐에 따라 인간이 어떤 측면에서는 자신이 존중되고 있지만 다른 면에서는 그렇지 않다고 느낄 때 일어난다. 타인의 가치가 개인의 가치화 과정에 침투하여 사회화 기능을 수행하지만 자신에게 만족하지 않은 행동을 긍정적으로 평가하게 되어 있어서 내부의 통합성이 깨지고 잠재력이 단절되어 성장발달이 방해를 받는다는 것이다. 그러므로 무조건적 존중을 받는 대인관계에서는 자아와 체험 간의 일치가 증가하여 모든 자기 경험이 자아와 일치한다면 그 개인은 완전히 기능하는 사람이 된다는 것이다(엄명용 외, 2014: 420 재인용).

3) 클라이언트중심모델의 실천 과정

(1) 클라이언트중심모델의 실천단계

로저스(Rogers, 1961: 132-156)의 7단계와 로워(Rowe, 1996: 79)의 3단계 구분을 바탕으로 소개하면 다음과 같다(엄명용, 2014: 421-424; 권향임 외, 2014: 238-240, 박정문, 2016: 212-214 재인용).

❶ 상담초기단계(1단계, 2단계, 3단계)

- 제1단계는 자신이 문제를 가지고 있다는 것을 인식하지 못하거나 자기 문제를 자기 외부의 것으로 보기 때문에 자기와 의사소통하는 것을 싫어하고 자발적으로 상담하러 오기가 쉽지 않아 외적인 것에 대해서만 의사소통이 이루어진다.
- 제2단계는 클라이언트는 자기 자신이 아닌 문제들에 대해 말하기 시작하지만, 문제는 여전히 외적인 것으로 보이고 클라이언트는 개인적인 책임을 받아들이려고 하지 않는다.
- 제3단계는 그대로 수용되고 있다고 느낄 수 있게 되면 보다 많은 감정들과 사적인 표현들을 하게 된다. 그러나 현재가 아닌 과거에 일어났던 것으로서 주로 과거의 감정에 대해 이야기를 한다.

❷ 상담중기단계(4단계, 5단계, 6단계)

- 제4단계로 여전히 있는 그대로의 자신이 수용되고 이해되고 있다고 느낄 때 보다 자유로운 감정의 흐름이 가능해진다. 클라이언트의 혐오감, 두려움, 증오 등 현재의 느낌이나 경험이 표현된다.
- 제5단계로 현재 경험하는 많은 감정들을 자유롭게 표현함으로써 그 감정들을 자신의 것으로 수용하게 된다. 비록 두려움과 의심은 있으나 이전에는 부인되었던 감정들이 비로소 자각되기 시작한다.
- 제6단계로 이전에는 부인되었던 감정들이 이제는 즉각적이고 수용적으로 경

험하게 된다. 그런 경험들은 부인되거나 두려움을 일으키거나 혹은 맞서 싸워야 할 어떤 것이 아니라 있는 그대로 받아들여진다.

❸ 상담종결단계(7단계)

- 제7단계로 즉각적 감정표현을 하며 편안한 삶을 산다. 풍부한 새 감정을 즉각적으로 경험하고 수용 · 통합할 수 없었던 부정적 감정을 표현한다.

4) 클라이언트모델의 개입기법

사회복지실천의 적용을 위해서는 감정이입, 무조건적-긍정적인 존중, 일치성, 자유, 유기체적인 가치화 과정, 가치의 조건들, 자아와 경험의 일치, 진실성이 강조된다(Zastrow, 1998: 334-335. 김정희 · 이장호 역, 1992: 205-207; 양옥경, 2005: 347-350; 엄명용 외, 2014: 415-421).

(1) 감정이입

감정이입(empathy)은 클라이언트가 어떻게 생각하고 느끼는지 치료자가 이해할 수 있도록 치료자 자신이 클라이언트의 입장에서 보는 치료자의 능력이다(백은령 외, 2008: 192). 감정이입은 무조건적 존중, 일치와 함께 가장 핵심적인 치료요소이다. 사회복지사는 클라이언트의 정서 · 감정 · 경험 등을 공유하면서 클라이언트의 세계 속으로 들어가고, 클라이언트의 비언어적 단서까지도 주의를 기울여 이해하고, 직접 표현뿐만 아니라 내재된 내용도 이해함으로써 클라이언트의 상황이나 상태에 보다 적절한 반응을 보일 수 있게 된다(엄명용 외, 2014: 416).

(2) 무조건적인 긍정적 관심

무조건적인 긍정적 관심(unconditional positive regard)은 클라이언트의 감정 · 사고 · 행동에 대해서 좋다, 나쁘다는 평가나 판단 없이 존중하며, 클라이언트를 따뜻하게 그대로 받아들이는 것을 의미한다.

(3) 일치성

사회복지사가 자신을 숨김없이 드러내야 실제의 자신과 클라이언트에게 보여지는 자기 자신이 일치한다. 일치성을 수행하는 사회복지사는 클라이언트에게 전문적 객관성을 상실하지 않도록 주의해야 한다(엄명용, 2014: 417).

(4) 자유

선택, 결정, 판단 등의 최종결정권은 개인 자신이라는 것이다(엄명용, 2014: 418).

(5) 유기체적인 가치화 과정

유기체적인 가치화 과정(organismic valuing processes)은 유기체가 가진 욕구에 따라 사물을 평가하는 자유로움을 의미하며, 정적인 것이 아니라 진행 중이라는 것이다. 성장해 가면서 부모, 선생님, 중요한 타인들의 관점에 의해 자신을 평가한다. 이에 따라 가치화 과정은 서서히 변형되어 간다(엄명용, 2014: 418)

(6) 가치의 조건들

타인이 부여하는 가치의 조건에 따라 긍징적 또는 부정적 가치를 부여하게 되어 사회화 과정이 일어나고 타인의 가치가 유기체적 가치화 과정에 침투하게 된다. 이로 인해 개인은 만족스럽지도 않은 행동을 긍정적으로 평가하게 된다. 이렇게 되면 개인 내부의 통합성이 깨지고 잠재력과의 접촉이 단절되어 건전한 성장에 방해를 받을 수 있다(엄명용, 2014: 419).

5) 사회복지실천 적용과 한계점

클라이언트모델은 첫째, 원조면접 영역에 영향을 주었다. 즉, 사회복지사가 면접 진행 시 핵심요소로 간주되는 감정이입, 진솔성, 비소유적 온정, 긍정적 존중,

수용, 적극적 경청 등은 모두 클라이언트중심모델의 실천원리이다(엄명용, 2014: 425). 둘째, 클라이언트중심모델은 교육에 적용되어 학생중심의 교수법을 만들었고 목회상담, 학교상담, 놀이치료, 언어치료, 결혼과 가족상담에도 사용되고 있다. 그리고 클라이언트와 사회복지사 간 관계의 질의 중요성을 재강조하고 사회복지사에게 치료원칙을 제시하는 역할을 하였다(양옥경 외, 2005: 335). 셋째, 정신병리학에 관한 정보가 부족한 클라이언트에 대해서도 안전하게 접근할 수 있고(조현춘 · 조현재 역, 1996: 297), 실천방법이나 기법들이 독단적이지 않고, 사회복지사의 진실함이 실천관계의 힘을 결정하므로 사회복지사가 자신의 실천 스타일을 개발해 나갈 수 있다는 장점이 있다(조현춘 · 조현재 역, 1996: 297-304).

제한점은 첫째, 인간을 너무 한쪽 측면, 즉 성장지향적 또는 자아실현 경향을 가진 긍정적 존재로 보았으나 숨겨진 인간의 속성은 이런 긍정적 관점에 의문을 제기한다. 둘째, 자기표현을 전제로 하므로 이를 충족시키지 못하는 클라이언트의 개입이 어렵고 접근법이 너무 단순하고 상세하지 못하다는 것이다(엄명용 외, 2014: 426).

2. 과제중심모델

1) 과제중심모델의 정의

과제중심모델은 1960년대 본격적으로 시작된 단기치료의 영향을 받아 생성된 모델이며, 심리사회적 문제를 가진 개인이나 가족을 도우려고 계획된 단기형태 혹은 시간제한적 형태로서, 1970년대 초 시카고대학의 레이드와 엡스타인(Reid & Epstein)에 의하여 개발되었다.

과제중심모델은 장기간을 필요로 했던 정신분석이나 정신역동적 치료방법에서 벗어나 현재의 갈등에 초점을 맞추어 단기간 동안 개입하는 방식이다. 즉, 클라이

언트의 문제에 관해 클라이언트와 사회복지사가 협력해서 발전시키는 과제 또는 문제해결활동을 조직하게 되며, 사회복지사는 클라이언트가 이러한 과제를 수행하도록 돕는 데 노력을 집중하면서 통찰력을 키우고 강화에 이르기까지 절충적 중재를 활용한다(전재일 외, 2004: 356).

과제중심모델의 특징은, 첫째, 시간제한적인 단기개입이며, 둘째, 클라이언트와 사회복지사가 계약한 구체적인 문제해결에 개입의 초점을 두는 구조화된 접근이고, 셋째, 클라이언트의 문제해결 활동은 그가 수행에 동의한 과제를 중심으로 조직되며, 넷째, 이론보다는 조사에 근거한 경험적 자료를 중심으로 진행된다는 것이다(엄명용 외, 2005: 435–436).

과제중심모델에서 말하는 과제는 클라이언트와 사회복지사 간의 동의에 의해 계획되는 특정 유형의 문제해결활동이며, 면접 안에서뿐만 아니라 면접 밖에서도 행해지는 활동이다.

2) 과제중심모델의 주요 실천 개념

과제중심모델의 주요 실천 개념은 다음과 같다(전남련 외, 2012: 221–222; 양옥경 외, 2005: 443–446; 배은숙 외, 2014: 142–144).

(1) 표적 문제

표적 문제란 클라이언트가 직면한 문제 중 당장 해결해야 할 표적이 되는 문제로, 클라이언트가 자신의 문제로 인식하고 이를 경감 혹은 해결하기를 원하며, 사회복지사의 전문적 판단에 의해 인정한 문제를 말한다(Epstein, 1998; 신성자 외, 2007; 배은숙 외, 2014: 142).

(2) 일반적 과제

일반적 과제는 클라이언트의 목표를 내포하며, 행동의 방향을 제시하는 '무엇이 행해져야 하는가?'를 말한다. 목표는 과제가 행해졌을 때 달성되어야 하는 상태를 말하며, 목표와 과제 모두를 진술하고 이해하는 것이 필수적이다.

(3) 조작적 과제

조작적 과제는 클라이언트가 수행해야 하는 구체적인 활동을 말한다. 일종의 하위과제 형태를 띤다. 예를 들면, 매일 식사 때 남편에게 한 가지씩 칭찬하기, 식사 때 긍정적인 대화 나누기, 종합복지관 방문하기, 직업훈련센터에 지원서 신청하기 등이다.

(4) 과제의 다른 유형들

일반과제의 하위유형을 세분화할 수 있으며, 전체과정에 대해 생각해 보기 위한 것이다.

① 유일과제: 한 번의 수행을 위해 계획된 과제
② 되풀이 과제: 반복적 활동을 위해 계획된 과제
③ 단일과제: 여러 단계가 필요한 하나의 활동
④ 복잡한 과제: 매우 밀접하게 관련된 둘 또는 그 이상의 구분된 활동들
⑤ 개인적 과제: 한 사람이 수행하는 과제
⑥ 상호적 과제: 둘 또는 그 이상의 사람들이 수행해야 하는 과제로서 구분되지만 서로 연관되어 있는 과제
⑦ 공유과제: 둘 또는 그 이상의 사람이 같이하는 과제
⑧ 인지적 과제: 정신적인 활동들을 검토하여 명확히 하는 과제

3) 과제중심모델의 사회복지실천과정

과제중심모델의 실천과정은 시작하기, 표적문제의 규명, 계약하기, 실행하기, 종결의 나섯 난계로 이어진다. 이를 ① 초기단계(시작하기, 문제 규정), ② 중기단계(계약하기, 실행하기), ③ 종결단계의 3단계로 구분하여 제시하면 다음과 같다.

<table>
<tr><td rowspan="2">초기 단계</td><td>시작하기</td><td>• 시작하기
– 클라이언트가 기관에 의뢰: 비자발적 혹은 자발적으로 지원
– 기관의뢰의 목표와 일치하는지 확인</td></tr>
<tr><td>제1단계
(문제 규정)</td><td>• 클라이언트의 표적문제를 규명한다.
• 클라이언트가 규정한 문제들을 찾아낸다.
• 클라이언트의 우선순위(3가지까지)를 찾아낸다.
• 의뢰기관의 우선순위(위임된 문제들)를 찾아낸다.
• 예비적인 초기 신속 사정을 한다.</td></tr>
<tr><td rowspan="2">중기 단계</td><td>제2단계
(계약)</td><td>• 계약 • 우선적인 표적문제(최대 3가지)
• 사회복지사가 인정한 클라이언트의 구체적 목표들
• 클라이언트의 일반적 과제들 • 사회복지사의 일반적 과제들
• 개입과정의 지속 기간(시간제한) • 면접일정
• 개입일정 • 포함해야 하는 참여자</td></tr>
<tr><td>제3단계
(수행)</td><td>• 실행, 문제해결, 과제성취, 문제경감, 필요에 따라 선택
• 표적문제를 규정하고 구체화한다(최대한 3개까지)
• 문제를 다시 진술 · 명명한다(변화해야 할 특정 조건과 행동들)
• 사정한다(표적문제와 목표와 연관)
* 표적문제
– 얼마나 자주 일어나는가(빈도) – 어디에서 일어나는가(장소)
– 누구와 함께(참여자들) – 선행사건들 – 결과들 – 의미(중요성)
* 사회적 맥락
– 직장, 학교, 상황들 – 경제적 지위 – 가족
– 또래집단 – 주거상태 – 문화배경
* 인지 · 정서적 상황
– 클라이언트 성격 – 기능양식 – 개인자원
* 기타사정
• 대안을 창출한다.
–가능한 범위 내의 문제해결 행동을 찾아내고 규명한다.
• 다른 사람들, 기관들과 지지적이고 협력적인 행동들에 대해 협의한다.
• 의사결정(목표확인하고 무엇을 할 것인지 선택하며 세부개입 전략 계획)
• 계약목표를 재확인한다. • 기본적인 개입방법을 결정한다.</td></tr>
</table>

<table>
<tr><td>중기
단계</td><td>제3단계
(수행)</td><td>• 시간과 순서를 계획한다. • 참여자를 선정한다.
• 클라이언트가 동의하고 이해한다. • 다른 사람들이 동의하고 이해한다.

• 실행(전략을 수행)
• 과제들을 개발한다. • 과제들을 형성한다.
• 과제들에 대해 클라이언트가 이해하고 동의하도록 한다.
• 과제들에 대한 근거와 보상을 이해하도록 한다.
– 과제들을 요약한다.
– 예견되는 어려움을 점검한다.
– 클라이언트의 과제수행을 위한 계획을 세운다.
– 과제들을 요약한다.
– 클라이언트의 과제수행을 위한 계획을 세운다.

• 과제수행을 지원한다. • 남은 횟수를 점검한다.
• 자원을 획득하고 사용한다. • 자원제공의 장애물을 찾아낸다.
• 지시한다. • 지도한다.
• 모의 훈련한다. • 역할연습, 모의훈련, 지도 연습
• 모델링과 옹호를 위해 클라이언트를 동반 • 기타

• 과제수행의 장애물을 찾아낸다.
– 사회환경에서: 자원부족, 스트레스, 차별, 구조적 문제들
– 대인 간 상호작용에서: 결핍과 갈등, 협력부족
– 심리적 상태에서: 두려움, 의심, 지식부족
• 장애물 제거, 감소, 변경하기 위한 행동을 계획한다.
• 기술부족, 다른 사람들의 협력과 지지의 부족, 자원부족 등과 과제수행의 실제적인 장애물을 개선한다.
• 과제수행의 인지적 장애물을 경감한다: 두려움, 의심, 지식부족, 신념에 대해 토의한다.
• 사회복지사의 과제에 대해 계획하고 진술한다: 클라이언트에게 사회복지사의 과제들에 대해 알려주고 과제실행과 문제상태를 점검한다.

• 검증한다(개입의 가능한 효과들을 점검, 검사, 확인, 구체화한다.
• 모니터한다.
– 문제상태에 대해 정규적으로 기록한다
– 구조화된 표기법, 차트, 그래프, 간결한 이야기체 코멘트를 사용
• 다음의 상황이 발생하면 계약을 수정 혹은 일부 변경한다.
– 진보가 만족스럽지 못함 – 진보가 기대 이상
– 새로운 문제가 발생 – 문제가 다른 성격을 취함
– 과제들이 수행되고 있지 않음 – 지지와 지원이 비효과적
– 사회복지사의 과제들이 비효과적이거나 비현실적임</td></tr>
<tr><td>종결
단계</td><td>제4단계
(종결)</td><td>• 종결
– 연장한다: 클라이언트의 헌신이 있는 경우
– 모니터한다: 법률, 법원, 명령, 공식적 기관의 요구가 있는 경우</td></tr>
</table>

[그림 9-2] 과제중심모델의 개입과정

출처: Epstein & Brown, 2002: 93–95; 황미경, 1997: 15–18 재구성.

4) 과제중심모델의 개입 기법

과제중심모델에서 사회복지사는 직접적인 개입기법과 간접적인 개입기법, 그 외의 다양한 과업으로 접근할 수 있다. 그 내용을 살펴보면 다음과 같다(황미경, 1996: 13-14; 사회복지사 1급 수험연구회 편저, 2008: 129-131).

(1) 직접적인 치료기법

직접적인 치료기법에는 인식의 증진, 격려 그리고 지시 등이 포함된다(Reid, 1992: 3).

첫째, 인식증진은 클라이언트뿐만 아니라 타인이나 그의 상황에 관한 정보를 클라이언트에게 제공해 주기 위한 사회복지사의 노력으로 구성된다.

둘째, 격려는 변화에 기여하는 데 왜냐하면 클라이언트는 그가 존경하는 사람의 인정이나 시인을 가져오는 행동을 수행할 가능성이 있기 때문이다.

셋째, 지시는 클라이언트가 생각하지 않았거나 생각하고 있는 몇 가지 중의 하나를 사회복지사가 추천해 주는, 즉 행동 가능성을 제시해 주는 것을 말한다.

(2) 간접적인 개입 기법

간접적인 개입 기법은 상황분석, 구조화 기술, 의사소통기술, 탐색기술이 포함된다.

첫째, 상황분석은 클라이언트로 하여금 자원을 찾아내고 활용할 뿐만 아니라 장애물을 확인하여 해결하도록 돕는다.

둘째, 구조화 기술은 개입의 문제, 과제 및 시간제한에 관한 의사소통, 과제수행에 적합한 내용으로 클라이언트의 의사소통의 흐름을 분명하게 유도하는 반응이다.

셋째, 의사소통기술은 클라이언트가 무엇을 바라고 있는가를 클라이언트와 함

께 언어화하는 것이다.

넷째, 탐색기술은 필요한 정보를 얻고 의사소통의 흐름을 적절한 내용에 초점을 맞추도록 하는 것이다.

(3) 그 외의 다양한 실천과업

① 추리이론은 피하고 검증된 방법과 이론을 선호하는 경험적인 기원
② 다양한 접근법을 선택하는 통합적인 자세
③ 클라이언트가 인식한 문제에 초점을 맞추고
④ 체계와 상황에 관심을 가지며
⑤ 단기로 설계(4개월 내에 6~12회)하며
⑥ 클라이언트와 협조적 관계
⑦ 개입 프로그램의 구조화
⑧ 문제해결은 과제를 통해 달성 등(Reid, 1992: 3).

5) 과제중심모델의 적용과 한계점

(1) 사회복지실천 적용

과제중심모델은 비교적 단기간에 효과를 볼 수 있는 체계적인 모델로서 과제를 부여하고 이 과제 수행과정을 통해서 문제해결에 도달하려는 방법을 사용한다.

이 모델은 의료기관, 교정, 주거보호, 노인서비스, 아동상담소, 공공복지, 가족복지, 근로자 지원 프로그램 등에서 단기치료로 사용되고 있으며(Epstein, 1992: 71-72), 서비스 효율성이 높고 문제사정이나 해결과정에서 다양한 이론들을 사용할 수 있다는 장점이 있다. 과제중심모델은 간결성과 단기접근법으로 인하여 서비스 기간은 2개월에서 4개월 내에 8~12회 정도의 면접으로 제한하며, 인지행동이론, 행동수정기법, 체계이론을 통합한 여러 이론을 절충하여 사용할 수 있는 틀을 제시하였고(김혜란 · 홍성미 · 공계순, 2002: 107), 부부갈등, 청소년비행, 학교

부적응, 재가노인 등의 사회복지실천에서 다양하게 적용되어 왔으며, 특히 비용효과성 때문에 큰 매력을 갖는다(양옥경 외, 2005: 439).

(2) 한계점

과제중심모델은 인간을 너무 한 측면에서 바라보고 있으며, 사회현상에 내포된 인간 속성은 복잡한데 긍정적인 관점을 가지고 있어 의문이 제기된다. 자아탐색과 발견에 있어서 자발적인 표현을 전제로 하기 때문에 그렇지 못한 클라이언트에게는 개입이 어렵다는 지적이 나오고 있다(백은령 외, 2008: 194).

3. 인지행동주의모델

1) 인지행동주의모델의 정의

인지행동주의모델은 인지모델과 행동주의모델을 통합한 것을 기반으로 1960년대 이후 등장한 이론이며, 정신분석과 행동주의 배경을 가지고 개인과 환경 모두에 초점을 둔다.

인지행동주의모델은 아들러(Adler)의 개별심리학과 엘리스(Ellis)의 이성 및 감성정신치료, 베르너(Werner)의 이성적 개별사회사업, 글래서(Glasser)의 현실치료 그리고 그 밖의 감정이나 행동 등을 사고의 산물로 보는 사람들의 사고체계를 포함하고 있다(나동석 외, 2014: 122). 여기에 과제 내주기, 강화, 보상, 반복, 행동기술의 교육 및 습득 원조 등의 행동주의적 요소가 결합된 것을 인지행동주의적 접근이라고 한다(엄명용 외, 2005: 390). 주요 학자로는 백(Beck), 엘리스, 메이크바움(Meichbaum) 등이 있다.

인지행동주의모델이란 심리적 문제나 대인관계의 문제는 자신의 잘못된 전제나 신념이라고 보기 때문에 왜곡된 사고를 논박하거나 교육하는 인지적 기법과 인

지적 과제를 부여하여 비합리적인 생각을 합리적 생각으로 바꾸게 하는 방법이다(양옥경 외, 2005: 2018-216).

인지행동주의모델에 입각한 치료과정은 문제를 일으키는 잘못된 가정과 사고의 유형을 확인 · 점검하고, 재평가하여 수정하도록 격려하고 원조한다. 이 접근에 포함되는 치료적 하위접근 중에 행동치료, 인지치료, 합리정서치료, 현실치료, 인지행동치료가 있다(Gilliand & James, 1997; 양옥경 외, 2005: 386).

2) 인지행동주의모델의 특징

인지행동주의모델의 특징은 다음과 같다(엄명용 외, 2008; 배은숙 외, 2014: 128-130).

① 주관적 경험의 독특성: 각 개인이 갖는 삶의 사건과 정서반응의 독특한 의미, 현실을 조직하는 데 작용하는 정보전달 과정, 신념, 신념구조와 같은 주관적 경험의 독특성을 존중하고 이해해야 한다.

② 협력적 노력: 클라이언트의 문제해결은 클라이언트와 사회복지사의 협력적 노력에 의해 이루어진다고 가정하고 있기 때문에 클라이언트의 협력적 노력과 상호 신뢰를 기반으로 하는 특징이 있다.

③ 자신과 다른 사람을 위한 무조건적 관심: 인지행동주의모델에서 사회복지사는 모든 인간은 가치가 있다는 견해를 가지며, 인간은 누구나 강점과 제한점, 기술과 재능, 지식과 무지, 예외적 특성과 흐름을 가지고 있다는 자기수용을 기반으로 하고 있다.

④ 구조화되고 직접적인 접근: 사회복지사는 일정한 절차가 있는 개입과정을 유지하고 비협조, 힘의 갈등, 종결 등과 같은 이슈를 관리하고 표적이 되는 문제에 전략적 초점을 유지한다.

⑤ 적극적 참여: 클라이언트는 적극적 역할을 수행하도록 기대되며, 협력을 통해 변화를 위한 전략이 세워지면 클라이언트는 사회복지사와 함께 변화 노력을 기울이며, 성취에 필요한 자료를 모으고 스스로가 능동적으로 문제해

결에 참여해야 하며, 성취된 것이 유지되도록 노력해야 한다.

⑥ 교육적 모델: 효과적 개입에서 중요한 것은 클라이언트 문제에 대해서 파악하고, 인지행동주의모델의 개념을 이해하는 것이며, 이를 위해서 개입 초기에는 인지행동주의모델에 관한 교육이 필요하다.

⑦ 소크라테스식 방법: 소크라테스식 질문 및 접근방법은 클라이언트의 문제를 논박함으로써 인지적 왜곡이나 오류가 있음을 밝혀내고 질문을 통해 자기발견과 타당화의 과정을 거치게 되어 사건이나 행동의 의미를 재발견하는 것이다.

⑧ 문제에 초점을 두며 목표 지향적이고 문제 중심적이다.

⑨ '지금-여기'를 강조한다.

⑩ 사고, 감정, 행동을 변화시키기 위해 다양한 치료기술을 사용한다.

3) 인지행동주의모델의 주요 개념

(1) 백(Beck)의 인지치료모델

❶ 기본가정

인지이론은 인간의 본질은 선천적으로 악하다든가 선한 것으로 보지 않고 어떤 방향으로든지 훈련될 수 있는 것으로 본다. 인간의 행동은 사고에 의해 결정되며, 인간의 중요한 사고 중 하나는 그 목적과 관련이 있다는 것이다. 개인의 생활은 무의식적인 힘에 의해 통제되지 않으면 인간은 본능적 충동에 의해 지배당하지 않으며, 자신의 목적과 일치하지 않는 충동을 수정하거나 거부하는 경향이 있다는 것이다(장인협, 1989: 351-358).

❷ 주요 개념

벡의 인지치료이론에서 핵심이 되는 주요 개념은 자동적 사고, 스키마, 인지적 오류 등이다. 이를 구체적으로 살펴보면 다음과 같다(양옥경 외, 2005: 405-409; 전재일 · 이성희, 2004: 370-371; 전남련 외, 2012: 184-185).

① 자동적 사고: 자동적 사고(automatic thinking)란 한 개인이 어떤 상황에 대해 내리는 즉각적이고 자발적인 평가를 의미한다. 이것은 합리적으로 판단하거나 심사숙고한 것이 아닌 자동적으로 튀어나오는 스쳐 가는 생각이다.

② 스키마: 스키마(schema)란 특정 대상에 대한 이전 경험, 그 대상에 대해 타인이 겪은 경험의 관찰, 그 대상에 대한 타인과의 대화, 개인의 기본적인 신념과 가정, 어떤 사건에 대한 개인의 지각, 반응 등을 형성하는 인지구조로 대개 이전의 경험에 의해 형성된다.

③ 양분적 사고: 양분적 사고(all-or-nothing thinking)란 모든 경험을 한두 개의 범주로만 이해하며 흑백논리로 현실을 파악하거나 흑백논리를 전개함으로써 그 외의 보다 적절한 평가를 못 하는 경우이다.

④ 과도한 일반화: 과도한 일반화(overgeneralization)란 한 가지 단순한 사건이나 경험을 가지고 부당하게 일반적 법칙을 세우려는 경우이다.

⑤ 임의적 추론: 임의적 추론(arbitrary inference)은 사실과는 전혀 반대되는 근거를 가지고 결론을 내리는 경우로 어떤 결론을 지지하는 증거가 없거나 그 증거가 결론에 위배되는데도 그러한 결론을 내리는 것을 말한다.

⑥ 정서적 추론: 정서적 추론은 사람이 정서적 경험에 근거해서 그 자신, 세계 혹은 미래에 관해서 추리를 하는 경우를 말한다.

⑦ 선택적 축약: 선택적 축약은 생활에 관련된 경험적 지식에 주의를 집중하여 그것을 제대로 종합하고 이용하지 못하는 것이다. 즉, 다른 중요한 요소들은 무시한 채 사소한 부분에 초점을 맞추고 그 부분적인 것에 근거해서 전체 경험을 이해하는 것을 의미한다.

⑧ 긍정적 측면의 무시: 부정적 측면의 무시는 개인 상황의 부정적인 측면들에 초점을 맞추고 긍정적인 측면들은 무시한다.

⑨ 완곡한 진술: 완곡한 진술은 완곡한 표현의 죄의식, 압박감 및 원망을 야기할 잠재력을 갖고 있다. 타인에게 완곡한 표현을 할 때에도 실망과 분노를 나타내는 경우가 있다.

⑩ 극대화 및 극소화: 극대화 및 극소화는 어떤 사건에 대해 사실을 과장하거나 아니면 축소시키는 것이다.

2) 행동수의모델

(1) 기본가정

행동주의자들은 행동은 학습되는 것이며, 행동주의는 심리역동성에 지배를 받는 것이 아니라 외부 학습에 의해서 영향을 받는 것이라고 가정한다. 즉, 행동주의 사회복지실천에서 인간의 행동은 학습되는 것이라는 관점하에 클라이언트는 '어떤 행동'을 변화시킬지를 결정하고 사회복지사는 그 행동을 '어떻게' 변화시킬지를 결정한다(손광훈, 20112: 144).

(2) 주요 실천개념

행동주의자들은 인간의 행동은 학습되는 것이며, 인간이 느끼고 생각하고 행동하는 것은 학습의 결과라고 주장한다. 또한, 인간의 감정은 행동과 환경의 관계로 말미암은 결과로 나타나는 것이라고 주장한다. 행동주의에서는 행동변화의 문제는 눈으로 보는 관찰에 의한 학습의 결과라고 보는 관점이므로 행동체험을 통해서 정서적인 변화를 일으키는 기법이 포함된다. 행동과 행동을 통제하는 환경, 즉 조건부에 초점을 맞춘다(배은숙 외, 2014: 88). 주요 실천개념은 고전적 조건화와 조작적 조건화로 구분된다.

〈표 9-1〉 고전적 조건화와 조작적 조건화

구분	고전적 조건화	조작적 조건화
용어	중성적인 조건자극(CS)이 무조건적인 반응을 일으키는 고통스러운 무조건 자극(US)과 인과적으로 짝지어졌을 때 일어난다. CS가 선천적인 공포반응과 여러 면에서 유사한 조건반응(CR)을 일으키는 과정은 CS와 US 사이의 연합을 통해 일어난다.	유기체를 원하는 결과를 얻기 위해 실행하는 자발적이고 능동적인 반응이며 새로운 행동(R)을 한 결과로, 어떤 사건(S)이 뒤따르게 되면 이 둘 사이의 연결(S-R) 관계를 습득하게 되는 경우를 가리킨다.
행동의 절차	무조건 자극(US)을 통제하지 못함	강화를 통제함
습득절차	CS와 US를 짝지음	특정 자극하에서 반응과 결과를 짝지음
소거 절차	US 없이 CS만 제시	반응 후에 결과 생략
일반화	CS와 유사한 자극이 CR과 유사한 반응 유발	강화를 받았을 때와 유사한 자극이 제시되면 유사한 반응률이 나타남

출처: 사회복지사 수험기획실, 2009: 85 재구성.

(3) 행동주의 개입실천의 기법

행동주의 개입실천의 기법을 살펴보면 다음과 같다(이종복 외, 2012: 306-311; 양옥경 외, 2005: 208-216; 손광훈, 2012: 144-158).

① 긴장이완훈련: 인간의 근육이 이완되면 불안이 일어나지 않는다는 원리에 따라 주로 공포나 불안을 제거하기 위해서 사용된다.

② 체계적 둔감화: 공포, 긴장, 불안 반응에 유기체의 감정을 넣어서 이완시키는 자율 훈련법이며, 상상과 실행을 반복하는 것을 강조한다.

③ 자기주장훈련: 자신이 하고 싶은 대로 해 보게 하여 상대방의 권리를 침해하지 않는 범위 내에서 자신의 생각, 느낌, 감정을 상대방에게 직접 표출하도록 하는 훈련이다.

④ 홍수법: 불안을 일으키는 조건자극에 계속 노출시켜 문제행동을 소거시키는 방법이다.

⑤ 타임아웃: 자극을 주던 강화물을 제거하는 것으로 공격적인 행동을 자제시킬 수 있다.

⑥ 강화기법: 문제행동을 제외한 다른 행동이나 적응행동을 집중적으로 강화해서 문제행동의 기회를 제한하여 감소, 소거하는 방법이다.

3) 엘리스(Ellis)의 인지 · 정서 · 행동치료(REBT)

(1) 기본가정

REBT(Rational Emotive Behavior Theory)는 인간을 이루는 3가지 요소인 인지 · 정서 · 행동이 서로 상호작용하는 과정에서 인지가 핵심이 되어 정서와 행동에 영향을 준다고 강조한다. REBT는 사고, 판단, 결정, 분석, 행동을 강조한다는 점에서는 인지치료 및 행동치료와 공통점이 있으나, REBT는 인지 · 정서 · 행동이 서로 영향을 주고, 상호 인간관계를 가진다는 가정을 기초로 한다는 개입과정을 ABCDEF모형을 통해 설명하고 있다. 인지이론가들은 인간이 합리적 사고와 비합리적 사고를 할 수 있는 존재라고 보고, 엘리스(Ellis)는 정서장애는 비합리적 사고의 산물이라고 보았다.

엘리스(Ellis)는 인간이 '하겠다'는 단순한 선호(사랑, 인정, 성공에 대한 욕망)들을 극단적인 욕구로 잘못 생각함으로써 정서적 · 행동적 장애를 겪게 되는 존재라고 간주하였으며(Ellis, 1996), 인간관은 다음과 같다(임상록 외, 2010: 97–98).

- 인간은 외부적 요인에 의해 방해받기보다 자기 자신에 의해서 방해받는다.
- 인간은 왜곡되게 생각하려는 생리적 · 문화적 경향이 있으며, 이로 인해 자신이 스스로 방해한다.
- 인간은 왜곡된 신념을 만드는 독특성이 있고 자신의 문제에 대해 계속 방해받도록 만드는 경향이 있다.
- 인간은 인지적 · 정서적 · 행동적 과정을 변화시키기 위한 역량을 지니고 있다.

(2) 비합리적 신념

엘리스(Ellis)는 비합리적 신념에는 '반드시', '절대로', '모든', '완전히', '전혀', '파멸적인', '해야만 한다' 등이 저변에 깔려 있으므로 다음과 같이 비합리적 생각은 합리적 생각으로 바꿔야 한다고 제시했다(김혜란 외, 2001: 94-95; 임상록, 2010: 100-102).

〈표 9-2〉 비합리적 사고와 합리적 사고

비합리적 사고	합리적 사고
알고 있는 모든 사람들로부터 사랑받고 인정받고 이해받아야만 한다(인정의 욕구).	사랑받기보다는 사랑하는 것에 관심을 두는 것이 바람직하고 생산적이다.
나쁘고 사악한 사람들은 반드시 비난받고 처벌받아야 한다(비난성향).	사람들은 비윤리적인 행동을 하는 경우가 흔하며, 이들을 비난하지 말고 행동을 변화시킬 수 있도록 도와주는 것이 좋다.
일이 뜻대로 진행되지 않는다면 이는 끔찍한 일이다(좌절적 반응).	일이 뜻대로 되지 않는다고 해서 끔찍한 일은 아니다.
위험하거나 두려운 일이 일어날 가능성을 늘 생각하고 있어야 한다(과도한 타인 염려).	그 일이 어쩔 수 없다는 것을 받아들여야 한다.
완벽한 능력이 있고 성공을 해야만 가치 있는 인간이다(완전무결주의).	인간은 불완전한 존재라는 것을 받아들여야 한다.
인간의 문제는 완전한 해결책이 있고 그 해결책을 발견할 수 없다면 이는 끔찍한 일이다(완전무결주의).	내 삶을 즐기기 위해 나는 아무런 보장이 없더라도 결정을 내리고 위험을 무릅쓰겠다.
세상은 반드시 공평해야 하고 정의는 반드시 승리해야 한다(완전무결주의).	세상에는 불공평한 경우가 자주 있으며, 불만을 갖기보다는 시정하도록 노력해야 한다.
나는 항상 고통이 없이 편안해야 한다(과도한 타인 염려).	좋아하지 않아도 불편을 참아야 한다.
아마 나는 미쳐 가고 있는지도 모른다. 그러나 미쳐서는 안 된다. 왜냐하면, 그것을 견딜 수 없기 때문이다(과도한 불안).	정서적 곤궁은 확실히 즐거운 것은 아니지만 이것은 참을 수 있다.
인생의 어려움을 부딪치기보다는 피해 가는 것이 편하다(문제 회피성향).	인생의 어려움은 궁극적으로는 피해 갈 수 없으며, 쉬운 방법이 더욱 어려운 방법이다.
우리는 다른 사람에게 의지해야 하고 의지할 강한 누군가가 있어야 한다(의존).	타인과 친밀하게 지내는 것은 즐기지만 나를 도와줄 사람을 원하지는 않는다. 나는 나 자신을 믿고 의지할 수 있어야 한다.

비합리적 사고	합리적 사고
행복이란 외부사건들에 의해 결정되며 우리는 통제할 수 없다(정서적 무책임).	현재의 정서적 괴로움은 나의 책임이며, 내가 사건들을 보고 평가하는 방식을 변화시킴으로써 나의 감정을 조절할 수 있다.
나의 과거의 사건들이 현재의 행동을 결정한다(정서적 무책임).	과거의 일들에 대한 나의 지각과 과거의 영향에 대한 나의 해석을 재평가함으로써 과거의 영향을 극복할 수 있다.

출처: 임상록 외, 2010: 100-102 재구성.

(3) 엘리스(Ellis)의 ABC모형

ABC모형은 REBT의 핵심이다. 외부자극으로부터 한 개인의 행동이나 반응에 이르는 과정을 엘리스는 ABC모형으로 제시하였다. A(Activating Events: 선행사건)는 자신의 앞에 놓인 사건이며, B(Belief System: 신념체계)는 그 사건과 관련된 자신에 대해 가지는 믿음이나 생각이다. C(Emotional Consequence: 결과)는 개인이 갖게 되는 믿음에 의해 초래된 감정적 결과를 의미한다.

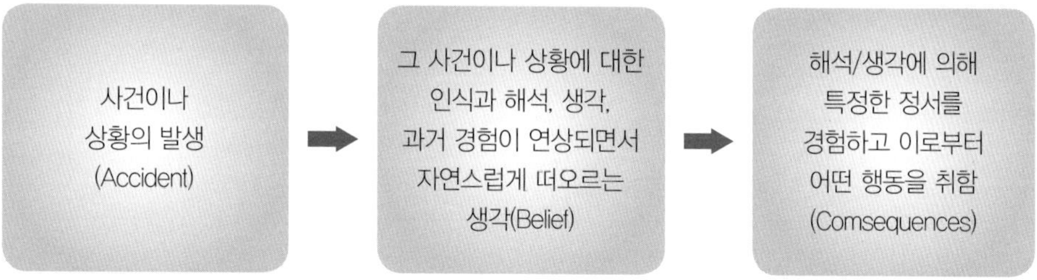

[그림 9-3] 엘리스(Ellis)의 ABC모형

출처: 양옥경 외, 2005: 211.

(4) 인지행동주의모델의 실천과정

인지행동주의모델의 실천과정은 클라이언트의 인지 재구조화 과정이다. 인지행동의 치료 초기단계에서는 부정적인 사고를 깨닫고, 그것을 찾고 관찰하고 변화시키는 데 초점을 두고, 다음 단계에서는 비기능적인 정보처리과정을 찾고 수

정하는 데 치료의 중점을 둔다. 그리고 난 후 잠재되어 있는 부정적인 자기도식의 변화에 중점을 두게 된다(이삼연, 1999: 205).

인지 재구성 전략은 엘리스(Ellis)의 인지행동주의모델의 인지 재구조화를 위한 ABCDEF모형을 통해 이루어진다. ABCDEF모형의 A(Activating Event: 선행사건)는 사실, 사건, 개인의 행동이나 태도 등이다. B(Belief System: 신념체계)는 개인의 신념이며, C(Consequence: 결과)는 사람의 정서적 · 행동적 결과 혹은 반응이다. D(Dispute: 논박)는 내담자의 비합리적인 신념에 대한 논박을 통한 개입을 의미하는 논박인 dispute를 나타낸다. E(Effect: 효과)는 상담자가 논박한 뒤의 효과를 의미하는 effect이고 F(Feeling: 감정)는 효과 때문에 나타나는 새로운 감정을 의미하는 feeling을 나타낸다. ABCDEF모형에서 사회복지사는 첫째, 논박을 통해 클라이언트의 비논리적인 면과 현실적으로 일어날 수 없는 생각 그리고 비합리적 신념이 자신에게 어떤 도움이 되는지를 지적한다. 둘째, 인지적 과제는 클라이언트의 비합리적인 신념의 목록을 만들어 오도록 하고 그 목록에 있는 내용을 스스로 논박해 보고 합리적인 생각으로 바꾸게 하는 것이다(임상록, 2010: 102).

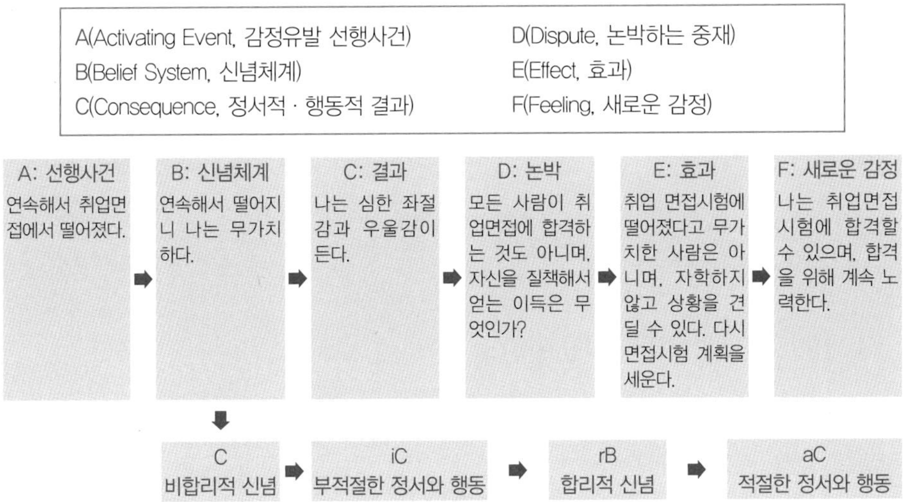

[그림 9-4] 엘리스(Ellis)의 ABCDEF모형의 예

출처: 임상록, 2010: 103 재구성.

(4) 인지행동주의모델의 실천기법

클라이언트의 문제를 사정할 때 사회복지사는 클라이언트의 역기능적 인지왜곡이나 잘못된 사고, 감정, 행동 등을 파악하고 수정하기 위해 다음의 〈표 9-3〉과 같은 다양한 기법을 활용하게 된다(엄명용 외, 2005: 204-212; 전남련 외, 2012: 183-192).

〈표 9-3〉 인지행동주의모델의 실천기법

기술	내용
내적 의사소통의 명료화	① 클라이언트 스스로에게 피드백을 줌으로써 자신의 생각과 이야기 속에 숨겨진 인지적 오류와 비합리적 신념에 대한 통찰력을 발전시키고 이해할 수 있도록 돕는다. ② 기술은 클라이언트 스스로 자신에 대해 독백하고 사고하는 것에 대해 사회복지사가 피드백을 주는 것이다. 이런 과정을 통해 클라이언트는 자기 자신과 다른 사람에게 하는 말속에 숨겨진 잘못된 생각과 비합리적인 신념에 대해 더 잘 이해할 수 있게 된다.
설명	클라이언트의 정서가 엘리스가 제시한 ABC모형, 즉 A는 촉발사건(activation event), B는 신념(Belief), C는 결과(consequences)에서 어떻게 작용하는가를 가르쳐 주는 일련의 치료기술이다.
기록과제	① 과제(written homework) 혹은 숙제는 클라이언트의 적극적인 협조와 참여를 기반으로 한다. 과제는 클라이언트가 엘리스의 ABC모형을 활용하는 방법에 대해 읽고 기록할 수 있도록 양식을 제공한다.
경험적 학습	① 클라이언트에게 자신의 인지적 오류에 부합하지 않는 특정한 행동을 하도록 함으로써 클라이언트가 자신의 인지적 오류를 발견하고 수정하도록 한다. ② 자기주장훈련, 모델링, 역할극, 사회기술훈련, 심리극을 활용할 수 있다.
역설적 의도	① 특정 행동에 대한 클라이언트의 불안이 그 행동을 유발할 때, 클라이언트가 두려워하는 행동을 하도록 지시함으로써 클라이언트의 인지적 오류에 도전하고 불안을 감소시킨다. ② 주의: 자해 혹은 타해의 위험이 있는 클라이언트에게는 절대로 사용해서는 안 되며, 문제의 원인이 신체적인 것에 기인할 때 이 기술은 사용할 수 없다. 클라이언트에게 치료기술에 대해 충분히 이해시킨 후 동의한 경우에만 사용한다.
역동적 · 실존적 반영	객관적이고 물질적인 세계에 초점을 두고 실제적인 문제에 대한 답을 찾아가는 것에 강조를 두는 역동적 숙고와 삶에 대한 의미와 잠재적 의미에 대해 숙고하는 실존적 숙고를 통해 인지 재구조화를 촉진시킨다.

<table>
<tr><th>기술</th><th>내용</th></tr>
<tr><td>인지
재구조화</td><td>클라이언트의 역기능적 사고와 관념을 인식하고 이를 현실적인 사고와 관념으로 대치하고 지능적일 수 있도록 돕는 것이다. 절차는 다음과 같다.
① 클라이언트는 생활사건에 대해 자신의 정서적 반응을 매개할 가정이나 신념을 갖고 있다. 따라서 사회복지사는 클라이언트가 이 점을 수용할 수 있도록 돕는다.
② 클라이언트가 문제에 내재해 있는 역기능적인 신념과 사고과정의 유형을 파악할 수 있도록 돕는다.
③ 클라이언트 자신의 역기능적 인지를 유발한 상황을 파악할 수 있도록 돕는다.
④ 클라이언트가 자학적인 인식을 대치할 만한 긍정적 · 순기능적인 대안적 자기진술(self statement)로 대체할 수 있도록 돕는다.
⑤ 성공적 대처 노력을 클라이언트 스스로 보상할 수 있도록 돕는다.

〈표 9-4〉 단계별 자기주장훈련(Sharon & Gorden)
<table>
<tr><td>1단계</td><td>사전 평가하기
• 클라이언트의 공격적(aggressive), 주장적(assertive), 수동적(passive) 행동평가</td></tr>
<tr><td>2단계</td><td>주장적 행동이 어려운 문제 상황 설정하기</td></tr>
<tr><td>3단계</td><td>변화를 위한 시나리오(LADDER) 작성하기
• Look: 자신의 권리, 소망, 요구를 살펴라.
• Arrange: 문제(어려움)에 대해 이야기할 시간과 장소를 정하라.
• Define: 문제를 구체적으로 정의하라.
• Describe: 나-전달법(I-massage)을 활용해 자신의 감정을 전달하라.
• Express: 자신의 요구를 알기 쉽고 확고하게 표현하라.
• Reinforce: 원하는 것을 얻을 가능성을 강화시켜라.</td></tr>
<tr><td>4단계</td><td>주장적 신체언어 전달하기
• 시선접촉(eye-contact)
• 바른 자세 유지하기
• 명확하고 분명한 목소리로 단호하게 말하기
• 강조할 때는 몸짓이나 표정 사용하기</td></tr>
<tr><td>5단계</td><td>듣는 법 배우기
• 들을 준비하기
• 경청하기, 상대방의 말을 명료화하기
• 상대방의 감정을 인정해 주기</td></tr>
<tr><td>6단계</td><td>실현 가능한 타협점에 도달하기
• 이번에는 내 방식으로, 다음에는 당신 방식으로 하자.
• 당신이 나를 위해 ~한다면 난 당신을 위해 ~할 것이다.</td></tr>
</table>
출처: 한국행동요법학회, 2003; 장수미 외, 2010: 125 재인용.</td></tr>
</table>

기술	내용
모델링	관찰학습과정을 통해 클라이언트가 시행착오학습을 거치지 않고 원하는 행동을 학습할 수 있도록 하게 하는 것이다. 즉석 모델링, 상징적 모델링, 복합 모델링, 참여자 모델링이 있다. 구성요소는 ① 변화를 필요로 하는 구체적인 행동을 파악한다. ② 모델을 제시한다. ③ 클라이언트가 모델링에 주의와 관심을 갖도록 한다. ④ 모델 행동을 따라 하도록 한다. ⑤ 따라 한 행동을 강화한다(Granvold, 1994: 51).
생각중지 기법	부적응적인 신념과 이에 동반하는 정서적 · 신체적 감각의 경험을 생각해 보게 하고, 이러한 생각을 긍정적인 생각의 틀이나 자기지시 기법으로 대체하는 것을 의미한다.
시연	발달시키고자 하는 행동을 반복적으로 연습함으로써 행동으로 숙달되도록 하는 것이다. 이 기술은 집단상담을 통해 여러 사람의 피드백을 동시에 받을 수 있다는 점에서 매우 효용가치가 높다. ① 숨겨진 시연: 원하는 반응에 대해 속으로 상상해 보고 반영한다. ② 명백한 시연: 원하는 행동을 역할극에서 실제로 말로 표현해 보고 행동으로 나타내는 것이다.
자기지시 기법	목표선택, 목적행동 형성, 자기탐지, 계획실천 등의 과정을 통해 자신이 통제하거나 변화시키기를 원하는 구체적인 행동에 대한 지침과 계획들을 세우는 것이다. 자기지시는 다음의 다섯 단계를 거친다. ① 사회복지사는 과제에 대한 수행방법을 모델로 제시하면서 큰 소리로 자기 자신에게 말한다(인지적 모델링). ② 클라이언트는 사회복지사로부터 언어적 도움을 받으면서 똑같은 과제를 수행한다(명백한, 외부적인 도움). ③ 클라이언트는 과제를 수행하면서 자기 자신에게 큰 소리로 지시한다(명백한 자기 도움). ④ 클라이언트는 지시를 속삭이듯이 말하면서 과제를 수행한다(감소한, 명백한 자기 도움). ⑤ 클라이언트는 자기 자신에게 속으로 말하면서 과제를 수행한다(숨겨진 자기지시)(Granvold, 1994: 25).
체계적 둔감화	클라이언트에게 가장 덜 위협적인 상황에서 가장 위협적인 상황까지 상황들을 순서대로 제시하면서, 불안자극과 불안반응 간의 연결이 없어질 때까지 불안을 일으키는 자극들을 반복적으로 이완 상태와 짝짓는 것이다(corey, 1991; Lantz, 1996). 〈표 9-5〉 고소공포증을 체계적 둔감법으로 해소시키는 방법의 예 → 고소공포증은 → 63빌딩 꼭대기에서 아래를 내려다보기 → 63빌딩 꼭대기 층에서 걸어 보기 → 12층 건물에서 창문 밖을 내려다보기 → 4층 건물의 발코니 난간에서 아래를 내려다보기 → 4층 건물에서 창문 밖을 내려다보기 → 30층 빌딩을 길 건너 공원에서 쳐다보기 → 초고층 빌딩의 건설에 대한 기사 읽기 출처: 장수미 외, 2010: 128.

기술	내용
이완훈련	① 근육의 수축과 이완이나 깊고 규칙적인 호흡, 즐거움 사고와 심상 등을 훈련함으로써 일상생활에서 유발되는 스트레스에 대처할 수 있도록 가르친다. 이 기술은 클라이언트가 겪을 수 있는 스트레스 상황에 적절히 대처할 수 있도록 돕는 기술이다. ② 이 기술은 만성적으로 긴장되어 있거나 불안한 클라이언트, 위기상황에 부딪힌 클라이언트, 앞으로 있을 사건이나 상황에 대해 미리 불안해하는 클라이언트, 두통이나 편두통, 답답함, 불면증, 분노 및 우울 등 느끼는 클라이언트에게 효과적이다(Hepworth et al., 1997).
자기 대화	자기 대화란 스스로에게 주는 메시지를 말하며, 자기 대화의 왜곡을 수정하도록 도움으로써 습관적인 사고방식을 변화시켜, 문제가 되는 감정이나 행동을 좀 더 효과적으로 통제할 수 있다고 본다. 5단계가 있다. ① 자신의 생각과 느낌이 무엇인지 명확히 한다. ② 스스로 자기 대화를 되뇌어 본다. ③ 자신을 객관적인 현실로 본다. ④ 사실을 직시하고 부적절한 단어 사용을 피하면 다르게 느끼게 될 것이고 상황이 전처럼 나쁘지 않다는 것을 알게 된다. ⑤ 상황에 대한 사실을 명심하고 당신이 할 수 있는 것이 무엇인지를 고려한다.
이미지 안내	① 자신의 잠재의식과 긴밀하게 관계할 수 있도록 돕고, 새로운 신념, 기대, 습관을 잘 형성해 나갈 수 있을 것인가를 가르쳐 준다. ② 방법: 최면 유도, 명상, 머리부터 발끝까지 하는 근육체계의 점진적 이완, 조용하고 유쾌하여, 편안한 상황을 상상하는 것, 호흡에 집중하거나 다른 생각을 떨쳐버리고 "나는 편안하다."라는 말에 집중하는 것
대처카드의 활용과 기법	① 가로와 세로가 3×5인치 정도 되는 카드로 클라이언트의 손이 닿지 않는 곳에 붙이거나 보관하여, 이를 규칙적으로 읽을 뿐만 아니라 필요할 때마다 읽게 한다. ② 특정 행동을 도와주는 자기 지시 등의 내용을 기록하여 늘 참고함으로써 괴로움을 주는 사고를 평가하고 대처할 수 있게 도와준다.

출처: Corey, G., 1991; 조현준 · 조현재 역, 1996; 엄명용 외, 2008: 223; 손광훈, 2012: 198 재구성.

5) 인지행동주의모델의 적용과 한계점

인지행동주의모델은 사회복지실천가들이 아무런 장비 없이도 즉시 실천에 옮길 수 있도록 개입전략에 대한 분명한 시사점과 안내지침을 제공한다. 그리고 치료방법을 뒷받침하고 있는 기본적 원리들이 쉽게 정의되어 있어 클라이언트와 치료자 그리고 연구자들 사이에 의사소통이 용이하다는 장점이 있다(엄명용 외, 2014: 444). 인지행동주의모델의 연구에서 보면 우울증 환자에게 치료를 시도한 결과 중

세가 현저히 감소하였고 1년 후의 추적조사에서도 그 효과가 지속적으로 유지되고 있었다(Rush, Khatami, & Beck, 1975).

인지행동주의모델은 인지치료모델과 행동주의모델을 결합시켜 서로의 약점을 보완하고 통합시켰다는 장점이 있다. 또한, 클라이언트를 수동적이 아닌 적극적인 참여자로 이끄는 데 기여한다(사회복지사 1급 수험연구회 편저, 2008: 84).

인지행동주의모델은 일정한 교육 수준 혹은 능력을 가진 클라이언트에게만 적용 가능하며, 지적 능력이 떨어지는 클라이언트일 경우 그 효과성에는 많은 제약이 따른다는 한계점이 있다(손광훈, 2012: 199). 또한, 인지와 감정의 상호작용을 설명하는 데 개념적 명료성이 떨어진다(사회복지사 1급 수험연구회 편저, 2008: 84).

4. 심리사회모델

1) 심리사회모델의 정의

심리사회모델은 가족, 개인 및 최근접환경, 상황 속의 인간 등을 철저히 조사하는 사정 또는 진단이 강조되는 이론이다. 개인의 생물학적 요소, 심리 내적 및 정서의 흐름, 사회환경 및 물리적 환경, 이들 요소들 간의 상호작용 등을 모두 동일한 비중으로 강조하는 모델이다(Woods, 1996; 김용환, 2013: 446).

심리사회모델은 1930년대 사회복지실천 분야에 있었던 진단주의와 기능주의의 논쟁에서 진단주의의 실천양식에 뿌리를 둔 모델이며, 대표학자는 프로이트(Freud), 에릭슨(Erikson), 하트만(Hartmann), 라포트(Rapport) 등이다. 심리사회모델은 '상황 속의 인간(person in situation)'을 강조하는 관점인데, 리치몬드(Richmond)에서 시작하고, 1930년대에 고든 해밀턴(Gordon–Hamilton)에 의해서 심리사회적 이론으로 불리기 시작하였다.

1960년대에 홀리스(Hollis, 1964)는 심리사회모델의 실천이론과 접근 방법을 구체화하였으며, 체계이론과 역할이론의 영향을 받아서 보다 체계적으로 발전하였다.

홀리스(Hollis)는 다음의 네 가지 기반 위에 심리 · 사회적 이론과 지식을 구축하였다(이애재, 2006: 218).

① 실천으로부터 획득된 이론이다.
② 정신분석이론이다. 즉, 정신분석에서 주요한 체계를 도출하고 있다.
③ 사회과학의 영향을 들 수 있다.
④ 체계이론의 도입이다. 많은 체계에 관한 개념은 심리사회적 모델이 갖고 있는 생각들을 매우 적절하게 표현해 주었다.

2) 주요 실천개념

심리사회모델의 주요 개념은 환기와 관계 형성의 교정으로 나누어서 살펴보면 다음과 같다(조휘일 · 이윤로, 2007: 111; 나동석 외, 2014: 119-120; 전남련 외, 2012: 132-133).

(1) 환기(ventilation)

환기는 클라이언트가 공격 적대감 같은 감정을 표현하지 않고 억압시키고 있으면 그의 사고와 행동을 올바르게 표현하지 못하게 되므로 클라이언트의 감정을 정화시켜 주는 것이다.

(2) 관계 형성의 교정

관계 형성의 교정은 클라이언트가 사회복지사를 통해 마치 어머니와 아동 같은 관계를 경험하도록 하여 클라이언트가 과거에 주변 인물에게 가지고 있었던 불만족스러웠던 관계를 보상해 주는 것이다. 이전에 주 보호자에게 가졌던 부정적인 상호작용은 사회복지사와의 긍정적 경험을 통해 클라이언트의 개인적인 성숙을 가져오게 하여 이전에 해결되지 못한 문제를 교정하는 경험을 갖도록 도울 수 있다.

심리사회모델에서 개인은 첫째, 모든 개인은 존엄성을 갖고 있다. 둘째, 모든 인간은 성장 · 학습 · 적응능력과 환경변화를 시킬 수 있는 능력을 가진 긍정적 존재이다. 셋째, 심리체계는 생물학적 · 사회적 체계와 상호작용한다. 넷째, 문제 상황을 다룸에 있어 차별성이 강조된다고 제시한다(엄명용 외, 2005: 411-412).

3) 심리사회모델의 개입목표

심리사회모델의 궁극적인 개입목표는 클라이언트의 편안함, 만족 그리고 자아실현을 증진시키는 데 있다. 이러한 목적을 실현하기 위해 자아적응기술과 사람과 환경체계의 기능 증진, 사람이나 상황의 변화, 그리고 때로는 사람과 상황 모두의 변화가 필요할 수도 있다(김용환 외, 2013: 101).

심리사회모델의 개입목표는 다음과 같다.

① 관계 형성을 위해 클라이언트를 수용하고 개별화하며, 클라이언트의 상황에 대한 공감을 얻는 데 있다.

② 클라이언트의 과거 경험이 현재의 심리 내적 혹은 사회적 기능에 미치는 영향을 강조한다.

③ 클라이언트가 자신의 과거 혹은 현재의 경험과 관련해서 내적 갈등을 이해하고 통합해서 성장할 수 있도록 돕는 데 있다(신성자 외, 2007).

4) 심리사회모델의 실천과정

심리사회모델의 실천과정은 다음과 같다(장수미 외, 2010: 92-93; 나동석 외, 2014: 120; 김용환 외, 2013: 105; 사회복지사 1급 수험연구회 편저, 2008: 64).

(1) 심리사회적 조사

심리사회적 조사 초기면접을 통해 '클라이언트의 문제가 무엇인가?', '문제가 어떻게, 왜 발생하였는가?', '변화되고 수정될 수 있는 것은 무엇인가?'라는 질문으로 클라이언트의 문제를 조사하고 평가하는 과정을 거치게 된다.

(2) 심리사회적 사정

심리사회적 사정은 심리사회적 조사에서 얻어진 사실들을 세밀하게 분석하는 과정이다. 첫째, 임상적 사정(클라이언트의 기능적 측면을 분류), 둘째, 원인적 사정(문제의 원인이 상호작용인지, 클라이언트의 딜레마의 원인 속에 있는지 검토), 셋째, 역동적 사정(클라이언트의 인성 측면이 작용하는 것)으로 구분된다.

(3) 심리사회적 개입단계

- 개입단계에서는 개입목표와 계획을 수립한다.
- 목표를 달성하기 위해 개인과 환경의 변화가 필요하며, 양자 모두 개입한다.
- 사회복지사는 클라이언트의 환경에 직접 개입한다. 이때 사회복지사는 상담자, 자원제공자, 탐색자, 해석자, 중재자, 옹호자, 사례관리자 역할을 담당한다.

(4) 종결단계

헤어짐에 대한 감정과 사회복지사와 형성된 관계 및 감정 다루기 및 사후에 대한 관리를 한다.

5) 심리사회모델의 실천기법

심리사회모델의 실천기법을 직접적 기법과 간접적 기법으로 나누어서 살펴보고자 한다(Woods & Hollis, 1990; 엄용명 외, 2005 193–196; 이윤로, 2007: 242–243; 김혜란 외, 2006: 65–68; 장수미 외, 2010: 95–103; 나동석, 2014: 121–122).

(1) 직접적 개입기술

① 클라이언트의 감정과 행동을 지지(sustainment)한다. 관심과 수용, 공감적 이해 재보증, 격려를 높여 주는 언어적 · 비언어적 의사소통을 모두 포함하고 있으며, 클라이언트의 불안, 취약한 자아상, 낮은 자아존중감을 감소시키고 사회복지사와의 관계를 형성하는 것을 목적으로 한다.

② 문제해결에 직접적인 영향(direct influence)을 준다. 직접적 영향이란 클라이언트의 행동을 향상하기 위한 조언이나 제안 등을 통해 사회복지사의 의사를 관철하기 위한 과정이다.

③ 클라이언트의 감정을 탐색(exploration)–기술(description)–환기(ventilation)한다. 환경과의 상호작용을 진술하기이다. 클라이언트가 자신과 상황에 대해 갖고 있는 견해를 이해하도록 돕고 감정을 표현하는 것을 의미한다. 탐색과 기술은 클라이언트의 문제와 관련하여 클라이언트, 클라이언트의 환경, 혹은 클라이언트와 환경과의 상호작용에 관한 사실을 진술하고 설명하도록 원조하는 것이다. 그리고 환기는 사실과 관련된 감정을 끄집어냄으로써 카타르시스를 경험하도록 원조하는 것이다. 탐색–기술과 환기는 연관되어 있는데, 사실을 진술하거나 설명하는 과정에 자연히 감정이 표현되기 때문이다.

④ 클라이언트를 상황 속의 인간(person situation reflection)이라는 관점을 고려한다. 클라이언트와 그를 둘러싸고 있는 환경, 주변 인물들과의 상호작용에 초점을 두고 있으며, 사회복지사가 클라이언트에게 자신과 환경의 상호작용

과 관련된 인식, 사고와 감정을 잘 알 수 있도록 돕는다.

⑤ 클라이언트의 성격과 행동 사이의 역동성을 성찰(pattern-dynamic reflection)한다. 클라이언트로 하여금 사건들에 대한 특정한 행동이나 사고방식을 이끄는 클라이언트의 행동 혹은 사고와 감정 유형, 방어기제 등을 성찰하는 것이다. 이 기술의 목적은 행동과 사고유형에 대한 클라이언트의 이해를 증진시키는 것이다.

⑥ 발달적 성찰(developmental reflection)이다. 발달적 성찰은 클라이언트가 과거와 관련해서 현재의 사건을 이해하도록 함으로써 과거의 문제가 현재의 문제에 어떤 영향을 미치는지를 파악하여 점진적인 변화를 증진시킨다.

2) 간접적 개입기술

간접적인 개입기법은 클라이언트 대인관계에 개입하거나 사회환경적 변화를 추구하는 활동이다. 클라이언트에게 필요한 자원을 발굴, 제공하여 클라이언트에 대한 옹호 및 중재활동을 한다. 주변 자원을 최대한 활용하기 위해 사회복지사는 기관의 정책, 자문, 기관의 권력구조, 타 전문직의 문화 또는 분위기 등을 이해하고 있어야 한다.

〈표 9-4〉 심리사회모델의 개입기법

치료기술	설명
1. 간접적 치료	클라이언트의 환경에 개입하는 과정으로서, 클라이언트를 지지하고 영향을 미칠 수 있는 가용한 자원을 연계하고 배치시킴
2. 직접적 치료	사회복지사와 클라이언트의 신뢰관계를 바탕으로 클라이언트에게 제안과 설득을 제공함
3. 자아지지 치료	자아의 기능을 보존 · 지지 · 회복시키기 위해 필수적인 방어(기제), 자아의 통제력과 기능, 지적 과정, 현실 판단력, 충동조절능력 등을 향상시킴
4. 수용	클라이언트에게 친절함을 유지하는 태도로서, 타인의 감정이나 주관적인 상태에 참여하고 받아들이는 감정이입이 중요한 요소가 됨

치료기술	설명
5. 자기 지시권 존중	클라이언트 스스로가 내리는 자기결정권을 존중함
6. 비밀을 노출할 권리를 존중	클라이언트가 자신의 정보를 숨기거나 혹은 개방할 권리를 존중함
7. 지지	클라이언트에게 언어적 혹은 비언어적 의사소통을 통해 관심, 수용, 감정이입적 이해, 재확신, 격려 등을 제공함
8. 직접적 영향	클라이언트에게 주의 깊게 제안과 충고를 제공함
9. 탐색 · 묘사 · 환기	클라이언트의 상황에 관한 사실들을 드러내고 다른 감정을 표현하게 함으로써 감정의 전환을 제공함
10. 인간과 환경 간의 구성을 성찰	현재 상황과 타인과의 상호작용에 관한 클라이언트의 인지, 사고, 감정을 인식하도록 도움
11. 유형의 역동적 성찰	클라이언트의 행동, 사고, 감정의 경향을 명확히 하도록 도움
12. 발달적 성찰	현재의 클라이언트의 성격이나 기능에 영향을 미친 가족 기원이나 초기 경험을 고찰하도록 함

출처: Woods & Robinson, 1996: 555-580; 엄명용 외, 2005: 194 재구성.

6) 심리사회모델의 적용과 한계점

심리사회모델은 사회복지실천 경험으로부터 수집된 정보를 토대로 과학적 근거를 갖게 함으로써 사회복지직을 전문직으로 출발할 수 있도록 하였다. 단순자선을 베푸는 것을 넘어 사회조사, 진단, 치료계획과 같은 전문적 원조과정을 가진 전문가로서 사회복지사를 양성하는 네 기초를 두었다(김용환 외, 2013: 112).

심리사회모델은 개인, 커플, 가족, 집단치료, 환경과 작업 등 여러 가지 형태로 실천되고 있다. 또한, 장 · 단기개입, 위기개입, 예방적 개입, 외상치료 등 다양한 상황에서 사용된다(Woods & Hollis, 1990).

그러나 심리사회모델은 주로 대화를 통한 개인 개입 쪽에 무게를 두고 있다고 평가된다. 개입의 효과와 관련된 평가연구는 지금까지 주로 경험적 사례연구(case)를 통해 이루어져 왔다(Woods & Hollis, 1990). 그러나 어떤 형태의 실천이 더 효과적이라는 실증적 연구결과는 빈약한 편이며(Woods, 1996), 과학적 지식과 실증적 자료가 요구된다.

5. 정신역동모델

1) 정신역동모델의 정의

정신역동모델은 행동이 인간 마음속의 움직임과 상호작용으로부터 나온다는 점을 강조하며, 정신이 행동을 자극하는 방식과 정신과 행동이 사회환경에 영향을 주고받는 방식을 강조하고 있기 때문에 정신역동적이라고 불린다(이종복, 2015: 306). 정신역동모델(psychodynamic model)은 프로이트(Freud)의 정신분석이론에서 출발하고 제자인 아들러(Adler), 융(Jung) 그리고 에릭슨(Erikson)으로 연결되는 자아심리학과 설리번(Sullivan)의 대상관계이론까지 폭넓게 포함된다. 신분석이론에 근거를 둔 정신역동적 접근은 최근 정신역동치료적 접근이라고도 불리는데 인간의 행동을 '정신 내의 운동과 상호작용'에 초점을 두고 인간의 행동을 어떻게 자극하는지 그리고 정신과 행동이 개인의 사회환경과 어떻게 영향을 주고받는지를 강조한다(나동석, 2014: 115).

프로이트의 정신분석이론은 인간행동이해와 정신치료에 새 지평을 열었을 뿐만 아니라 20세기의 정치, 경제, 문학, 예술 등 거의 대부분의 현대생활에 지대한 영향을 미쳤다.

2) 정신역동모델의 특성

정신역동이론의 관점은 개인의 성격구조를 형성하게 만드는 '원초아(id), 자아(ego), 초자아(superego)'라는 심리적 에너지의 활발한 상호작용을 강조한다. 이들 각각의 에너지는 서로 갈등적일 때가 많으며, 이때 경험되는 사고와 감정이 항상 상호작용하고 있다는 데 초점을 두고 있기 때문에 '역동적(dymanic)'이라고 한다(나동석 외, 2014: 116).

프로이트는 "인간의 마음은 '원초아(id), 자아(ego), 초자아(superego)'로 이루어졌다."라고 하였다. 원초아(id)는 생물학적 충동들로 구성되어 있으며, 원초아의

모든 과정은 무의식적으로 일어난다. 자아는 원초아의 본능적 욕구와 현실을 중재하며, 초자아와 원초아를 중재하는 역할도 한다. 초자아는 사회의 가치와 도덕을 내면화하여 현실보다는 이상적인 것을 추구한다. 성숙한 성격은 원초아, 자아, 초자아가 조화롭고 균형 있게 발전할 때 이루어진다(이종복 외, 2015: 306).

3) 정신역동모델의 주요 개념

(1) 정신역동모델의 마음 · 성격 · 심리성적 모델

정신역동모델의 마음 · 성격 · 심리성적 모델을 보면 다음의 〈표 9-5〉와 같다.

〈표 9-5〉 정신역동모델의 마음 · 성격 · 심리성적 모델

구분	내용
마음의 지형학적 모델	① 의식(consciousness)은 우리가 인식하고 현재 느끼거나 알 수 있는 정신적 활동이다. ② 전의식(preconsciousness)은 현재는 의식되지 않지만 전에 의식했던 것이 저장된 것으로 주의집중을 통해 쉽게 의식될 수 있는 경험이다(Freud, 1923: 14). 전의식은 무의식과 의식 사이에 존재하며, 무의식에서 떠오르는 충동이나 욕구들을 검열하고 조절한다. ③ 무의식(unconsciousness)은 욕구나 본능이 깊게 자리하고 있는 영역으로, 인식할 수 없고 직접적으로 확인할 수도 없는 접근 불가능한 창고에 해당하는 것이다. 무의식은 본능적 역동, 성적 본능으로 이루어져 있으며, 충족되지 않은 소망들이 담겨 있다(Freud, 1923: 1-15).
성격의 구조적 모델	① 원초아(id)는 성격의 기초로서 쾌락을 추구하고 고통을 회피하는 쾌락원리 추구이며, 출생 시부터 타고난 것으로, 본능적이고, 정신 에너지의 저장고이며, 무의식에 속한다. ② 자아(ego)는 원초아와 초자아를 중재하며, 내부세계와 외부세계 사이에서의 기능이 잘 집행되도록 하는 역할을 담당한다. 자아는 맹목적인 정신 에너지의 방출을 지연시키고 사회적으로 바람직한, 수용될 수 있는 방법이 발견될 때까지 긴장을 참아 내며 실제적인 만족을 얻기 때문에 현실원리에 입각하여 작용한다. ③ 초자아(super ego)는 선악을 판단하는 기준이며, 금지의 개념이 강하고 일부는 사회의 도덕률이나 금기로 구성되어 있으며, 일부는 부모에게 받은 도덕교육을 토대로 형성된 도덕관념으로 구성된다. 현실보다는 이상적인 것을 추구한다. 양심이나 자아이상이 이에 해당한다.
심리성적 발달단계	① 구강기(oral stage: 출생~1세): 리비도가 입에서 나타나며, 빨고, 삼키고, 깨물면서 만족을 얻는다. 구강기에 만족하면 개별화, 분리, 대상관계의 형성이 잘되며, 고착되면 성인이 되었을 때 극도의 의존성, 희생해서라도 타인에게 인정받고 싶어 하며, 손톱 물어뜯기, 껌 씹기, 흡연, 과식 증상이 나타난다.

구분	내용
심리성적 발달단계	② 항문기(anal stage: 2~3세): 리비도가 항문영역으로 몰입된다. 배변훈련이 성공하면 사회적 승인을 얻는 쾌감을 경험하고 창조적이고 생산적이며, 관용 · 자선 · 박애행동의 성격특성이 발달하지만 강압적인 배변훈련으로 고착되면 부모에게 대항하며, 성인이 되었을 때 난폭하고 완고하며, 인색하고 통제된 행동을 보인다. ③ 남근기(phallic stage: 4~6세): 리비도가 성기 부위에 집중되며, 성기에 대해 관심을 갖고 많은 질문을 한다. 남아는 어머니에 대해 이성적 관심을 갖고 아버지를 적수로 생각하여 갈등을 느끼는 오이디푸스 콤플렉스, 여아는 자신의 성기 거세의 책임을 어머니에게 돌려 어머니에 대한 적대감을 갖게 되는 엘렉트라 콤플렉스를 경험한다. 오이디푸스 콤플렉스와 엘렉트라 콤플렉스는 양가감정을 초래하여 아동은 동성 부모와는 경쟁자로서의 관계를 형성하게 되고, 질투와 분노 감정을 갖게 되며, 갈등을 경험한다. 이를 성공적으로 해결할 경우 성적 역할의 동일시와 성적 정체감을 가질 수 있으며, 충성심, 효도, 낭만적 사랑이 가능하고 고착되면 성적 무기력, 불감증, 경솔, 야심적, 경솔한 성격을 보인다. ④ 잠재기(latency stage: 7~12세): 리비도가 무의식 속에 잠복하고 성에 무관심하고 사회기술, 즉 지적 호기심, 운동, 친구와의 우정 등의 활동이 싹트는 시기이다. 이 시기를 적절히 성취하면 원만한 대인관계와 자신감, 적응능력이 생기고 고착이 되면 열등감을 갖게 된다. 또한, 과도하게 충동을 억제하면 성격발달이 정체되고 강박적 성격으로 발전할 가능성이 있다(권석만, 2012). ⑤ 생식기(genital stage: 12세 이후): 신체적 성숙이 이루어짐에 따라 진정한 의미에서의 성욕이 나타나는 시기이다. 생산적으로 활동하고 깊은 사랑을 하며 성숙을 성취할 수 있다.

출처: 이종복 · 전남련, 2005: 160–169; 엄명용 외, 2005: 178–183; 전남련 외, 2012: 110–116; 권중돈, 2014: 330–339 재구성.

〈표 9-6〉 프로이트(Freud)의 심리성적 발달단계와 성격의 특성

단계	갈등의 장	방어기제	성격특성
구순기	음식 섭취	투사/거부/내면화	낙천–비관/어수룩함–의심/ 어수룩함–의심/능동적–수동적/감탄–시기
항문기	배변훈련	지성화/반동형성/ 격리/무위	인색–관대/고집–순종/ 청결–지저분/정확–모호
남근기	오이디푸스/엘렉트라 콤플렉스	억압	허영–자학/자신–소심/저돌–우유부단/ 화려함–수수함/순결–음란/남성적–여성적
잠재기	성본능의 잠복, 성본능과 관련 없는 사회적 기술 습득		
생식기	오르가즘	승화	성숙–미숙/적응–부적응

출처: 권중돈, 2014: 339 재구성.

(2) 정신역동모델의 불안과 방어기제

인간은 세 가지 불안을 갖는다. 첫째는 억압되어 있는 원초아의 성적 충동과 공격적 충동이 분출되어 처벌될 것에 대한 신경증적 불안, 둘째는 현실세계에 있는 위협적인 상황에 대한 현실적 불안, 셋째는 도덕과 양심에 위배되는 생각이나 행동을 할 경우 초자아에 의해 나타나는 죄의식에 의한 도덕적 불안이다.

인간은 이러한 불안을 야기하는 상황에 직접 대처할 수 없을 때 자신을 불안으로부터 보호하기 위해 무의식적으로 방어기제(defense mechanism)를 사용한다(김혜란 · 홍선미 · 공계순, 2002: 172-173).

방어기제의 종류와 내용은 다음의 〈표 9-7〉과 같다.

〈표 9-7〉 방어기제의 종류와 내용

종류	내용
억압	기억을 무의식 속에 넣어 불안으로부터 자아를 보호하는 것 예: 꿈, 농담, 말의 실수
반동형성	불안하게 만드는 생각이 의식적으로 반대의 것으로 대체되는 것 예: 애정이 증오로, 관심이 무관심으로 변하는 경우
퇴행	초기의 발단 단계나 행동양식으로 후퇴하는 것 예; 동생이 태어난 후 대소변을 가리던 형이 대소변을 못 가리는 경우
격리	고통스러운 기억과 연관된 감정을 떼어 내는 것. 감정사고의 분리 예: 부친의 사망에 슬퍼하지 않다가 영화를 보면서 아버지를 연상시키는 권위적인 남자가 죽었을 때 비통하게 우는 것)
취소	죄책감을 일으키는 충동이나 행동을 중화 또는 무효화하는 것 예: 여비서에게 성적으로 끌리는 것을 느낀 남자가 부인에게 줄 비싼 선물을 사는 것
투사	자신의 용납할 수 없는 생각, 행동을 무의식적으로 다른 사람이 행한다고 믿는 것 예: 남성에게 느끼는 성적 감정을 모든 남성이 자기를 원한다고 느끼는 것
투입	외부의 대상을 자기 내면의 자아체계로 받아들이는 것. 우울증의 기제 예: 모친을 미워하는 것을 수용할 수 없어 나 자신을 미워하는 경우
자기로의 전향	공격성 같은 본능적 충동이 자기에게 향하는 것 예: 부부싸움을 한 남편이 자기 머리를 벽에 부딪치는 경우
역전	감정, 태도, 특징, 관계, 방향을 반대로 변경하는 것. 반동형성은 감정의 역전이고, 역전은 더 광범위한 것 예: 무능한 모친에게 반항하면서 성장하고 자신의 성공에 죄책감, 불안을 느끼는 경우

종류	내용
합리화	용납할 수 없는 태도, 신념, 행동을 정당화하는 것 예: 여우가 포도를 못 따 먹으면서 포도가 시어서 안 먹는다고 하는 경우
전치	본능적 충동이 실제 대상에서 덜 위협적인 대상으로 옮겨 가는 것 예: 어떤 대상에게 향했던 감정을 다른 대상에게 표현하는 경우
동일시	주위의 중요 인물들의 태도와 행동을 닮는 것 예: 공격성을 감추고 있는 사람이 히틀러와 같은 사람으로 동일시함
전환	심리적 갈등이 신체감각기관과 근육계의 증상으로 표출되는 것 예: 글쓰기가 고통스러워 팔이 아픈 경우
지성화	고통스러운 감정을 직접 경험하지 않고 지성적으로 사고하여 피하는 것 예: 감정이나 상황을 느끼지 않고도 설명이 가능한 경우
보상	자신의 결함을 메우려는 무의식적 노력 예: 약점을 보상받으려 다른 것에 몰두하는 경우
내면화	다른 사람의 가치관을 자신의 성격으로 흡수하는 것 예: 어머니를 미워할 수 없어 자신을 미워하는 경우
부정	위협적 요소가 존재한다는 사실을 인정하지 않는 것 예: 존재하는 불쾌한 현실을 부정하여 편안해지려는 경우
치환	우선의 대상으로 향하던 욕구가 다른 대상으로 바뀌는 작용 예: 애정의 표현으로 물건을 선물하고 사랑이 물건으로 바뀌는 경우
대치	이루어지지 않는 것을 비슷한 것을 취하여 만족을 얻는 상태 예: 헤어진 남자와 비슷한 남자친구를 사귀는 것

출처: 전남련 외, 2012: 118-122; 권중돈, 2014: 324-325; 이종복 외, 2015: 188-192 재구성.

4) 정신역동모델의 실천과정

(1) 치료목표

정신역동모델의 심리적인 문제는 충동이 과도하게 좌절되거나 과도하게 충족되었을 때, 구순기, 항문기, 남근기에 정신적 외상을 입었을 때, 유아기에 해결되지 않은 무의식적 갈등이 원인이 된다(권중돈, 2014: 340). 정신분석모델의 치료목표는 머튼스(Mertens, 1990)에 의하면 ① 부적응 행동을 변화시키고, ② 증상을 제거하며, ③ 정신장애로 인해 중단 또는 지연되었던 발달과정을 재구성하는 것이라고 했다(권중돈, 2014: 342). 이에 손광훈(2012: 123)은 더 추가하여 ④ 중단

되었던 발달과정을 정상 궤도로 진입하게 하고 ⑤ 자기분석능력을 키우며, ⑥ 전이 신경증을 유발시켜 훈습하고 극복하는 데 있다고 하였다. 즉, 무의식을 의식화하고, 성격을 재구성하는 것이고, 어린 시절 초기 경험을 재경험하고 억압된 갈등을 훈습하도록 하여 지적인 인식을 갖는 것이다(서정현, 2015: 30-31).

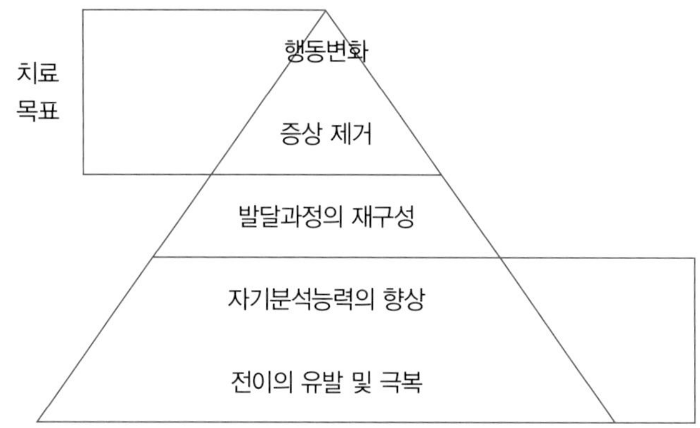

[그림 9-5] 정신분석의 치료 및 분석 목표

출처: 권중돈, 인간행동과 사회복지실천, 2014: 342.

(2) 치료 개입과정

사회복지사는 치료를 위해 클라이언트의 무의식을 의식화할 수 있도록 무의식적 자료를 철저히 분석하는 치료방법을 택한다. 치료자(사회복지사)는 내담자(클라이언트)가 자신의 문제에 통찰력(insight)을 갖고 문제를 변화시키는 방법을 인식하여 자신의 삶을 합리적으로 통제할 수 있도록 돕는다. 내담자와 치료자의 관계, 즉 원조 관계가 정신분석 치료의 핵심이다.

개입과정은 내담자와 대화를 통해 정화, 통찰, 무의식적인 지적 · 정서적 문제의 이해, 훈습 또는 재교육의 순으로 이어지는 내담자와 치료자의 노력 과정이다(권중돈, 2014: 343-344). 원조관계의 진행을 살펴보면 다음과 같다(손광훈, 2012: 126; 장수미 외, 2010: 77-78; 권중돈, 2014: 340-344).

- 시작단계: 클라이언트와 만남으로 문제를 파악하고 정신분석 여부를 결정한다.
- 발달 및 전이단계: 클라이언트와 사회복지사 간의 친숙한 관계를 형성하고 클라이언트는 자신의 무의식적인 갈등을 표출하고 사회복지사에게 갈등 대상에 대한 감정을 전이하게 된다. 이에 사회복지사는 클라이언트의 전이를 알고 분석하여 갈등의 본질을 통찰할 수 있도록 한다.
- 작업단계: 지속적인 상담으로 자유연상과 전이와 역전이 분석, 클라이언트의 저항과 방어기제를 해석하여 클라이언트의 문제에 대한 통찰을 심화시킨다.
- 해결단계: 전이분석이 종결되는 단계이며, 사회복지사에 대한 클라이언트의 무의식적이고 신경증적 애착을 해결하게 된다.

5) 정신역동모델의 실천기법

정신분석모델의 실천기술은 자유연상, 저항, 전이와 역전이, 경청, 명료화, 해석, 훈습 등의 기술을 활용한다. 정신역동모델의 실천기법은 〈표 9-8〉과 같다.

〈표 9-8〉 정신분석모델의 개입기법

실천기법	설명
자유연상	① 클라이언트 마음에 떠오르는 감정, 생각, 기억, 환상, 꿈 등을 자유롭게 말하도록 한다. ② 사회복지사는 클라이언트의 무의식적인 의미를 지속적으로 탐색해야 한다. ③ 자유연상에서 클라이언트의 무의식 속 억압된 욕구를 확인하며, 불안의 요소가 무엇인지에 대한 단서를 제공해 준다.
해석	① 사회복지사는 꿈이나 자유연상의 내용, 저항, 상담관계 자체의 의미를 지적 또는 설명하고 가르친다. ② 클라이언트의 저항, 방어적 태도를 지적하고 설명해 주어야 한다.
꿈의 분석	① 꿈을 통해 나타나는 무의식적인 소망과 욕구, 두려움을 해석함으로써 무의식적으로 억압했던 자료들을 풀어내고 새로운 통찰력을 갖게 한다. ② 사회복지사는 꿈과 해결되지 못한 갈등 간의 관계에 대한 분석과 해석을 한다. ③ 사회복지사는 꿈의 해석을 밝히기 위해서 꿈의 표현적 내용에 관련된 자유연상을 하도록 요구한다.

실천기법	설명
저항의 분석과 해석	① 저항은 치료향상을 저지하고 클라이언트의 무의식적 욕구 발산을 방해한다. 사회복지사는 저항을 지적해 내어야 하며, 클라이언트는 저항과 대결해야 한다. ② 사회복지사가 저항을 해석하는 목적은 저항은 불안으로부터 자신을 방어하려는 기제이므로 클라이언트가 저항에 대한 원인을 자각하고 처리할 수 있도록 하려는 것이다.
감정전이의 분석과 해석	① 감정전이는 치료과정에서 클라이언트가 과거에 영향력 있었던 사람에게 느꼈던 사랑이나 증오의 감정을 사회복지사에게 전이시킬 때 나타나는 현상이다. ② 클라이언트가 전이관계를 알고 자신의 과거 갈등에 대한 통찰력을 갖게 되며 정화를 통해 치료 개선이 시작된다.
경청	① 자유연상을 통해 클라이언트가 자유롭게 말하는 내용을 중립적이고 공감하는 태도로 주의 깊게 들어야 한다. ② 클라이언트가 주제를 꺼내면 사회복지사는 질문을 통해 주제가 보다 상세하게 표현될 수 있도록 돕는다. ③ 사회복지사는 클라이언트의 표현에 대해 공감적인 태도를 보이고 주의 깊게 듣는다.
직면	① 클라이언트에게 나타나는 저항이나 부적응적인 행동, 특정 현상에 주의를 기울이도록 유도하고, 이제까지는 회피해 왔지만 앞으로는 이해해야 할 문제로 인지하도록 돕는다. ② 클라이언트가 특정 문제에 대한 해결과정에서 저항과 비순응적인 태도를 보이게 될 때 클라이언트가 특정 현상에 대해 주의를 기울이고 무엇을 피하려고 했는지 알기 위해 사회복지사는 클라이언트에게 직면할 수 있다.
명료화	① 클라이언트가 직면한 심리적 현상에 대해 예리하게 초점을 맞추거나 혹은 현상의 원인이 되는 중요한 과거력을 파헤쳐 나간다. ② 클라이언트의 생각, 감정, 환상의 심리역동적 의미를 해석함으로써 클라이언트의 통찰력을 향상시키도록 돕는다. ③ 직면 다음에 나타나며, 클라이언트가 날카로운 관점에서 직면하였던 심리학적 현상들을 이해하는 것으로 그 현상의 원인이 되는 과거의 중요한 세부사항들을 파헤쳐 클라이언트의 생각, 감정, 환상의 심리역동적 의미를 해석하게 된다. 명료화를 통해 사회복지사는 클라이언트의 통찰력을 향상시키고 클라이언트가 자기 이해를 할 수 있도록 돕는다.
훈습	① 클라이언트가 저항이나 전이에 대해 이해한 것을 반복 · 심화 · 확장함으로써 통합적으로 이해하도록 한다. ② 전이의 분석과 동시에 일어나며, 전이의 분석을 지속시킨다.
해석	① 준비기간과 해석을 통해 통찰에 이르러 이것을 행동화하기까지의 모든 과정을 해석과정이라고 한다(권중돈, 2014: 345). 그러므로 클라이언트의 꿈, 자유연상, 저항, 치료관계 자체에서 나타나는 행동의 의미를 클라이언트를 지적하고 설명하고 가르치며, 통찰을 갖도록 클라이언트의 사고, 감정, 환상의 정신역동적 의미에 대해 해석을 한다.

실천기법	설명
해석	② 해석과정 • 내담자를 어떤 특정 사실이나 경험에 직면하게 하고 • 직면한 사실이나 사건, 의미 등의 초점을 잡아 명료화하고 • 지금까지 유추한 사실을 내담자에게 말로 전달하며 • 내담자가 억압된 것을 받아들이고 분석과정에서 해석된 것을 통합하고 그 과정에서 생겨난 저항을 극복하는 훈습단계로 구성된다. ③ 해석의 종류 첫째, 발견적 해석은 감추어진 소망들이 의식으로 드러나는 것이다. 둘째, 연결적 해석은 클라이언트의 현재 상황이 과거와 어떻게 연결되어 왜곡되어 있는지 파악하는 것이다. 셋째, 통합적 해석은 다양한 자원들로부터 협력하는 것이다(Strean, 1996: 523-554; 엄명용 외, 2005: 186에서 재인용). 사회복지사는 클라이언트의 통찰력 향상을 위해 클라이언트의 사고, 감정, 환상의 정신역동적 의미와 꿈, 자유연상, 저항, 치료관계에서 나타나는 행동의 의미를 클라이언트에게 지적하고, 설명하고 가르칠 목적으로 해석을 활용한다.

출처: Corey, 1991; 조현춘 · 조현재, 1996; 엄명용 외, 2005: 183-187; 손광훈, 2009: 128-130; 전남련 외, 2012: 123 재구성.

6) 정신역동모델의 실천적용과 한계점

정신역동모델의 사회복지 실천적 의미는 첫째, '대화가 내담자를 변화시킬 수 있다'는 토대를 제공해 주었고, 둘째, 사회복지사에게 개인을 사정하는 객관적인 준거 틀을 제시해 주었다는 것이다(정원철, 2005: 193).

그러나 정신분석이론은 인간의 정신 내적 현상을 지나치게 강조하여 기계론적이고 결정론적 인간관과 이에 따른 실천을 조장함으로써, 사회복지 전문직의 분열과 사회복지실천상의 불균형을 초래하는 문제점을 야기시키기도 하였다(나동석, 2014: 115). 또한, 치료자의 권위와 우월성을 강조하고, 클라이언트를 낙인화시키는 문제점을 가지고 있으며(백은령 외, 2008: 174), 자아의 힘이 부족하고 자기중심적이며, 충동적인 내담자 혹은 심한 정신병 환자와 환경적 · 문화적 영향을 고려해야 하는 내담자에게는 알맞지 않다(서정현, 2015: 30-31).

치료자는 오랜 훈련을 받아야 하고 내담자는 많은 시간과 경비를 들여야 한다.

이 이론은 사회적 · 문화적 · 대인관계적 요인을 무시하고 본능적 · 생물학적 요인을 강조한다(서정현, 2015: 30-31).

6. 위기개입모델

1) 위기개입모델의 정의

위기개입이란 위기에 처한 사람을 돕는 하나의 접근법이다. 특별히 단기간을 통한 집중적인 활동을 하는 것으로 구성되며, 현재 상황의 구체적인 사실과 이를 변화시키는 자기 자신의 노력을 강조한다(김기태, 1995). 또한, 불균형 기간 동안 개인의 심리사회적 기능에 적극적으로 영향을 주는 과정이다(이소연, 2009: 13).

위기(crisis)라는 용어는 그리스어 'krisis'에서 유래되었으며, 결정(decision) 혹은 전환점(turning point)이라는 뜻이다. 『웹스터 사전(*Webster's Dictionary*)』에서는 위기를 "인간 생활에서의 상태의 급격한 변화, 정신적으로 중요한 사건, 결정적 순간, 불안정한 중대한 시기" 등으로 정의하고 있다.

사람이 위기에 처하면 ① 촉발사건을 위협적으로 인식하고, ② 두려움, 긴장, 혼란 등을 경험하며, ③ 매우 높은 수준의 주관적 불편함을 인정하고, ④ 불평형의 상태로 급속히 진행되며, ⑤ 일상적인 대처방법으로는 상황을 조정하거나 대처할 수 없을 것이라고 느낀다(Robert, 2005; 배은숙 외, 2014: 162).

위기는 일시적으로 불평형 상태를 동반하여 인간 성장의 잠재력을 가지며, 위기를 해결하면 대처능력을 향상시키는 것과 같은 긍정적이면서도 건설적인 결과를 가져올 수 있으며, 자기패배감이나 역기능적 행동과 같은 부정적 측면은 감소될 수 있다(Janosik, 1984; 이소연, 2009: 14).

즉, 위기개입이란 위기로 인한 불균형 상태를 회복하기 위하여 일정한 원조 수단을 개인, 가족 및 집단 그리고 지역사회 등에 적용하는 단기치료과정이라고 할 수 있다(전재일 · 이성희, 2004: 353).

2) 위기개입의 주요 개념

(1) 위기의 유형

퍼이어(Puryear, 1979)는 효과적인 위기개입의 실천원칙으로 ① 신속한 개입, ② 행동에 초점, ③ 제한된 목표, ④ 희망과 기대, ⑤ 지지 제공, ⑥ 건강한 자아상, ⑦ 자립을 제시하였다(Puryear, 1979; 이선혜, 2009: 17-19; 김용환, 2013: 183 재구성). 제임스와 길리랜드(James & Gilliand, 2006)는 발달적 위기, 상황적 위기, 환경적 위기, 실존적 위기로 구분하고 있으며, 이를 살펴보면 다음과 같다(James & Gilliand, 2006; 한인영 외 역, 2008; 배은숙 외, 2014: 163; 양옥경 외, 2005: 365).

① 발달적 위기: 인간이 성장하고 발달해 나가는 가운데 발생하는 사건으로 아이의 출생, 대학 졸업, 중년기 직업의 변화, 은퇴 등으로 초래된다. 각 사건의 반응은 개인마다 다르므로 주의 깊게 사정하고 개입하여야 한다.

② 상황적 위기: 위기상태를 촉발하는 사건을 중심으로 분류한 결과, 심각한 질병, 외상, 사랑하는 사람과의 사별, 자연재해와 인재(화재 등), 폭력범죄 등과 같이 갑작스럽게 발생하는 외부 사건에 의한 위기 등이 있다.

③ 환경적 위기: 태풍, 홍수, 지진, 화산 폭발과 같은 자연재해나 기름 유출 등과 같은 인재, 전쟁, 민족말살 등의 정치적 사건일 수도 있으며, 갑작스러운 경제 위기일 수도 있다.

④ 실존적 위기: 실존위기는 인간에게 요구되는 책임감, 독립성, 자유 등이 충족되지 않을 때 갈등과 불안이 초래되면서 발생한다. 예를 들어, 중년 이후 남성이 직장에서 영향력이 없음을 깨달으면서 발생하는 위기이거나, 독신 여성이 50대 이후 어머님과 같이 살아온 삶에 독립적인 삶을 가지지 못한 것을 후회하면서 위기를 경험하는 경우이다.

(2) 위기의 구성요소

위기는 위험사건, 취약상태, 촉발요인, 실제 위기상태, 재통합의 다섯 가지 요소로 구성되어 있다. 이러한 구성요소는 위기의 발달 및 진행과정과 맥을 같이한다. 그 내용을 살펴보면 다음과 같다(Golan, 1978; 신상자, 2007 재인용: 181-182).

① 위험사건: 위험사건은 외부적인 스트레스 사건일 수도 있고 혹은 내부적인 압력일 수도 있으며, 재앙사건일 수도 있고 혹은 연속적으로 축적된 사건일 수도 있다. 위험사건으로는 갑작스러운 배우자의 죽음, 교통사고로 인한 장애, 해고, 이혼, 강간, 이민 등을 예로 들 수 있다.

② 취약상태: 위험사건으로 항상적 균형을 잃으면 취약상태가 된다. 취약상태에서는 위험사건에 대처하기 위해 평소 사용하던 문제해결기제를 시도하며, 성공하지 못하면 새로운 방법을 강구하게 된다.

③ 촉발요인: 촉발요인은 긴장과 불안을 고조시켜 취약상태를 불균형상태로 만든 요인이다. 예를 들어, 최근 실직한 남성이 이혼을 하여 평형상태가 깨지면서 실제 위기를 맞는 경우이다.

④ 실제 위기상태: 실제 위기상태는 혼돈, 불안, 염려, 절망, 분노와 같은 감정을 동반하는 격심한 정서적 혼란 상태를 말한다. 위기에 처한 개인은 심리적 취약성, 방어기제의 위축, 문제해결 및 대처능력의 와해를 경험한다.

⑤ 재통합: 재통합 단계에서는 위기를 인지하고 위기와 관련된 감정을 표현하며, 변화를 수용하고 새로운 대처능력을 개발한다. 또한, 위기상황을 성공적으로 극복함으로써 자기효능감과 자아존중감이 증진되기도 하고 새롭게 학습한 적응기제는 앞으로 있을 수 있는 문제에 대처하는 데 적용될 수 있다.

3) 위기개입모델 의뢰 시 원칙

위기개입모델 의뢰 시 원칙은 〈표 9-9〉와 같다(이윤로, 2008: 257-258).

〈표 9-9〉 위기개입모델 의뢰 시 원칙

의뢰 시 원칙
① 한 번에 3~4곳에 의뢰함으로써 클라이언트를 혼돈스럽게 하지 말고 우선순위를 정하고 그 문제에 대해 한 곳에 의뢰한다.
② 클라이언트가 정보를 알고 있는지를 분명히 하고 반복하거나 적도록 한다.
③ 클라이언트가 연락을 취할 수 없는 경우를 제외하고는 클라이언트 스스로 의뢰된 기관과 연락하도록 고무한다.
④ 의뢰를 반드시 즉각적으로 할 필요는 없으며, 시간을 갖고 생각할 수도 있다.
⑤ 의뢰를 하기 전에 클라이언트가 치료에 적극적으로 참여할 것인지를 확인해야 한다. 클라이언트가 필요한 변화나 결정에 대해 두려움을 갖고 있으면 클라이언트는 도움에 대해 가치가 없다고 생각하고 있는 경우가 많다.
⑥ 가능하면 의뢰 후 확인 전화를 하라. 이는 연속성을 갖게 한다. 사회복지사의 관심을 표현하는 방안이고 의뢰가 얼마나 효과적이었는지 알 수 있다.

출처: 이윤로, 2008: 257-258 재구성.

4) 효과적으로 원조하기 위한 위기개입 사회복지사의 특성

위기를 겪는 클라이언트를 효과적으로 원조하기 위해서 사회복지사가 갖추어야 할 특성은 다음과 같다(James & Gilliand, 2006; 한인영 외 역, 2008; 김용환, 2013: 184-186 재구성).

① 생활경험: 성숙, 낙천, 끈기, 강한 마음과 같은 장점이 있어야 하고 삶에서 성장하고 배우며 훈련과 지식, 슈퍼비전을 통해 경험을 지속시켜야 한다.

② 전문적 기술: 극적인 문제가 발생하였을 때를 대비하여 주의력, 정확한 경청, 사고 · 감정 · 행동의 일치, 사정과 의뢰기술, 대안을 탐색하고 문제를 해결하는 능력이 필요하다.

③ 균형: 통제력을 잃은 클라이언트를 대해야 하므로 침착함, 균형, 통제력을 유지해야 한다.

④ 창조성과 융통성: 해결이 불가능해 보이는 문제에 직면하는 클라이언트를 위해서는 사회복지사의 삶에 대한 창조성과 융통성을 활용하도록 한다.

⑤ 에너지와 탄력성: 위기에 개입하는 사회복지사는 자신의 일에 대한 열정과 신체적 · 심리적 욕구를 잘 관리하는 능력이 필요하다.

⑥ 신속한 정신적 대응: 위기개입은 시간이 중요하므로 전형적인 치료개입과는 달리 신속하고 정확하게 생각하는 능력이 필요하다.

⑦ 성장 가능성: 빠르게 변하는 위기개입 현장에 도움을 주기 위해 사회복지사는 성장과 변화에 대한 가능성과 욕구가 있어야 한다.

5) 위기개입모델의 사회복지실천과정

(1) 위기개입모델의 목표

〈표 9-10〉 라포트(Rapoport, 1970)의 위기해결을 위한 개입목표

구분	목표내용
1단계 기본 목표	위기로 인한 증상 제거, 위기 이전 수준으로 회복, 불균형 상태를 가져온 위기촉발 시전에 대한 이해, 클라이언트나 가족이 지역사회 자원을 통해 얻을 수 있는 치료방법을 모색한다.
2단계 추가 목표	현재의 스트레스를 과거 경험이나 갈등상황과의 연관성 인식, 새로운 인식, 사고, 정서를 개발하고 위기상황 이후에도 사용할 수 있는 새로운 적응 및 대처기제를 개발한다.

출처: 김용환 외, 2013: 186 재구성.

〈표 9-11〉 단기치료모델과 위기개입모델의 목표 비교

구분	단기치료모델	위기개입모델
치료의 목표	• 구체적 증상 제거	• 위기 해결
치료의 초점	• 현재 상황과 관련된 과거	• 현재, 위기 이전 기능 수준 회복
상담자 활동	• 지지적 · 참여적 관찰자 · 간접적	• 지지적 · 적극적 참여자 · 직접적
징후	• 급격히 와해된 정서적 고통	• 대처하는 능력의 급작스러운 상실
평균치료기간	• 1~20회	• 1~6회

출처: D. Anguilera, 1998: 23, 나동석 외, 2014: 140 재구성.

(2) 위기개입모델의 실천과정

위기개입모델의 실천단계는 제임스와 길리랜드(James & Gilliand, 2008)의 6단계 개입과정, CISD의 목표와 개입방법, 골란(Golan, 1978)의 실천과정을 중심으로 살펴보고자 한다.

❶ 제임스와 길리랜드(James & Gilliand, 2008)의 6단계 개입과정

〈표 9-12〉 위기개입 6단계 과정

경청단계	활동단계
1단계: 문제 정의하기	4단계: 대안 탐색하기
2단계: 안전을 확보하기	5단계: 계획 세우기
3단계: 지지 제공하기	6단계: 긍정적 활동 참여시키기

출처: Gilliland, 1982; 이소연, 2009: 15-16 재구성.

❷ CISD의 목표와 개입방법

CISD(Critical Incident Stress Debriefimg)는 아길레라와 메식(Anguilera & Messick, 1982)이 제시한 것으로, 위기가 일어난 현장에서 즉시 위기개입을 하는 것이다(양옥경 외, 2005: 374-379 재구성).

〈표 9-13〉 CISD의 목표와 개입방법

구분	내용
목표	정보제공, 감정환기, 상실의 의미 표현, 참가자의 정서반응의 정상성에 대해 재확인, 그룹과 동료의 사회적 지지 제공, 사건에 대한 오류와 잘못된 정보 줄이기, 참가자의 대처노력을 격려, 교육, 강화시켜 주기, 긴장과 불안을 완화시키는 방법 배우기, 사건 이전으로의 기능회복 돕기, 사후치료가 필요한 대상 확인하기
개입방법	[비공식적 경감시키기] • 1단계: 요원들이 자신을 소개 • 2단계: 겪었던 외상적 경험을 노출시키고 스트레스 증상 표현하도록 돕기 • 3단계: 참가자들에게 정보를 제공하고 모순된 인식을 정상화시키고 스트레스와 외상에 대해 관리해 주기
개입방법	[공식적 경감시키기(외상사건 이후 24시간 내에 이루어짐)] • 도입 단계: 팀 요원을 소개하기 • 사실확인 단계: 겪었던 일과 어떤 사실이 있었는지 표현하기 • 생각표현 단계: 가장 많이 떠오르는 생각들을 표현하기 • 감정표현 단계: 두려움 등을 표현하여 환기, 카타르시스 경험하기 • 증상확인 단계: 위기사건으로 인한 우울 등의 스트레스 확인하기 • 교육 단계: 스트레스로 인한 반응에 대해 전문가의 도움을 받도록 알려 주고 평소 다양한 대처방법 알려 주기 • 재정리 단계: 진행된 내용 중 모호한 것을 표현하고 사후관리 대상 확인하기

출처: Grilliland & James, 1997: 588-590 재구성.

❸ 골란(Golan, 1978)의 위기개입 실천과정

	사회복지사의 활동지침
위기개입 초기	**A. 위기상황에 대한 즉각적 초점** 1. '여기-지금'에서 출발한다. 2. 사건에 대한 주관적 반응을 이끌어 낸다. 3. 감정이 누그러짐에 따라 위험 사건과 악화된 변화에 대해 알아본다. 4. 취약상태의 성격과 지속 기간을 확인한다. 5. 실제 위기상황에 대해 사정한다. **B. 현재 처한 곤경에 대한 평가** 1. 초점을 두어야 하는 부분을 결정하는 진술을 한다. 2. 클라이언트가 가장 먼저 작업하고 싶은 부분이 무엇인지 묻는다. 3. 클라이언트와 함께 하나의 표적 문제를 설정한다. **C. 앞으로의 활동에 대한 계약** 1. 구체적 목표와 과정에 대한 임시동의안을 만든다.
위기개입 중기	**A. 자료의 조직화** 1. 위험사건 이후의 상황과 관련 자료를 보충한다. 2. 여러 개의 주제 중 상실, 자기존중감 등에서 선택한다. **B. 행동변화의 초래** 1. 초기 행동계략(C1)으로 돌아가 결과는 효과적이었는지를 규명한다. 2. 단기에 성취할 수 있는 과제영역에서 중간목표를 설정한다. 3. 목표를 달성하기 위한 구체적 과제에 대해 작업한다. 4. 과제는 클라이언트가 행동과정 혹은 수행하는 방법을 결정하도록 한다.
위기개입 종결	**A. 종결결정** 1. 계약에 따른 남은 시간 혹은 남은 회기에 대해 상기시킨다. 2. 계약을 맺지 않았다면, 종결 가능성으로 회기의 공백을 둘 것을 제안한다. 3. 종결에 대한 클라이언트와 사회복지사 자신의 저항을 다룬다. **B. 진보에 대한 점검** 1. 최종 혹은 최종 이전 회기에서 진보에 대해 요약할 것을 제안한다. 2. 주요 주제인 정서적 이슈와 진보를 점검한다. 3. 성취한 과제, 목표 변화와 이루지 못한 일을 점검한다. **C. 앞으로의 활동계획** 1. 현재 상태와 장래에 대한 클라이언트의 계획을 논의한다. 2. 문을 닫지만 조금은 열어 둔다.

출처: Golan, 1978: 84-91; 나동석 외, 2014: 141-143 재구성.

6) 위기개입모델의 개입기술

위기개입모델 개입기술은 다음의 〈표 9-14〉와 같다.

〈표 9-14〉 위기개입모델 개입기술

기술	내용
경청	인간중심 상담에 기반을 둔다.
개방형 질문	클라이언트의 감정, 생각, 행동에 관한 내용을 얻기 위해 사용하는 것이므로 개방형 질문을 활용한다. 예)"..에 대해서 이야기 좀 해 주세요.", " 당신은 ....을 어떻게 할 것입니까? 등
감정을 자신의 것으로 표현	"그게 내 말이야."와 같이 자신의 것으로 하는 '나' 진술은 위기개입에 중요하다. 그 이유는 위기개입을 하는 사회복지사는 흔히 안정되지 못한 상태에 있는 클라이언트에 대해 지시적인 입장에 있기 때문이다. 위기에 처한 클라이언트는 사회복지사를 모델로 삼기 때문에 사회복지사의 감정, 행동을 자신의 것으로 표현하는 것이 중요하다.
재진술 및 요약적 명료화	클라이언트는 주변 환경에서 일어나고 있는 혼돈과 자신의 무질서한 사고 과정으로 자신을 표현하는 데 어려움이 있다. 클라이언트가 말하는 것을 사회복지사가 자신의 말로 재진술하여, 그것이 클라이언트가 말하고 느끼고 생각하고 행동하려는 것인가에 대해 클라이언트의 피드백을 받아야 한다.

출처: 김용환 외, 2013: 191-193 재구성.

퍼이어(Puryear, 1979)의 효과적인 위기개입은 다음과 같다(Puryear, 1979; 강경미, 2003; 이선혜, 2009: 18; 박정문, 2016: 271-273 재인용).

① **신속한 개입**: 사람들은 위기에 처하면 오랫동안 견딜 수 없다. 일반적으로 위기상태에 들어간 때부터 6주 내에 어떤 형태로든 해결이 된다. 이 기간 동안의 신속한 개입은 위기에 처한 사람들의 적응에 매우 중요하다. 위기개입은 사건 직후 보통 30분에서 2시간 사이에 이루어진다(James & Gilliand, 2008; 배은숙 외, 2014: 160).

② **행동 중요**: 위기개입의 기술은 적극적인 성격을 가지며, 행동에 초점을 둔다. 위기에 처한 사람은 고착되는 경향이 있고, 효과적이지 않은 행동을 하게 되는데 치료사가 계획에 따라 돕고, 격려하며, 내담자를 이끌어 가야 한다.

③ **제한된 목표**: 위기개입의 목표는 평형상태를 회복하는 것으로서, 그 최소한의 목표는 파멸의 예방이다.

④ **희망과 기대**: 위기에 처하여 절망한 사람에게 해결될 것이라는 지나친 희망을 주는 것은 피하고 위기를 극복할 수 있다는 희망을 주는 것이 중요하다.

⑤ **지지**: 위기개입에 있어서 초기에는 필요한 만큼 지지를 제공하지만 빠른 시일 내에 지지를 감소시켜, 치료사에게 지나치게 의존하지 않도록 한다.

⑥ **초점적 문제해결**: 위기개입 시 치료사는 가능한 한 신속하게 위기과정을 유발시킨 문제를 파악하는 데 초점을 두어야 한다.

⑦ **특히, 청소년에게 중요한 자아상**으로 내담자의 낮아진 자아상을 보호하고 증진시켜야 한다. 내담자 자신이 할 수 있는 것은 대신해 주지 않는 것이다.

위기 개입 시 다루기 어려운 클라이언트에 대한 대처방안은 다음과 같다(Janmes & Gililand, 2006; 한인영 외 역, 2008; 장수미 외, 2010; 배은숙 외, 2014: 171-172).

① 상습적으로 전화를 하는 클라이언트는 자신의 문제가 해결될 수 없는 것임을 확인하려고 하는 경우가 많으므로 클라이언트의 성장을 저해한다고 판단된 경우 지지해 주지 말아야 한다.

② 망상과 환상을 가지고 있는 클라이언트는 저항적이고 비순응적이므로 무조건 클라이언트를 달래거나 동정하기보다 감정이입적으로 반응하고 대처기술을 탐색하여 클라이언트의 감정을 찾아내는 것이 필요하다.

③ 장난전화를 하는 클라이언트는 그냥 전화를 끊어 버리면 계속해서 전화하는 경향이 있으므로, 오히려 진지하게 받아 주는 것이 다시 전화하지 않도록 하는 방법이다.

7) 위기개입모델의 사회복지실천 적용

위기개입모델은 극심한 스트레스 상황에서 즉각적으로 필요한 서비스의 지원과 격심한 고통 이후에 발생할 수도 있는 심각한 심리적 붕괴현상의 예방에 관심이 있으며, 위기개입모델은 긴박한 스트레스 상황 속의 개인이나 가족을 진단하는 준거 틀과 임상적 측면에서 예방법으로 일반화할 수 있는 접근방법을 제시해 준다(양옥경 외, 2005: 355). 위기개입은 주로 스트레스가 높은 지역사회 정신보건영역, 자살방지센터, 가족서비스센터, 의료체계, 성폭력상담, 가정폭력상담, 재난구조센터, 아동복지체계, 학교 등에서 많이 활용된다. 단기간에 안정과 통제를 제공하기 때문에 다문화적 접근이 필요하다.

위기개입의 유용성에도 불구하고 실증적 자료가 부족하고 이론적 체계와 기술이 미흡하다는 비판이 대두되고 있다(신성자 외, 2007: 185).

7. 권한부여모델

1) 권한부여모델의 정의

권한부여모델은 1970년대 이후 일반체계이론과 생태학 이론이 사회복지의 주요 이론 틀로 활용되면서, 생태체계 관점에 근거한 강점지향 혹은 해결중심접근의 중요성이 대두되었고, 1990년대와 2000년대로 오면서 권한부여모델로 새롭게 나타나게 되었다.

권한부여모델은 강점 중심으로 봄으로써 클라이언트의 잠재력 및 자원을 인정하고 클라이언트가 건강한 삶을 결정할 수 있도록 권한 혹은 힘을 부여하고자 한 것이다(Sheafor, Horejsi, & Horejsi, 1997; Solomon, 1976). 따라서 이 모델은 클라이언트와 사회복지사는 동반관계로 문제해결과정에 함께 참여하는 협력자이다(전재일 · 이성희, 2004: 374).

2) 권한부여모델의 주요 개념

(1) 권한부여

권한부여(empowerment)모델이란 누군가에게 권한을 주는 것, 혹은 힘을 부여하는 것, 능력을 주는 것이며, 사람들이 개인적 이유 혹은 사회구조적 이유 또는 개인과 사회환경 등의 복합적 원인으로 그들의 권리 · 기회 · 자원을 박탈당하거나 상실한 경우에 이를 회복시켜 주는 노력이다(나동석, 1997: 29–43).

(2) 협력과 파트너십

권한부여모델에서 클라이언트는 경험과 역량을 가진 원조과정의 파트너이다. 클라이언트를 파트너로 보는 것은 변화노력의 전 과정에서 클라이언트의 자기결정권을 강조한다는 것이다. 즉, 클라이언트는 전문가적 파트너로서 변화과정에 능동적으로 참여하는 파트너이다. 그리고 사회복지와 클라이언트 간의 상호협력적 파트너십을 갖게 한다(양옥경 외, 2005: 475).

(3) 역량

역량은 주위 환경과 상호작용하기 위해 체계가 소유하고 있는 지식과 기술의 질(quality)로 정의할 수 있다. 역량은 개인특성, 대인상호관계, 사회적 · 물리적 환경에서 비롯되는데, 이러한 세 차원이 잘 기능할수록 각 개인의 환경에 대처할 수 있는 역량이 향상된다(Miley, O'Melia, & DuBois, 1995; 양옥경 외, 2005: 477).

(4) 소비자

'소비자'라는 용어는 사회복지사와 클라이언트체계의 파트너십 내에서 클라이언트의 자기결정권 보호와 활동적 역할을 강조하는 것이다(Gummer, 1983: 920–938; 양옥경 외, 2005: 476).

3) 권한부여모델의 실천과정

〈표 9-15〉 권한부여모델의 실천과정

단계	과정 및 활동		실천과정 설명
대화 단계	파트너십 형성	공유하기	클라이언트의 특권을 인식하고 사회복지사와 클라이언트의 관계를 역량강화한다.
	파트너십 명료화		클라이언트의 경험을 확인하면서 도전적인 상황을 사정한다. 업무 특성을 추가하고 목표를 정한다.
	방향 설정		클라이언트 동기부여를 촉진하는 관계에 대한 초기 의도를 결정하고 관련 자원들에 대한 탐색을 안내한다.
발견 단계	강점 확인하기	클라이언트가 모르는 자원 탐색	클라이언트의 강점에 대한 일반적 기능, 도전받는 상황에 대한 대처 기술, 문화적 정체성, 역경에 대한 극복 등을 탐색한다.
	자원체계탐색 분석		가족, 사회적 집단, 조직이나 지역사회기관들을 포함한 환경과 클라이언트가 교류함에 있어서 자원을 탐색한다.
	해결책 고안		상담, 자원 관리와 교육 등을 통해 가능한 자원들을 동원함으로써 가능한 행동 계획을 수립한다.
발달 단계	동맹관계 구축	활용하지 않은 자원역량 사정	클라이언트와 클라이언트의 자연적 지지 체계 그리고 서비스 전달체계들과 동맹관계를 역량강화한다.
	기회 확장		프로그램 개발, 지역사회 조직화 그리고 사회행동 등을 통해 새로운 자원을 개발한다.
	성공 인식		달성도를 인식하고 계속되는 행동에 대해 정보를 제공함으로써 변화노력의 성공에 대해 평가한다.
	결과 통합		관계를 해결하고 성공을 축하하며, 긍정적인 변화를 안정화시키는 방법으로 변화 과정을 마무리한다.

출처: Miley et al., 1995: 88-89; 전재일 외, 2007: 380; 양옥경 외, 2005: 479-481 재구성.

4) 권한부여모델의 실천을 위한 개입기술

권한부여모델의 실천을 위한 개입기술은 다음의 〈표 9-16〉과 같다(나동석 외, 2014: 153-165).

〈표 9-16〉 권한부여모델에서의 사회복지사 역할

역할	내용
관계성 기르기	감정이입 / 클라이언트의 선택과 스스로의 결심을 지지 개인적인 차이를 가치 있게 여김
의사소통 진전시키기	존엄과 가치를 존경 / 개입적인 차이를 고려 / 클라이언트 초점 / 비밀 유지
해결점 찾기	클라이언트의 참여를 권함 / 클라이언트의 법률상 권리를 인정/ 도전을 배우기 위한 기회처럼 구성 / 발달과정과 평가를 결정하는 데 클라이언트를 관련시킴
활동에 전문적인 사회사업의 표준을 반영	전문가의 도덕성 고수 / 전문적인 발달접근과 정책적 조직화에 그들을 관련시킴 / 차별과 불평등, 사회적 정당성 문제에 개입

출처: DuBois, 1995: 224.

5) 권한부여모델의 적용과 제한점

권한부여모델은 중증정신질환자에 대한 실천모델로 가장 잘 개발되어 왔다. 클라이언트보다 강점과 자기결정을 강조하며, 정신질환자도 학습하고 성장하고 변화할 수 있다고 생각한다. 사회복지사가 클라이언트의 내재된 힘을 지지할 때 그들의 긍정적 성장 가능성을 고양시킬 수 있다는 것이다(김융일 외, 1995: 96).

권한부여모델은 개인적 대인 간의 파워는 사회적 지위를 기반으로 하는 힘과 새로운 기술을 익히고 새로운 지위를 획득함으로써 성취되는 파워이며, 환경과 상호작용한 결과 자원에 대한 접근과 통제가 커졌을 때 역량강화를 경험한다. 즉, 자원과 기회에 대한 접근성은 개인적 강점을 발달시키고 대인 간 역량강화는 물론(이원숙, 2008: 154) 집단의 권한을 강화시킨다(양옥경 외, 2005: 473).

권한부여모델은 목표달성과 미래로의 도약점을 제공하려면 좀 더 많은 실천경험을 바탕으로 한 검증된 연구가 필요하다.

<함께 토의해 보기>

1. 4~5명의 집단을 구성하여 각 구성원들이 개인이 자기 이해에 이르는 과정을 그림에 따라 작성해 보고 발표하면서 구성원 간의 차이점을 분석해 보자.

2. 장점이 없어 보이는 클라이언트에 대한 무조건적 존중을 실시하는 체험을 해 보고 사회복지사로의 자신의 생각을 발표해 보자.

3. 자신이 경험하고 있는 조건부 가치에 대해서 생각해 보자.

4. 과제 중심모델의 실천과정에 대해서 설명해 보자.

5. 과제의 다른 유형들에 대해서 설명해 보자.

6. 다음의 비합리적인 사건을 읽고 집단 구성원 간의 합리적인 사고를 토의해 보자.

비합리적 사고
모든 사람들로부터 사랑받고 받아야만 한다(인정의 욕구).
완벽한 능력과 성공을 해야만 가치 있는 인간이다(완전무결주의).

7. 인지행동주의모델의 적용과 한계점에 대해서 설명해 보자.

8. 정신역동모델의 장점과 한계점을 설명해 보자.

9. 주변 사람들의 부적응적이라고 생각되는 행동을 방어기제에 적용하여 설명해 보자.

10. 교재의 '심리사회적 사정(Psychosocial Assessment) 표'를 보고 각자가 자신의 문제를 이 틀에 넣어서 분석해 보자.

11. 자신의 유년기의 발달적 고찰을 해 보고 갈등이 해결되지 않았던 사건들을 탐색(exploration)-기술(description)-환기(ventilation)에 맞추어서 설명해 보자.

12. 자신의 생의 위기를 경험했던 사건 중 하나를 선정하여(출처: 이윤로, 2007: 259) ① 그 사건이 발생했을 때의 감정, ② 그 사람이 해 주었던 가장 중요한 것, ③ 그 위기에 대한 나의 감정에 대해서 생각해 보고 발표해 보자.

13. 위기개입 시 다루기 어려운 클라이언트에 대한 대처방안에 대해서 생각해 보자.

14. 사회복지사와 클라이언트와 서로 의견이 상충될 때 협력적 관계를 맺어야 한다면 어떤 기술과 자세를 가져야 하는지 생각해 보자.

15. 권한부여모델에 자신의 경험을 적용하여 토론해 보자.

<함께 풀어 보기>

1 클라이언트모델

1. 다음 중 유기체적인 가치화 과정을 설명한 것 중 적절하지 않은 것은 ?
   ① 유기체가 갖고 있는 욕구에 따라 사물을 평가하는 자유로움을 의미한다.
   ② 정적인 것이 아니라 진행 중이라는 것이다.
   ③ 성장해 가면서 부모, 선생님, 중요 타인들의 관점에 의해 자신을 평가한다.
   ④ 확보된 가치는 시간이 흘러도 변하지 않는다는 것이다.

2. 클라이언트모델의 사회복지실천 적용의 부분에 대해 적절하지 않은 것은?
   ① 사회복지실천영역에 가장 큰 영향을 미친 부분은 원조면접영역이다.
   ② 클라이언트중심모델은 교육에 적용되어 학생중심의 교수법을 만들었다.
   ③ 경청이나 반영 등의 기법에 의존하여 적용된다.
   ④ 정신병리학에 관한 정보가 부족한 클라이언트에 대해서도 접근할 수 있다.

3. 다음 중 실현화 경향에 대한 설명 중 적절하지 않은 것은?
   ① 자아실현의 욕구성취를 지향하게 하는 동기이다.
   ② 학습과 습관에 의해 형성되는 욕구이다.
   ③ 출생 시부터 성취를 향해 생산적으로 성장하도록 운명 지어졌다.
   ④ 유기체의 생득적인 경향이다.

정 답

1. ④　　2. ③　　3. ②

2 과제중심모델

1. 과제중심모델의 특징에 해당하지 않는 것은?
   ① 시간제한적인 단기개입임
   ② 구조화된 접근임
   ③ 문제해결활동은 클라이언트가 수행에 동의하지 않아도 가능함
   ④ 이론보다는 조사에 근거한 경험적 자료를 중심으로 진행함

2. 다음 보기를 읽고 조작적 과제를 모두 고르시오.

> 보기: 매일 식사 때 남편에게 한 가지씩 칭찬하기, 인격 형성하기, 건강 증진하기, 식사 때 긍정적인 대화 나누기, 하루를 바쁘게 보내기

3. 직접적인 치료기법에 해당하지 않는 것은?

① 인식의 증진　② 격려　③ 지시　④ 상황분석

정답

1. ③　2. 매일 식사 때 남편에게 한 가지씩 칭찬하기, 식사 때 긍정적인 대화 나누기　3. ④

3 인지행동주의모델

1. 다음 중 인지행동치료 기법에 속하지 않는 것은?

① 모델링　② 연상기법　③ 이완훈련　④ 자기대화

2. 다음의 보기의 설명에 알맞은 기법은 무엇인가?

> 보기: 클라이언트에게 가장 덜 위협적인 상황에서 가장 위협적인 상황까지 상황들을 순서대로 제시하면서, 불안자극과 불안반응 간의 연결이 없어질 때까지 불안을 일으키는 자극들을 반복적으로 이완 상태와 짝짓는 것이다.

① 체계적 둔감화　② 내적 의사소통의 명료화　③ 이미지 안내　④ 역설적 의도

3. 인지행동주의모델에 대한 설명 중 적절하지 않은 것은?

① 인지행동주의모델은 인지모델과 정신분석모델을 통합한 것이다.
② 1960년대 이후 등장한 이론이며, 개인과 환경 모두에 초점을 둔다.
③ 인지행동주의모델의 목표는 인지의 구조적 차원의 변화이다.
④ 인지행동주의 모델은 잘못된 가정과 사고의 유형을 확인 · 점검하고 재평가하여 수정하도록 격려하고 원조하는 것이다.

정답

1. ②　2. ①　3. ①

4 정신역동모델

1. 다음 중 마음의 지형학적 모델에 속하지 않는 것은?
   ① 의식 ② 전의식 ③ 무의식 ④ 인식

2. 정신역동모델의 실천기법에 속하지 않는 것은?
   ① 자유연상 ② 점성가에게 꿈해몽하기 ③ 훈습 ④ 해석

3. 다음 중 성격의 구조적 모델에 속하지 않는 것은?
   ① 이드 ② 초자아 ③ 망각 ④ 자아

4. 정신역동모델의 실천적용과 한계점에 대한 설명 중 적절하지 않은 것은?
   ① 정신질환자에게 적절한 개입방법이다.
   ② 사회복지사에게 개인을 사정하는 객관적인 준거 틀을 제시한다.
   ③ 대화가 내담자를 변화시킬 수 있다는 토대를 제공한다.
   ④ 클라이언트를 낙인화시키는 문제점을 가진다.

정 답

1. ④ 2. ② 3. ③ 4. ①

5 심리사회모델

1. 심리사회모델의 장점을 설명한 것 중 적절하지 않은 것은?
   ① 개인, 커플, 가족, 집단치료, 환경과 작업 등 여러 가지 형태로 실천되고 있다.
   ② 장 · 단기개입, 위기개입, 예방적 개입, 외상치료 등 다양한 상황에서 사용되고 있다.
   ③ 과학적 측정이 가능하다.
   ④ 사회복지직을 전문직으로 출발할 수 있도록 하였다.

2. 다음의 표를 보고 괄호 안에 알맞은 내용을 넣으시오.

치료기술	설명
가.	클라이언트의 환경에 개입하는 과정으로서, 클라이언트를 지지하고 영향을 미칠 수 있는 가용한 자원을 연계하고 배치시킴
나.	사회복지사와 클라이언트의 신뢰관계를 바탕으로 클라이언트에게 제안과 설득을 제공함
다.	클라이언트에게 언어적 혹은 비언어적 의사소통을 통해 관심, 수용 감정이입적 이해, 재확신, 격려 등을 제공함
라.	클라이언트에게 주의 깊게 제안과 충고를 제공함
마.	클라이언트의 상황에 관한 사실들을 드러내고 다른 감정을 표현하게 함으로써 감정의 전환을 제공함

정 답

1. ③　　2. 가. 간접적 치료, 나. 직접적 치료, 다. 지지, 라. 직접적 영향, 마. 탐색 · 묘사 · 환기

6 위기개입모델

1. 위기개입모델의 실천원칙을 설명한 것 중 적절하지 않은 것은?

① 신속한 개입　　③ 사회복지사의 건강한 자아상
② 행동에 초점　　④ 장기적 전망

2. 다음의 빈칸을 채우시오(교재 참조).

구분	단기치료모델	위기개입모델
치료의 목표	구체적 증상 제거	가. (　　　　　　)
치료의 초점	• 현재 상황과 관련된 과거 • 무의식	나. (　　　　　　)
평균치료기간	1~20회	1~6회

3. 위기개입 시 효과적인 개입을 위한 사회복지사의 특성으로 적절하지 않은 것은?
   ① 생활경험이 성숙해야 한다.
   ② 전문적 기술 필요하다.
   ③ 침착함, 균형, 통제력을 유지해야 한다.
   ④ 창조성과 융통성은 개입을 방해한다.

정 답

1. ④　　2. 가. 위기 해결, 나. 현재, 위기 이전 기능 수준 회복　　3. ④

7 권한부여모델

1. 권한부여모델의 실천에서 사회복지사의 역할 중 적절하지 않은 것은?
   ① 관계성 기르기　　③ 해결점 찾기
   ② 의사소통 진전시키기　　④ 활동에 사회복지 윤리강령을 반영

2. 권한부여모델에 대한 설명 중 적절하지 않은 것은?
   ① 권한부여란 누군가에게 권한을 주는 것이다.
   ② 클라이언트의 잠재력 및 자원을 인정한다.
   ③ 클라이언트는 사회복지사와 수동적인 관계를 가진다.
   ④ 클라이언트의 탄력성을 전제로 삶을 통제할 수 있도록 힘을 부여한다.

정 답

1. ④　　2. ③

10

Theories of Social Work Practice

사례관리

제10장 사례관리에 대한 이해를 위해 사례관리의 정의, 목적, 특성, 기능, 사례관리자의 역할, 실천과정, 사례관리서비스 수행에 영향을 미치는 요인을 제시하고 있다.

학 습 목 표

1. 사례관리의 정의를 이해하고 설명할 수 있다.
2. 사례관리의 목적을 이해하고 설명할 수 있다.
3. 사례관리모델의 특성을 이해하고 설명할 수 있다.
4. 사례관리의 기능을 이해하고 설명할 수 있다.
5. 사례관리자의 역할을 이해하고 설명할 수 있다.
6. 사례관리 실천과정을 이해하고 설명할 수 있다.
7. 사례관리서비스 수행에 영향을 미치는 요인을 이해하고 설명할 수 있다.

1. 사례관리의 정의

사례관리는 미국의 1960년대 서비스의 단편성 극복을 위한 노력과 1970년대의 탈시설화 영향으로 지역사회 서비스가 서비스 제공에 실패하자 서비스 조정의 필요성으로 시작되었다. 그 외에도 탈시설화의 영향, 복잡하고 분산된 서비스 체계, 클라이언트와 그 가족에게 부과되는 과도한 책임, 다양한 문제와 욕구를 가진 클라이언트의 증가, 서비스 비용 억제의 필요성, 사회적 지지와 사회적 망의 강조 등으로 필요성이 증가하였다(이종복 외, 2015: 258-261).

우리나라의 경우는 1990년대부터 관심을 받아왔고, 1995년 「정신보건법」 제정에서 사례관리가 필수사업의 하나로 지정되었다. 2003년부터 서울시가 사회복지관을 중심으로 사례관리 수행 평가를 시작하였고, 2006년에는 사례관리 표준화 및 전산화, 내용의 충실성, 지속성, 포괄성 등의 평가 항목을 제시함에 따라 사례관리가 사회복지기관의 보편적이고 핵심적인 요소로 자리매김하게 되었다(전미애, 2012: 35).

오코너(O'Connor, 1988)는 사례관리를 사례계획의 실행과 관련된 직접적인 실천활동들을 의미하며 사회복지실천의 '핵심기술들' 중의 하나로 정의하였다. 목슬레이(Moxley, 1989)는 사례관리를 '복합적인 욕구를 가진 사람들의 기능화와 복지를 위한 공식적 · 비공식적 지원과 활동의 망(network)을 조직, 조정, 유지하는 것'이라고 정의하였다.

이를 종합하면, 사례관리(case management)의 개념은 복합적이고 장기적이며 다양한 욕구를 가진 클라이언트를 대상으로 개별적인 상황에 따른 원조계획을 세워 클라이언트 자신의 자원뿐만 아니라 가족, 친구, 이웃 등의 비공식적인 자원, 그리고 각종 수당과 급여와 같은 공적인 프로그램과 서비스 등을 연계하여 클라이언트의 복지 추구와 기능의 강화, 서비스의 효과성 증진을 도모하는 서비스체계라고 할 수 있다(권오균 외, 2011: 340).

2. 사례관리의 목적

사례관리의 목적은 직접적인 서비스와 간접적인 서비스를 제공하여 클라이언트가 사회복지사의 도움이 없어도 주변 자원들을 활용하고 연결하는 역량이 생기도록 원조하는 것이다. 사례관리의 목적을 구체적으로 정리하면 다음과 같다(이종복 외, 2015: 257 재인용).

첫째, 특정 시점에서 포괄적 서비스를 조정하여 개인에게 제공하고 시간의 경과에 따라 변화하는 개인의 욕구를 충족시킬 수 있도록 즉각적이고 포괄적인 서비스를 지속적으로 제공하는 보호의 연속성을 보장하는 것이다.

둘째, 클라이언트가 다양한 서비스체계와 협상하는 것을 원조함으로써 서비스에 대한 접근 가능성을 증대시키고, 서비스의 단편화로 인한 서비스 접근장애를 극복하여 클라이언트에 대한 전반적 책임을 지도록 함으로써 책임성을 증대시킬 수 있다.

셋째, 서비스가 클라이언트의 욕구에 적합하고, 적절한 방법으로 제공될 수 있도록 보장함으로써 서비스 계획의 효율성을 향상시킨다.

3. 사례관리모델의 특성

사례관리모델의 특성은 다음과 같다(정순둘 · 고미영, 2001: 19-20).

첫째, 단편적이거나 중복적인, 또 연계되지 못하는 서비스 전달상의 문제점을 극복하기 위해 고안된 하나의 실천방법으로 사정(assessment), 보호계획(care plan), 조정 및 연계 등을 통해 재가복지 서비스를 노인의 욕구에 적절히 맞추어 공급하고(최정호, 2014: 25), 장애인과 노인 등 다양한 서비스가 필요한 비교적 장기적이고 복잡한 문제를 가진 집단을 대상으로 한다.

둘째, 사례의 수에 따라 집중사례관리(intensive management)와 일반사례관리로 나눈다(Bums et al., 1999). 집중사례관리는 케이스 수가 10~15명인 경우이며, 노인의 자아통제감 점수도 높여 주고 재가노인에게 매우 유용한 모델이며, 전문자원봉사자를 활용하면 효과적으로 사례를 관리할 수 있다.

셋째, 공식적 · 비공식적 자원의 동원 및 조직 내 서비스 자원뿐만 아니라 조직 외부의 자원을 적극적으로 연결하는 노력이 필요하다(조흥식 외, 2001).

넷째, 사례관리모델은 지역사회의 자원 개발과 네트워크 연결, 사례관리자의 실천방법에 대한 인식의 변화와 적용이 함께 어우러져야만 성공할 수 있다.

4. 사례관리의 기능

여러 학자들에 의해 정리된 사례관리의 기능은 다음과 같다(Rothman, 1991; 엄명용 외, 2016: 381-383).

① 클라이언트와 필요한 서비스의 연결기능이다. 서비스 연결기능은 클라이언트의 욕구를 충족시키기 위해서 필요하고 유용한 서비스와 권력을 클라이언트에게 위임하고 양도하는 것이다.

② 비공식 지원체계와 클라이언트 간 상호작용의 촉진기능이다. 비공식적인 지원체계를 통하여 클라이언트는 경제적 · 사회적 안정, 신체적 · 정신적 건강, 정서적 지지 안내, 지역사회생활의 향상 등에서 결정적인 도움을 받고 있으며, 이것은 다른 지원체계보다도 훨씬 더 클라이언트에게 실질적인 지원을 제공할 수 있다.

③ 사례관리기관들 간의 조정기능이다. 기관 상호 조정은 공식적인 정책이나 비공식적인 기관 간의 협정을 통하여 기관들 사이의 연계를 촉진함으로써 사례관리의 효과성을 높이는 기능이다.

④ 상담기능이다. 상담은 사례관리 과정에서 클라이언트에게 유용한 서비스에

접근할 수 있도록 필요한 정보를 제공하며 클라이언트 자신의 욕구와 문제에 대한 이해를 증진시키고 그 가족에게 클라이언트에 대한 이해를 촉구하며, 서비스 제공 기관과의 접촉을 향상시키는 기능을 수행한다.

⑤ 문제해결기능이다. 문제해결은 사례관리과정에서 클라이언트에게 발생할 수 있는 클라이언트 개인의 성격상 문제, 위기상황, 실직이나 부부갈등과 같은 일상생활상의 문제 등을 잘 극복할 수 있도록 하는 기능이다.

⑥ 옹호기능이다. 옹호는 개인 클라이언트와 집단 클라이언트의 사회적 기능을 향상시키기 위해 클라이언트의 무기력과 무능력을 제거하는 것이며, 명확한 욕구를 가지고 있는 개인 또는 집단에 힘과 자원을 적절하게 분배하려는 데 목적을 둔 활동을 포함한다.

5. 사례관리자의 역할

사례관리자의 역할을 로스만(Rothman & Sager, 1998)은 기관접근, 인테이크, 사정, 목표설정, 개입계획 수립, 자원의 확인과 찾기, 기관과 서비스 자원과의 공식적인 연계, 사회적 네트워크와의 비공식적 연계, 모니터링, 재사정, 클라이언트 평가, 기관 간 조정, 상담, 치료, 클라이언트 옹호 등 15가지로 포괄적으로 제시하고 있다. 목슬레이(Moxley, 1989)는 사례관리자의 역할을 직접적 서비스 기능과 간접적 서비스 기능으로 나누고 있다(권오균 외, 2011: 348).

첫째, 직접적 서비스 기능으로는 실행자(Implementer), 교사 · 상담가(teacher, counselor), 안내자 · 협력자(guide, collaborator), 진행자(processor), 정보전문가(information specialist), 지지자(supporter) 역할이고, 둘째, 간접적 서비스 기능에서는 옹호(advocacy), 사회적 네트워크 개입(social network intervention), 기술적 지원과 자문(technical assistance and consultation) 등의 전략을 제시하였다(한국사례관리학회, 2012: 86).

사례관리자의 역할을 종합해 보면 ① 사정자, ② 계획자, ③ 상담자, ④ 중개자. ⑤ 조정자, ⑥ 평가자, ⑦ 옹호자의 기능을 한다고 볼 수 있다.

6. 사례관리 실천과정

사례관리를 전개하는 과정은 학자들에 따라 제시하고 있는 단계와 국가직무능력표준에서 제시하는 과정을 바탕으로 인테이크(초기접촉)→사정→서비스 계획 및 목표설정→개입과 모니터링→종결 및 평가의 순으로 살펴보고자 한다.

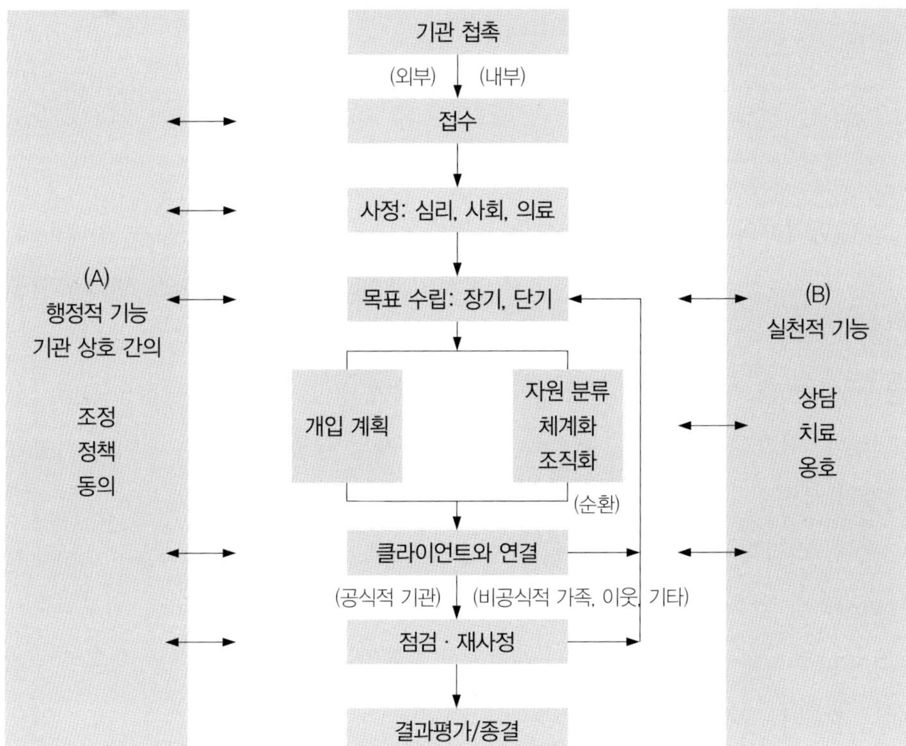

[그림 10-1] 로스만(Rothman)의 사례관리과정

출처: Rothman, 1991: 523; 엄명용, 2006: 350.

〈표 10-1〉 학자별 사례관리 과정 단계 구분

학자	내용
웨일 (Weil,1985)	클라이언트 확인과 접근→사정과 진단→서비스 계획과 발굴→서비스와 클라이언트 연결→서비스 실행과 조정→서비스 전달체계 점검→옹호→평가
목슬레이 (Moxley, 1989)	사정→계획→개입→점검→평가
로스만 (Rothman, 1991)	기관에 접근→인테이크→목표설정(사정)→계획수립→연결(개입)→점검→재사정→결과평가

출처: 이종복 외, 2007: 303 재구성.

1) 인테이크(초기접촉)

클라이언트는 기관, 가족, 지역사회, 조직, 교회, 경찰, 학교로부터의 의뢰과정이나 스스로의 방문과정을 통해 기관과 접촉하게 된다. 외부로부터 이루어지게 되면 기관에서는 클라이언트를 수용하게 된다. 대부분의 기관이 기본적으로 의뢰에 의해 클라이언트와 접촉하게 된다. 또 다른 접촉방식으로는 사례관리자가 기관 밖으로 클라이언트를 찾아 나서는 아웃리치 방식이 있다. 클라이언트를 접촉하려는 노력들이 지역사회에까지 확장되어 클라이언트를 찾아 기관의 서비스 체계로 들어오도록 하는 것이다. 이러한 접촉방식은 서비스는 필요하나 스스로는 기관과 접촉하지 않는 클라이언트를 대상으로 한다(이종복 외, 2012: 361).

2) 사정

사정이란 사례관리자와 클라이언트의 명백한 욕구에 관한 정보를 수집하고 분석하며, 우선 순위화하고 종합화하는 가운데 서로가 협동함으로써 이루어지는 과정이다(Hepwork & Larsen, 1982; 김만두 편역, 1992: 76 재인용).

사정의 첫 번째 영역은 클라이언트의 욕구(need)와 선호(want)를 명확하게 하는 것이다. 욕구란 적절한 생활을 유지하는 데 필요한 자원이 결핍된 상태이다(길귀숙 외, 2011: 344).

두 번째 영역은 클라이언트의 환경적인 도전을 충족시킬 수 있는 클라이언트의 능력이다. 능력은 위생, 의상, 금전관리능력 등을 포함하며(Krist-Ashman & Hull, 2002), 클라이언트의 감정에 초점을 둔다(길귀숙 외, 2011: 345)

세 번째 영역은 클라이언트의 비공식적 집단의 보호능력을 사정하는 것이다.

네 번째 영역은 공식적 자원체계를 사정하는 것이다(Krist-Ashman & Hull, 2002).

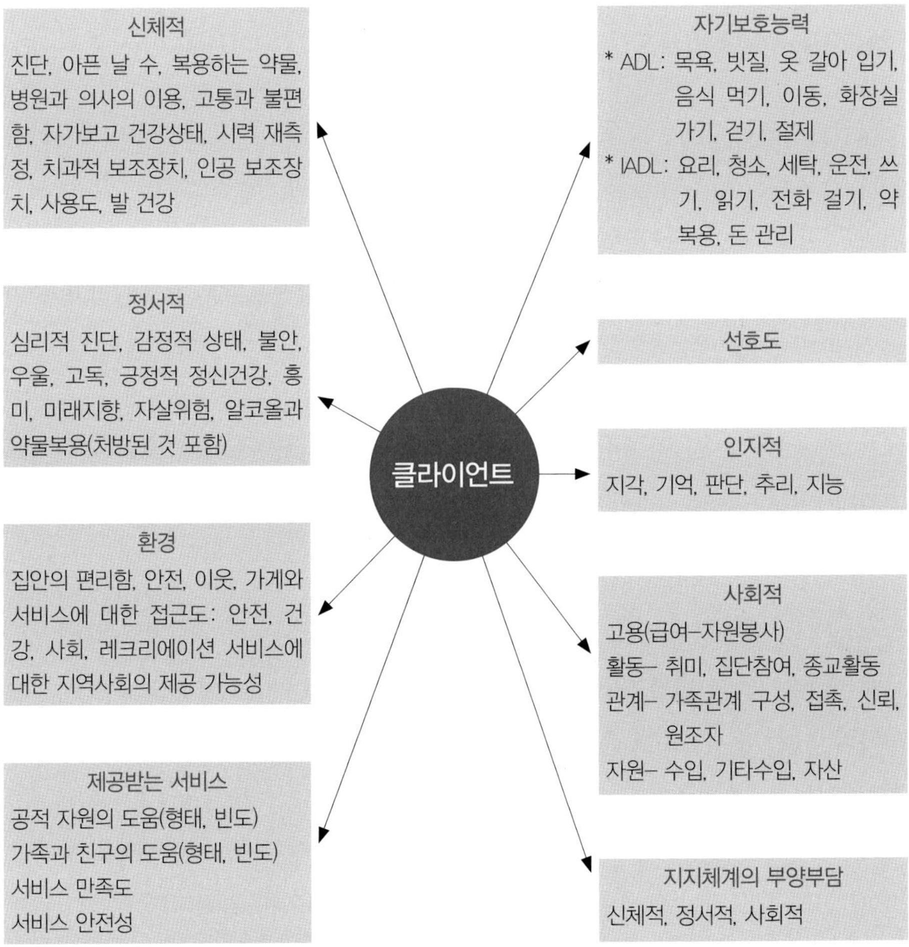

[그림 10-2] 사정의 다양한 측면

출처: Kane, 1990: 64; 정순둘, 2008: 41.

3) 서비스 계획 및 목표설정 기술

서비스 계획은 클라이언트의 욕구 충족을 위한 목적을 성취하기 위해 서비스를 구체화하는 과정(Holt, 2000)이며, 사정을 통해 확인된 욕구목록을 실행으로 옮기는 전략을 설정하는 단계이다.

서비스 계획의 과정은 ① 성과목표 설정하기, ② 우선순위 정하기(목표나 문제의 우선순위), ③ 실천전략 세우기(개입목표 결정하기), ④ 계약하기, ⑤ 실행하기의 5단계의 순으로 진행된다(홍선미 외, 2010: 42). 그리고 목표를 계획하고 수립하기 위해 주의할 점은 목표는 명료해야 하고, 실현 가능하고, 클라이언트가 목표에 대한 동의가 이루어져야 한다(정순둘, 2008: 44).

〈표 10-2〉 계획 기록, 목표설정, 목표달성척도(Goal Attainment Scaling)의 사례

계획 기록

장기목표	단기목표	개입목표	실행방법
직업재활 서비스 제공	관심 분야 파악	① 취업기관에 대한 정보제공 ② 취업형태에 대한 정보제공 ③ 취업정보 검색하기	① 취업 워크숍 참여 ② 취업부와 연계하여 취업 제공 ③ 단기/경쟁고용
가족지지 체계 강화	취약가족 체계강화	① 주기적인 가정 방문 실시 ② 자주 연락하여 가족 근황 확인 ③ 가족모임회에 대한 정보제공 ④ 억눌린 가족의 감정 다루기	① 가정 방문 ② 전화상담 ③ 개별상담

목표설정의 사례

예	명료하지 않은 목표	명료한 목표
노인의 고독감이 문제일 때	클라이언트의 고독감을 줄인다. →목표가 추상적이다.	클라이언트에게 말벗 서비스를 통해 날마다 접촉을 제공한다.→목표에 시간과 서비스 횟수가 포함되어 있다.

목표달성척도(Goal Attainment Scaling)의 사례

목표달성 수준 \ 목표	목표 1: (가중치 점수:) 경제적 독립(0.6)	목표 2: (가중치 점수:) 체중감량(0.4)
최적의 향상(1.0)	최소생계비 이상의 급여와 부가급부가 보장되는 전업직 취업	101~150파운드 감량
기대 이상으로 향상(0.75)	최소생계비 이상의 급여가 보장되는 전업직 취업	76~100파운드 감량
기대 정도로 향상(0.5)	최소생계비 수준의 급여가 보장되는 전업직 취업	35~75파운드 감량
기대 이하의 성과(0.25)	임시직 취업	34파운드 이하 감량
전혀 상관없음(0.00)	취업 실패, 아버지의 계속적 동거	체중 증가

전체 목표달성 수준 = (목표 1 가중치 × 목표달성 수준)+(목표 2 가중치 × 목표달성 수준)
= (0.6 × 0.5)+(0.4 × 0.5)
= 0.50

출처: 이준우 · 최희철, 2014: 153; 정순둘, 2008: 48-49 재구성.

4) 개입과 조정

개입은 사례관리자가 클라이언트, 클라이언트의 사회관계망 그리고 관련 서비스 제공자들을 변화시키기 위해 직접적 혹은 간접적으로 관여하는 것이다. 그리고 조정은 직 · 간접 개인에 의한 서비스 및 자원계획의 수행과 개입과 관련된 서비스 조직들의 상호작용이 적절히 이루어질 수 있도록 관여하는 것이다(엄명용 외, 2014: 392).

직접적인 서비스 개입기술과 간접적인 서비스 개입기술을 보면 다음과 같다

(1) 직접적인 서비스

직접적인 서비스는 다음과 같다(정순둘, 2008: 86-109 재정리).

① 관계 형성: 클라이언트에 대해 알기 위해 가벼운 질문을 던지며 시작한다. 자기정당화 단서가 될 만한 중요한 특성에 주목, 감정이입, 권위와 권한, 저

항에 대한 통제가 포함된다.

② 상담과 치료: 상담을 하면서 삶의 기술을 가르친다. 정서적 지지와 인지적 지지를 제공한다.

③ 클라이언트에게 정서적 지지의 제공, 칭찬하기 등을 제공한다.

④ 인터뷰: 인터뷰 시 말에 대한 음색은 사용하는 말보다 더 큰 영향력을 갖고 있다(Holt, 2000: 82). 정보수집하기, 기록하기, 질문하기, 경청하기이다. 적극적 경청하기의 기술은 재기술과 재구조화이다. 요약하기, 심리적 해석하기가 포함된다.

(2) 간접적인 서비스

간접적인 서비스는 다음과 같다(정순둘, 2008: 86-109 재정리).

① 사회적 지지체계 개발: 공식적 기관과 비공식적 기관에 클라이언트 연계하기

② 서비스 조정하기: 의뢰, 서비스의 연결(클라이언트를 중심으로 여러 전문가들이 서로 연결)

③ 프로그램 개발과 지역사회 내 기관 간의 협력

④ 클라이언트를 위한 옹호활동

5) 모니터링(점검)과 재사정 기술

(1) 모니터링(점검: monitoring)

모니터링은 서비스가 적절히 전달되고 있는지를 사례관리자가 확인하고 점검하는 과정으로서 서비스의 보호계획의 수정, 재사정, 클라이언트의 반응, 사례종결 등을 평가하는 것이다(정순둘, 2005: 51).

모니터링은 클라이언트의 구성원들이 책임 수행을 하는 데 적절한 시간 안배가 이루어지고 있는지, 욕구를 충족시킬 수 있는 서비스와 자원을 가지고 있는지, 서

비스와 지원계획이 어느 정도 잘 이해되고 있는지, 계획이 성공적인지 혹은 역행적인지, 클라이언트의 상황이 변화하고 있는지, 보호계획은 수정되어야 하는지, 사례는 종결되어야 하는지(엄명용, 2005: 357; Holt, 2000: 67)의 내용을 담고 있다. 또한, 클라이언트의 내면적 · 외면적인 부분과 클라이언트의 상담 진행도 모니터링하며, 클라이언트에 대한 서비스 전달의 질, 시간, 적절성 등도 모니터링한다(Rothman & Sager, 1998: 153–155).

(2) 재사정

재사정은 사례점검 결과 클라이언트의 변화 내지는 클라이언트가 처한 상황이나 환경의 변화로 인해 새롭게 나타나는 문제와 욕구를 분석하는 것을 말한다(이봉주 외, 2008). 재사정의 결과는 새로운 자원의 연결이나 배치, 새로운 개입계획이나 수정된 개입목표에 영향을 주게 된다(엄명용 외, 2005: 358).

〈표 10-3〉 서비스 점검표: 서비스 이행 및 목표성취도 예

서비스 점검표: 서비스 이행 및 목표성취도			
계획목표	서비스 실행내용	서비스 이행 및 목표성취 정도	사례관리자의 의견
서비스 이용자의 무기력	병원 및 센터연계	① ② ③ ④	약을 바꾸고 조절하여 우울증과 무기력증이 호전되었고 정신건강증진센터 프로그램에 주 2회 참여하면서 삶에 활기를 보여 주고 있다.

서비스 점검표: 서비스 이용자 욕구 및 환경 변화 정도 예		
욕구변화	서비스이용자의 욕구는 변화된 것이 없어 초기사정 당시의 욕구를 그대로 유지하고 있음	현재 진행 중인 서비스는 지속적으로 제공하고 이용자의 감정조절을 위한 병원과의 협조와 개입이 필요함
환경변화	사회적응 프로그램을 통해 이용자 스스로의 활동 범위가 넓어지고 있음	취미생활을 위한 타 기관 담당자들과의 사례회의를 지속적으로 실시 예정

출처: 이준우 · 최희철, 2014: 180–181 재구성.

6) 평가, 종결 및 사후지도

사례관리에서도 평가는 매우 중요하다. 평가에 들어갈 내용은 투입에 대한 평가, 과정에 대한 평가, 연관성에 대한 평가이며, 평가방법은 효과평가에 초점을 맞추고 있다. 효과성을 위해 클라이언트의 서비스 참여도 및 만족도 등에 대한 정보를 수집한다(엄명용 외, 2014: 400).

종결은 사례관리자가 서비스 이용자에 대한 개입을 종료하는 것을 의미한다. 사례목표가 달성되었거나 더 이상 서비스가 필요 없게 되었을 때, 클라이언트의 조건을 더 이상 개선시키기 어려울 때, 사회복지기관이 더 이상 충분한 서비스를 제공할 수 없을 때 서비스를 중단하는 단계이다(김윤재 외, 2011: 143). 종결의 원칙은 ① 종결까지 계속 애정을 갖고, ② 종결 후 서비스는 매우 제한적임을 클라이언트에게 이해하도록 하고, ③ 클라이언트와 함께 사후관리 계획을 세우고 후에도 다시 연락할 수 있다는 점을 상기시키면서 마무리하는 것이 적절하다(인천광역시 사회복지관협회 · 사례관리연구회, 2009; 김윤재 외, 2011)

사후접촉은 클라이언트에게 지원이 더 필요한지, 지역사회 자원을 잘 이용하고 있는지를 알 수 있게 해 준다(Frankel & gelman, 2004: 50–51).

7. 사례관리서비스 수행에 영향을 미치는 요인

사례관리서비스 전달에 영향을 미치는 요인들이 많이 밝혀지고 있다(Kirst-Ashman & Hull, 2009: 528–529; 이원숙, 2008: 406). 첫째는 사례관리담당자가 담당하는 사례 건수이다. 너무 많으면 위기상황에만 반응하기 때문이다. 둘째, 사례관리자의 책임이 명료화되는 정도이다. 책임이 모호하면 서비스 다양성보다는 직접적 서비스를 제공하는 경향이 있다. 셋째, 슈퍼바이저가 사례관리자에게 주는 슈퍼비전이다. 다섯째, 사례관리자의 소진도 영향을 준다. 다섯째, 대인 간 기술에 민감해야 한다.

<함께 토의해 보기>

1. 자신이 사례관리자라고 가정을 하고 주변에서 문제를 가진 사람들 또는 드라마, 영화 등에서 사례의 내용을 수집하여 로스만의 그림을 보고 각자 계획해 보자.

2. 사례관리의 등장배경에 대해서 설명해 보자.

<함께 풀어 보기>

1. 사례관리자의 역할에 해당하지 않는 것은?

① 연금관리자 ② 계획자 ③ 상담자 ④ 중개자

2. 사례관리의 기능을 설명한 것 중 적절하지 않은 것은?

① 클라이언트와 필요한 서비스의 연결기능이다. 위임하고 양도하는 것이다.
② 비공식 지원체계와 클라이언트 간 상호작용의 촉진기능이다.
③ 기관 상호조정은 공식적인 협조와 수수료를 받는다.
④ 상담기능이다.

정 답

1. ① 2. ③

11

Theories of Social Work Practice

사회복지실천과 실천사례연구

사회복지실천과 실천사례연구는 사회복지실천사례의 적용과 역할놀이와 다양한 사회복지실천사례를 제시하고 있다.

학 습 목 표

1. 사회복지실천사례의 적용으로 사회복지관에서 운영하는 사례, DSM-IV 진단을 받은 성인 클라이언트에 대한 사회복지실천사례, 영화치료와 사회복지실천사례, 수화와 사회복지실천사례, 미술활동을 활용한 사회복지실천사례를 이해할 수 있다.
2. 역할극과 사회복지실천사례로 소시오드라마, 블랙라이트 공연, 인형극화 활동의 사회복지실천적용을 설명할 수 있다.

1. 사회복지실천사례 연구 적용

1) 종합사회복지관에서의 사회복지실천사례적용(사례관리)

(1) 사례개입 배경

본 사례는 중국 국적 재외동포 노인의 한국 국적 취득 및 안정적인 국내 거주 문제로 기관 내 '독거노인 친구 만들기' 사업 진행 중 탈북 출신 참여자의 대상자 추천으로 상담을 실시하게 되었다. 초기정보제공자에 의하면 한국 국적을 취득하려고 준비하고 있으나, 우리나라 언어 및 문화, 정보 등이 부족하여 국적 취득에 어려움을 겪고 있어 지원이 필요하다며 본인과 비슷한 상황에 처한 클라이언트를 위한 개입을 의뢰하였다. 인테이크를 통해 클라이언트의 국적 취득에 대한 욕구를 파악하였으며, 그에 대한 준비사항과 어려움, 개인력 등을 파악할 수 있었다. 현재 거주하고 있는 곳은 조카딸 명의의 전셋집으로 ○○년 초기계약 이후 집주인의 배려로 재계약 없이 살고 있어 주거에 대한 큰 어려움은 없으나, 건강 · 의료문제 및 응급상황 발생 시 이를 해결할 경제적 능력과 정보 등이 부족하여 위기상황으로 이어질 가능성이 큰 상황이다. 이에 내부 사례회의를 거쳐 클라이언트를 집중사례관리 대상자로 선정하였고, 국적 취득을 위한 행정적인 도움과 정보제공, 일상생활 유지를 위한 외부자원 연계 등을 목표로 사례관리를 진행하고 있다.

(2) 사례 개요

클라이언트 성명	박○○	성별	여	생년월일	1940. ○○. ○○.	
세대유형	독거노인	지원구분	재외동포	주정보원	클라이언트	
가족사항	성명	나이	성별	관계	직업	비고
	권○○	57	남	자	일정하지 않음	재외동포
	박○○	55	여	자부	무	재외동포
의뢰된 사항	• 국적 취득을 위한 행정적인 도움 및 정보제공 • 일상생활 유지를 위한 자원 연계 • 정서적 안정 및 지지를 위한 주변 관계 개선					

(3) 사정

❶ 클라이언트 및 가족구성원에 대한 사정

가. 개인에 대한 사정

① 개인력

- 클라이언트의 가족은 중국으로 이민 감
- 클라이언트는 중국 만주에서 태어났으며, 여행사의 영어 표기법 실수로 박○○으로 등록되어 있음
- 남편이 사망하고 다시 한국으로 넘어오셨다고 함
- 클라이언트의 아버지 고향 주소는 경상북도임
- ○○년 동안 한국에서 생활했으며, ○○년은 숨어서 지냈고 ○○년은 재외동포 신분으로 살고 있음
- 현재 살고 있는 집은 전세라고 함
- 주변에 찾아 주는 사람이 없어 외롭게 지내고 있다고 함
- 고혈압이 있으며, 심하면 200까지 올라간다고 함
- 슬하에 자녀 1남을 두고 있으며 현재 결혼하여 한국에서 생활하고 있음
- 한국 국적을 얻기 원하며, 현재 신청 서류를 준비 중임

② 일상생활 환경

- 집안에 대부분 물건이 없고 생활하는 데 필요한 기본적인 물품만 있음
- 방과 거실, 주방, 화장실이 있으며 주택 2층에서 생활함
- 대부분의 물건은 주변에 버려진 것을 가져와 닦아서 쓰고 있음
- 조카딸(허○○)이 전세 계약 명의를 대행해 주었다고 함
- 현재 살고 있는 집을 클라이언트 명의로 변경하고 싶지만 가압류가 되어 있어 명의 변경이 불가함

③ 경제적 영역

- 외국인 신분으로 국가에서 지원받는 것은 없음
- 가끔 폐지를 줍는 일을 하며 소득이 없고 예전에 벌었던 돈으로 생활하고 있음

④ 이용자 및 가족의 현재 자원

- 주변에 조금씩 도와주는 사람들이 있으며, 한의원 원장님, 내과의원 원장님 외에 구체적으로는 말씀을 안 함

나. 가족에 대한 사정

- 아버지는 7살 때 돌아가셨다고 함
- 가족은 현재는 모두 사망
- 아들의 나이는 50대이며 재외동포로 정기적으로 연락하고 있으나 경제적인 지원은 없다고 함
- 남편 쪽(시댁)의 가족들은 한국에 살며, 클라이언트 쪽(친정)은 연락이 안 되고 사망함
- 남편은 자신이 54세에 사망하였다고 함
- 올케도 있지만 한국 국적을 얻어 자신을 대변해 줄 수 없다고 함
- 친척들이 자신과 비슷한 상황이기 때문에 자신을 대변해 줄 수 없다고 함
- 언니 쪽 가족들은 별로 도움이 안 된다고 함

❷ 가계도 및 생태도

가. 가계도

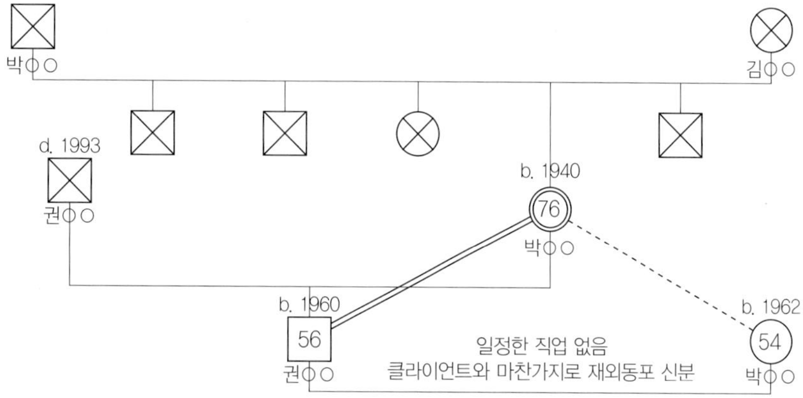

나. 개입 전 생태도

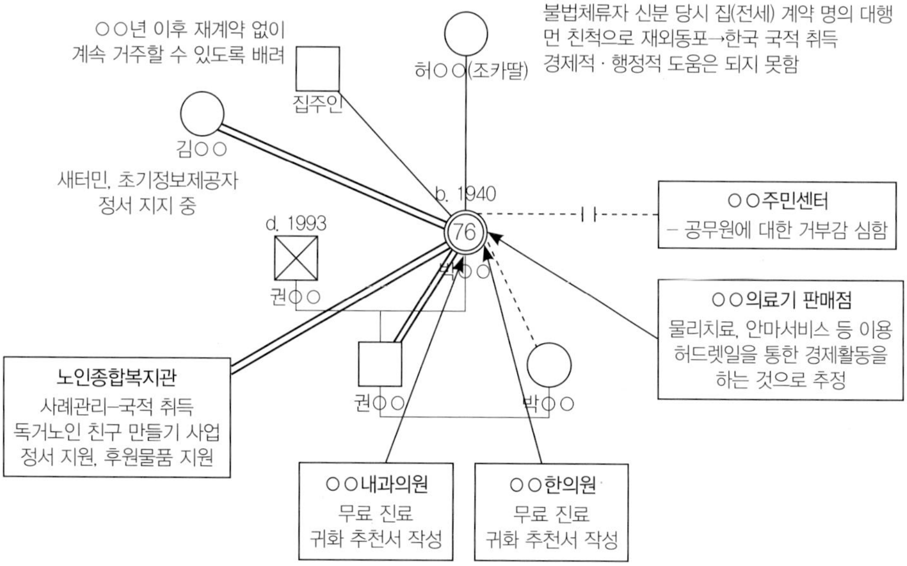

❸ 자원에 대한 사정

나. 공식적 자원

- ○○노인종합복지관: 사례관리를 위한 인테이크 진행

나. 비공식적 자원

- 김○○(초기정보제공자): 새터민으로 비슷한 처지에 있는 클라이언트가 가장 많이 의지함
- 허○○(조카딸): 불법체류 당시 클라이언트의 거주지 전세 계약을 위한 명의양도, 경제적 지원 및 행정적 지원 등 큰 도움은 주지 못하고 있음
- ○○한의원, ○○내과의원: 비정기적 무료진료 제공, 일반귀화에 필요한 추천서 작성
- ○○의료기 판매점: 클라이언트의 안타까운 사정을 알고 물리치료 및 안마서비스 등을 이용할 수 있게 함

(4) 주요 문제 및 욕구

<table>
<tr><th colspan="2">강점(내적)</th><th colspan="2">약점(내적)</th></tr>
<tr><td>S</td><td>• 언어, 문화, 정보 등이 취약하지만 국적 취득을 위해 노력하는 의지가 있음
• 본인이 재외동포라고 밝히지 않으면 말투 · 외모 등으로는 신분을 알아차릴 수 없으며, 동료집단과 융화가 잘 되는 편임
클라이언트 가족
• 경제적인 큰 도움을 주지 못하고 있지만 정서적으로 의지할 수 있는 아들이 서울에 거주하고 있음</td><td>W</td><td>• 공무원에 대한 거부감 심함
• 노인성 질환으로 고생하고 있으나, 의료비 부담으로 병원을 이용하지 못함
클라이언트 가족
• 서울에 거주하는 아들 및 주변 가족들의 신분이 모두 재외동포 신분으로 실질적인 도움이 되지 못함</td></tr>
<tr><th colspan="2">기회(외적)</th><th colspan="2">위협(외적)</th></tr>
<tr><td>O</td><td>• 다양한 비공식적 자원을 보유하여 국적 취득을 위한 서류 및 정보습득에 도움을 받고 있음
• 성격이 쾌활하여 주변에서 지지해 주는 비공식적인 자원이 많음
클라이언트 가족
• 중국 및 국내에 거주하고 있는 친척들이 국적 취득을 위한 경제적 자원(일시적)을 해 주고 있음</td><td>T</td><td>• 국적 취득을 위한 과정에 오랜 시간이 소요됨
• 재외동포 신분으로 인해 지원받을 수 있는 자원 및 서비스 등에 한계 존재
클라이언트 가족
• 클라이언트 6촌 이내의 한국 국적 가족이 없어 간이귀화가 아닌 일반귀화로 국적 취득을 진행해야 함</td></tr>
</table>

(5) 욕구에 기반한 목표 및 계획 수립

욕구	합의된 목표	서비스				
		실천계획	담당		빈도	개입 기간
			내부	외부		
우선순위 1. (국적 취득)	국적 취득과 관련된 각종 정보제공 및 행정적 지원을 통해 국적 취득이 원활하게 이루어질 수 있게 지원한다.	1. 법률사무소 연계를 통해 준비되고 있는 서류나 행정적인 부분에 도움을 제공한다. 2. 외국인 관련 복지관, 센터 등 연계를 통해 행정적 지원을 도모한다. 3. 여행사 연계를 통해 귀화신청에 필요한 것을 연계한다. 4. 출입국사무소 동행을 통해 원활한 귀화신청 접수를 지원한다.	사례관리팀	출입국사무소 법률사무소 여행사	월 1회	2016. 5. ~12.
우선순위 2. (경제 및 건강)	주민센터 및 공공기관, 타 복지관 및 민간기관과의 연계를 통한 지원 가능한 자원을 확보하여 경제적인 부담을 감소한다.	1. 주민센터 등 공공기관 연계 가능 여부를 확인하고 경제적으로 도움을 줄 수 있는 부분을 확인한다. 2. 종합복지관과 연계를 통한 도시락 지원으로 균형 잡힌 식생활을 지원한다. 3. 후원단체와 결연을 맺어 후원물품 및 의료서비스를 제공한다.	사례관리팀	후원단체 의료기관 종합복지관 공공기관	월 1회	2016. 5. ~12.
우선순위 3. (일상생활 유지 및 사회적 관계)	복지관에서 진행하는 서비스 참여 및 평생교육 및 취미여가 프로그램에 참여할 수 있도록 한다.	1. 친구 만들기 사업 대상자 선정을 통해 관계망 형성을 할 수 있도록 도모한다. 2. ○○노인복지관 평생교육 및 취미여가 프로그램에 참여할 수 있도록 하여 관계 형성을 할 수 있도록 한다.	사례관리팀 평생교육팀	독거노인 종합지원센터	월 1회	2016. 5. ~12.

(6) 개입내용

월/일	관련 목표	내용	개입유형/시간
6/22		클라이언트와 전화 상담 • 독거노인 친구 만들기 서비스 사전척도 및 욕구 조사를 위한 재방문 연락	□ 내방 □ 방문 ■ 전화 □ 기타 (20분)
7/6		가정 방문 • 이전 방문에 비해서 클라이언트가 친근감을 가지고 다가옴 • 현재 가끔씩 폐지를 줍는 것 말고는 소득은 없다고 하였으며, 평소 의료기기 판매대에 가서 시간을 보내고 있어 이곳이 시끄러워 벨소리를 잘 못 듣는다고 함 • 현재 한국 국적 회복을 위해 준비 중에 있다고 하며, 대부분의 서류를 준비해 둔 상태라고 함 • 한국 국적을 준비하는 부분 중 재산에 대한 해결이 가장 힘들다고 하였음 • 한국 국적 회복을 위한 자문을 위해 관련 복지관 방문 • 법률상담 전문기관과 의뢰하여 필요 부분 연계 진행	□ 내방 ■ 방문 □ 전화 □ 기타 (20분)
7/7		가정 방문 • 한국 국적 회복을 위해 누락된 부분의 클라이언트의 상황과 정보를 얻음 • 복지관과 연계하여 후원물품을 지원하였으며, 소득이 없어 슈퍼에서 먹을 것을 사는 것도 부담이 많이 되는데 감사하다고 하였음 • 다른 사람들은 모두 주민센터에서 쌀도 받고 하는데 자신은 아무것도 받는 것도 없고 처량한 인생이라며 한탄하셨음	□ 내방 ■ 방문 □ 전화 □ 기타 (20분)
7/11		여행사 연계 • 클라이언트와 비슷한 상황을 다루고 연계해 줄 수 있는 여행사를 방문하여 상담업무 진행 • 국적 회복은 클라이언트의 여러 가지 상황을 고려했을 때 힘들고 국적 취득으로 진행하자고 함	□ 내방 □ 방문 ■ 전화 □ 기타 (20분)
7/20		○○ 이주여성쉼터 센터 자원연계 • ○○ 이주여성쉼터센터 방문을 통해 클라이언트의 대한 자문을 구함 • 클라이언트가 필요한 서비스가 무엇인지 알려주면 적극적으로 도움을 주겠다고 함	□ 내방 □ 방문 ■ 전화 □ 기타 (20분)

월/일	관련 목표	내용	개입유형/시간
7/28		○○ 슈퍼비전 회의 참석 • 클라이언트의 욕구가 한국 국적 취득이지만 혹시 상실감이 있을 수 있어 기관에서 제공해 줄 수 있는 범위의 내용을 정확히 안내함 • 법률사무소, 출입국 사무실도 클라이언트와 동행하여 상담을 진행할 예정 • 외국인 관련 복지관에 의뢰하여 정보를 얻고 연계할 수 있는 부분이 있는지 확인도 좋은 방안	□ 내방 ■ 방문 □ 전화 □ 기타 (20분)
8/8		○○ 종합복지관 자원연계 • 클라이언트의 상황을 설명하여 서비스를 연계할 수 있는 부분을 자문요청하였지만 출입국사무소에 연락하여 물어보는 것이 좋다고 답변을 받음	□ 내방 □ 방문 ■ 전화 □ 기타 (20분)
8/9		가정 방문 • 복지관과 연계하여 후원물품(생필품 세트) 지원함 • 현재 한국 국적 취득을 위해 준비 중	□ 내방 ■ 방문 □ 전화 □ 기타 (20분)
8/18		클라이언트와 전화 상담 • 현재 연계한 여행사를 통해 진행 중	□ 내방 □ 방문 ■ 전화 □ 기타 (20분)
9/9		법률상담 • ○○○ 변호사 법률자문 진행 • 현재 서류 준비 상황과 국적 취득이 아닌 국적 회복으로 하게 되면 간이귀하로 간단하게 할 수 있지만 6촌 이내 확인이 될 수 있는 친척이 없기 때문에 증명이 안 돼 힘들다고 함	■ 내방 □ 방문 □ 전화 □ 기타 (60분)
9/9		여행사 및 출입국사무소 방문 • 신청 후 최종 심사기간까지 9~17개월 정도 소요됨 • 60세 이상은 필기시험은 제외대상이며 면접은 진행한다고 하여 대략 8~9개월 후에 진행되고 1달 전에 미리 문자로 전송을 해 준다고 함	□ 내방 ■ 방문 □ 전화 □ 기타 (150분)
9/22		클라이언트와 전화 상담 • 한국 국적 취득 신청 후 마음이 편해지셨다고 함	□ 내방 □ 방문 ■ 전화 □ 기타 (20분)
9/29		가정 방문 • 면접 시 필요한 책자 전달	□ 내방 ■ 방문 □ 전화 □ 기타 (50분)
현재 지속적으로 사례관리 진행 중			

(7) 개입 후 클라이언트의 환경적 변화

❶ 개입 후 생태도

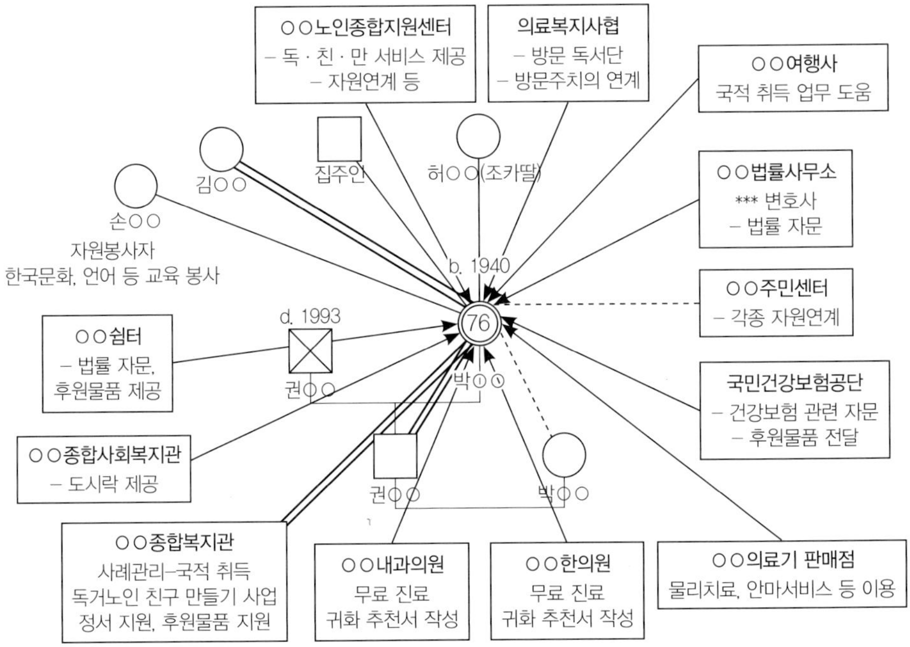

❷ 자원에 대한 사정

ㄱ. 공식적 지원

- ○○종합복지관: 클라이언트를 사례관리 집중대상자로 선정하여 사례관리를 진행하고 있음
- ○○노인종합지원센터: 공적 서비스를 받을 수 없는 클라이언트에게 독거노인 친구 만들기 사업을 통해 사회와 소통하고 우울감을 감소할 수 있도록 지원
- ○○종합사회복지관: 결식 우려가 있고 균형 잡힌 식사가 어려운 클라이언트에게 도시락 배달 서비스 제공
- ○○주민센터: 공적 자원 및 주민센터로 들어오는 각종 민간자원 연계 지원
- ○○쉼터: 국적 취득 및 안정적인 국내 거주를 위한 자문 및 후원물품 제공

- ○○법률사무소: 국적 취득 관련 법률자문 제공
- 국민건강보험공단 ○○지사: 건강보험 관련 자문 및 후원물품 제공
- ○○여행사: 신분 공증 관련 업무 지원(귀화허가 신청서 작성 및 귀화 관련 자문 제공), 재외동포 노인이 국적 취득을 위해 노력하는 모습을 보고 적극적으로 도움을 줌

ㄴ. 비공식적 지원

- 김○○(초기정보제공자): 새터민으로 비슷한 처지에 있는 클라이언트가 가장 많이 의지함
- 허○○: ○○ 거주, 불법체류 당시 클라이언트의 거주지 전세 계약을 위한 명의 양도, 클라이언트의 먼 친척으로 재외동포
- ○○한의원, ○○내과의원: 클라이언트의 안타까운 사정을 알고 비정기적으로 무료진료 제공
- ○○의료기 판매점: 클라이언트의 안타까운 사정을 알고 물리치료 및 안마서비스 등을 이용할 수 있게 함

(8) 평가 및 사후 계획

❶ 초기상담

클라이언트는 기관 내 '독거노인 친구 만들기' 사업 진행 중 상담을 실시하게 되었다. 초기정보제공자에 의하면 한국 국적을 취득하려고 준비하고 있으나, 우리나라 언어 및 문화, 정보 등이 부족하여 국적 취득에 어려움을 겪고 있어 여러 지원이 필요하다며 복지관의 개입을 의뢰하였다. 클라이언트는 국내에 ○○년 이상 거주하고 있으나, 중국 국적의 재외동포 신분으로 인해 공식적인 사회복지서비스를 제공받지 못하고 있어, 국적 회복 또는 귀화를 통한 국적 취득을 위한 사례관리 개입을 진행하였다.

❷ 서비스 계획

일반 노인들과 달리 재외동포라는 클라이언트의 신분으로 인해 클라이언트에게 제공 및 연계할 수 있는 자원과 서비스 등에 한계가 있다. 이에 복지관과 클라이언트는 기관에서 제공할 수 있는 서비스 범위와 내용 등에 대해 합의하고 서비스 계획을 수립하였다. 클라이언트의 국적 취득을 위한 정보 및 자료를 수집하여 제공하였으며, 이와 별도로 안정적인 일상생활 유지를 위한 경제 · 의료 · 정서지원 등과 관련된 외부 자원들을 연계하기로 협의하였다.

❸ 사례개입을 통한 변화된 사항

- 클라이언트의 정서적 불안정 해소: 오랜 불법체류자 신분으로 인해 사회의 그 누구와도 소통하지 못하고 일상생활 대부분을 집안에서 무료하게 보내고 있었다. 그리하여 독거노인 종합지원센터의 지원으로 진행하고 있는 '독거노인 친구 만들기' 사업을 통해 심리 상담 · 치료 등을 제공하고, 비슷한 연령대의 동년배를 연계하면서 사회관계 활성화와 정서적 불안감을 해소할 수 있도록 지원하였다.
- 국적 취득을 위한 정보제공: 클라이언트는 한국 국적을 가진 6촌 이내 친척이 다 사망하여 비교적 간단한 간이귀화 절차를 진행하는 데 어려움이 있었다. 따라서 복잡하고 절차도 까다로운 일반귀화로 진행할 수밖에 없었고 이를 위한 서류 및 정보를 수집하여 제공하였다.
- 경제 및 건강 증진: 클라이언트는 고령이지만 외관상으로는 비교적 건강한 편으로 보인다. 그러나 노인성 질환으로 항상 고통을 호소하고 있어 건강 증진 및 기능회복을 위한 개입이 필요하였다. 복지관 촉탁의를 통해 건강 상담 및 진료를 받을 수 있도록 연계하여 물리치료와 기능회복을 위한 운동방법 등을 교육하였고 보건소 연계를 통해 기본적인 건강관리를 할 수 있도록 지원하였다. 또한, 지역 내 의료기관 연계를 통해 무료진료를 받을 수 있도록 지원하였다.

❹ 사례관리 진행에 따른 평가 및 향후 방향

현재는 국적 취득을 위한 신청서 접수까지 진행된 상태이다. 접수담당자에 의하면 접수에서 심사까지는 일반적으로 약 6개월에서 1년 이상의 시간이 소요된다고 한다. 클라이언트가 오랜 기간 불법체류자 신분으로 국내에 거주한 점과 초기 입국이 타인의 명의를 도용하여 국내에 입국한 점이 불리하게 작용하였다. 안정적인 일상생활을 할 수 있도록 지속적인 사례관리를 진행할 예정이다.

(9) 회기별 슈퍼비전 및 진행 사항

회차	일시	슈퍼비전 받은 내용	사례개입 상황	비고
1	7/28	• 클라이언트의 욕구가 한국 국적 취득이지만 너무 많은 기대감을 주어 혹시 모를 상실감이 있을 수 있어 기관에서 제공해 줄 수 있는 범위의 내용을 정확히 안내해 주어야 함 • 복지관 내의 자원연계를 통해 지원을 해 줄 수 있는 방향을 고려해야 함 • 외국인 관련 복지관에 의뢰하여 정보를 얻고 연계할 수 있는 부분이 있는지 확인하는 것도 좋을 것 같음	• 복지관 사례관리를 통해 지원할 수 있는 범위 및 내용에 대해 클라이언트와 협의를 하고 사례관리를 진행함 • 복지관 유관기관에서 들어 온 후원물품 지원을 통해 일상생활에 필요한 생필품을 전달함 • *** 변호사에게 국적법 관련 법률자문을 받음 • 출입국사무소에 클라이언트와 동행해서 상담을 진행하고 국적 취득과 관련된 서류를 접수함	

(10) 슈퍼비전 요청

일시	2016. 10. 6.	기관명	○○노인종합복지관	담당자명	○○○
슈퍼비전 요청사항	• 클라이언트의 가장 큰 욕구였던 국적 취득을 위해 출입국사무소에 귀화신청 서류를 접수한 상태이며, 남은 면접 준비를 잘하면 국적 취득을 할 수 있을 것으로 판단됩니다. • 그러나 국적 취득이 성사되기까지 최소 1~2년이 소요되기 때문에 안정적인 생활을 할 수 있는 경제적 · 의료적 · 정서적 지원이 필요합니다. 경제활동은 클라이언트가 정확하게 말한 것은 아니지만 의료기 판매점에서 허드렛일을 하면서 어느 정도 보수를 받는 것으로 보이며, 고령인 점을 감안하면 지속적인 대책이라고 볼 수 없습니다. 또한, 노인성 질환인 관절염 및 고혈압 등을 호소하나 이에 대한 대책이 없는 상태입니다. • 공적 서비스 제공이 불가능한 상태에서 클라이언트에게 안정적인 생활을 위한 자원연계 방법 및 사례관리 방향을 어떻게 설정하는 것이 좋을까요?				
슈퍼비전	짧은 기간 동안의 사례관리 개입을 통해 대상자가 가장 중요하게 생각하는 국적 취득과 관련된 신청이 신속히 이루어질 수 있게 되어 매우 유용한 성과로 평가됩니다. 대상자는 공식적 연계가 어려운 재외동포 신분이지만 본인 스스로 다양한 비공식적 지지망을 활용하여 지역사회 내에서 독립으로 생활을 꾸려 가고 있는 점이 매운 큰 강점이라고 생각됩니다. 단, 사례관리자가 걱정하는 것처럼 고령과 건강의 약화로 인한 문제가 심각해질 가능성이 있으나 당분간 공식적 자원의 연계는 어려울 것으로 보이므로 맞춤형의 연계 자원을 발굴해서 연결할 수밖에 없을 것입니다. 우선적으로는 현재 클라이언트가 활용하고 있는 비공식적 자원을 찾아 지속적으로 연계가 가능하도록 강화하고, 지역사회 내에서 연계 가능한 비공식적인 무료 진료 서비스와 후원금, 여가 프로그램 등을 찾아내거나 개발해 내야 할 것입니다. 지역사회 내 사회복지관 네트워크를 활용하여 자원에 대한 정보를 공유하는 것도 유용할 것입니다.				
슈퍼바이저	○○○	소속	○○대학교 사회복지학과	서명	○○○

2) DSM-IV 진단을 받은 충동조절장애 성인 클라이언트에 대한 사회복지실천적용(최송식 외, 2009: 167-172에서 발췌함)

(1) 행동의 정의

- 부정적인 결과를 초래하는 너무 성급한 행동 성향
- 공격적 충동에 대한 통제력의 상실
- 즉각적인 만족을 얻고자 하는 욕구
- 자신에게 손해가 되는 두 가지 이상 영역에서의 행동표출(예: 과소비, 무절제한 성관계, 부주의한 운전, 중독)의 과거력

- 도벽, 방화벽
- 기다리는 것을 어려워함

(2) 장기목표

- 충동적 행동빈도를 감소시키고 생각해서 행동하는 빈도를 증가시킨다.
- 충동적 행동을 촉발시키는 생각을 감소시키고 행동을 통제할 수 있는 자기 언어를 증가시킨다.
- 행동하기 전에 멈추고, 경청하고, 생각하는 법을 배운다.

(3) 세부목표 및 사회복지실천적 개입

	단기 세부목표	사회복지실천적 개입
1	충동적 행동이 지속되는 이유나 보상목록을 작성한다.	• 클라이언트에게 충동적 행동으로부터 얻는 긍정적인 면의 목록을 작성하도록 하고, 그 결과를 가지고 치료를 진행한다.
2	충동적으로 인해서 자신과 다른 사람들에게 돌아가는 부정적인 결과의 목록을 작성한다.	• 클라이언트에게 충동적 행동 때문에 발생한 부정적 결과의 목록을 작성하도록 요구한다.
3	충동적 행동을 촉발하는 생각을 조절하고 그러한 생각을 충동적 행동으로 실행하는 경우를 줄이기 위해서 인지적 방법을 적용한다.	• 클라이언트가 충동적 욕구와 행동을 통제하고 조절력을 증진하도록 인지적 방법을 가르친다(예: 사고 중지, 사고 대체, 재구조화 등).
4	불안을 조절하고 충동적 행동의 결과를 완화하는 이완 연습을 실행한다.	• 클라이언트에게 점진적 이완, 자기 최면, 바이오피드백과 같은 기술을 가르치고, 클라이언트가 불편하게 느낄 때마다 이완 기술을 사용하도록 격려한다.
5	불안을 조절하기 위해서 행동주의적 전략을 실천한다.	• 클라이언트에게 불안에 대처하는 긍정적 행동주의적 대안을 사용하도록 가르친다(예: 스트레스에 대해서 다른 사람과 이야기하기, 반응을 지연하기 위해서 타임아웃을 사용하기, 친구나 가족에게 전화하기, 운동하기).
6	"당신이 ... 할 때 나는 ...게 느껴요. 만일 ...한다면 더 좋을 것 같아요."라고 말하는 자기주장 공식을 사용한다.	• 모델링, 역할극, 행동예행연습 등을 사용하여 클라이언트가 어려운 상황에서 "당신이 ...할 때 나는 ...게 느껴요. 만일 ...한다면 더 좋을 것 같아요."라고 말하는 자기주장 공식을 사용하는 법을 가르친다.

	단기 세부목표	사회복지실천적 개입
6		• 클라이언트가 자기주장법을 잘 적용하고 있는지, 그것에 대해 어떻게 느끼는지, 그리고 그 결과는 어떠했는지 검토하고 상담을 진행한다.
7	약물복용에 대한 전문의의 조언에 잘 따른다.	• 클라이언트에게 약물치료가 필요한지 전문의의 검진을 받도록 의뢰한다.
8	결과를 고려하고 지혜로운 대안으로 충동적 행동을 대체하는 경우에 대한 보상시스템을 고안하여 적용한다.	• 클라이언트와 클라이언트의 가족들이 클라이언트의 충동적 행동을 억제할 수 있는 보상시스템을 개발하고 효과적으로 사용할 수 있도록 돕는다.
9	자조회복그룹에 참여한다.	• 클라이언트가 자기 파괴적인 충동적 행동을 그만두도록 돕기 위해 만들어진 자조그룹[예: 12스텝 프로그램 ADHD 그룹, 합리주의 회복그룹(Rational Recovery) 등]에 의뢰하고 그 경험에 대해서 상담을 진행한다.

출처: 최송식 외 역, 2009: 167-172 재정리.

3) 영화치료와 사회복지실천

(1) 영화치료의 개념

영화는 일상생활에서 흔히 접할 수 있을 뿐만 아니라 다른 어떤 매개체보다도 마술적 효과가 있는 종합예술적 특성을 지닌다. 영화는 다양한 문화에 대한 이해를 높이는 동시에 꿈, 환상, 기억, 환각 등 인간 내면의 특수한 마음 상태를 발견하고 숨겨진 자아를 캐내어 그것을 재현해 내는 능력이 있다(이정희, 2009: 10). 새로운 예술치료법의 하나로 연구가 활발히 진행되고 있는 영화치료는 사람들에게 가까이 있고 매체에 접근하기가 쉽다. 길어도 2시간이면 관람이 충분하고 문자 해독력이 약하거나 지능이 낮은 환자나 아동, 청소년도 접근하기 쉽다. 영화치료에서는 교육용이 아닌 상업용으로 제작된 영화를 치료의 장에 활용하는 점에서 이미 일상에서 이루어지고 있는 자가요법(self-therapy)이라고 할 수 있다(김선민, 2003).

(2) 영화의 사회복지적 기능

영화는 클라이언트로 하여금 영화 속의 인물과 동일시하거나, 나아가서는 영화 속 인물이나 이야기를 통하여 정서적 카타르시스를 느끼게 할 뿐만 아니라 영화 속 인물이 행한 일들을 대리 경험하게 함으로써 당면문제에 대한 대리 학습적 사고력을 증진시킨다(박정문, 2011: 8).

동일시, 카타르시스, 대리학습 등의 특수한 사회복지적 기능은 결과적으로는 일반 사람뿐만 아니라 장애인에게도 많은 긍정적 효과를 불러일으켜서 장애를 극복하려는 의지를 스스로 고양시키고, 대인관계를 향상시키며, 스트레스와 같은 정서적 불안감을 감소시키고, 남녀의 성에 대한 고정관념에서 벗어나게 한다는 사실을 확인하고 있다(박정문, 2011: 9).

(3) 영화에 대한 사회복지실천적용

본 장에서는 노인문제를 다루는 영화를 선택하여 ① 그 영화의 사례(줄거리)를 제시하고, ② 영화 사례에서 보이는 노인의 역할 상실과 개인적 · 가족적 · 사회적 당면문제에 대한 사회복지실천을 제시하고자 한다(한국여성복지연구회, 2008: 175-179; 유동철 외, 2008: 143-151 재구성).

❶ 영화 소개

영화의 제목은 「아이리스(*Iris*)」이다. 본 영화는 문학비평가인 존 베일리(John Bayley)가 부인이었던 '아이리스 머독(Iris Murdoch)'의 일대기를 다룬 영화이다. 실제로 아이리스 머독은 존 베일리와 40년을 함께 살았으나 말년에는 알츠하이머로 심한 고통을 받았다. 영화 「아이리스」는 2002년 아카데미 부문에 노미네이트되는 영예를 안았다.

❷ 줄거리

아이리스 머독은 옥스퍼드 대학에서 철학을 가르치던 1950년대에 영문학 강사였던 존 베일리를 만난다. 존은 그녀(아이리스)의 해박함과 시대를 뛰어넘는 자

유정신에 경외심을 갖고 그녀에게 몰입하지만, 그녀의 자유분방한 사생활 때문에 갈등을 겪는다. 학문적 동지로, 연인으로 사랑을 키워 가던 중 두 사람은 결혼하여 40여 년간 동고동락하며 엄청난 지적 성취를 쌓아 간다. 노년이 된 어느 날 아이리스에게 알츠하이머 증세가 찾아온다. 자신의 정신세계가 무너지고 있음을 알게 된 아이리스는 당황하고 두려움에 떤다. 해박한 지식과 뛰어난 언변, 자유로운 사고로 대중을 사로잡았던 그 시대의 지성인 아내(아이리스)를 자랑스러워했던 존은 쉽게 아내의 질병을 인정하지 못한다. 존이 헌신을 다해 돌보고 있음에도 불구하고 아이리스의 증상은 더욱더 심해져 가출과 배회, 그리고 사고 등 여러 위험한 사건들이 발생하고 심지어는 아이리스가 존을 포함한 주변 사람들을 알아보지 못하는 상태에 이르게 된다.

존이 혼자서 아이리스를 돌보는 것은 점점 더 힘들어진다. 존은 젊은 시절 자신을 괴롭혔던 아내의 방탕한 삶이 때때로 떠오를 때면 지금은 어린 아기처럼 변해 자신에게 철저히 의존적인 늙은 아내에게 건잡을 수 없는 질투와 분노를 느끼기도 한다. 아이리스의 증세가 최악에 이르러 도저히 존이 집에서 혼자 간병할 수 없게 되자 존은 그녀를 요양원으로 보낼 수밖에 없게 된다. 아이리스는 요양원에서 조용히 숨을 거두고 끝까지 아내를 돌보고 함께 있고 싶어 했던 존은 함께 갈 수 없는 곳으로 혼자 길을 떠난 아내의 편안한 모습을 지켜본다.

❸ 「아이리스」 영화에 대한 사회복지실천 적용

가. 알츠하이머 발병에 대한 노인환자와 배우자의 반응

알츠하이머는 주로 65세 이상에서 발병하며, 진행성 · 퇴행성 · 불가역성이라는 특성이 있다. 이런 질병을 환자나 주변 사람들이 받아들이는 것은 쉬운 일이 아니다. 영화에서 사고와 언어표현이 뛰어난 아이리스는 알츠하이머병으로 인해 무너지는 자신의 지성에 극심한 혼란과 두려움을 느낀다. 아이리스의 대화에서 보면 "소설가가 글을 쓰지 못하면 우리에 갇힌 동물처럼 될 거야."라고 표현한다.

학문적 · 지적으로 우월하여 아내를 존경했던 남편은 알츠하이머로 인해 써지지 않는 글과 씨름하는 아이리스를 목격하게 되고, 동시에 과거에 아내가 젊은 시절

다른 남성과 정사하는 모습을 우연히 보았던 모습을 떠올리며, 아내에 대한 우상이 사라지는 고통을 받는다. 알츠하이머에 걸린 노인의 배우자는 영화에서 부인의 사고와 말의 상실이 죽음과 같다는 것으로 이해될 수 있다.

나. 치매환자를 간병하는 경험

영화에서 남편은 알츠하이머에 걸린 아내를 돌볼 수 있고 끝까지 돌보리라고 생각한다. 하지만 아이리스가 달리는 차에서 뛰어내리는 등 위엄한 행동을 하자 존도 생명에 위험을 느끼며 돌보기를 포기한다. 결국, 아이리스는 요양원으로 보내지고 그곳에서 생을 마감한다.

돌보는 자의 고통이 심한 치매의 경우 가족간병의 어려움과 대처 방안을 다시 확인하게 된다. 사회복지사는 가족의 갈등을 이해하고 요양원 입소를 포함하여 안전한 돌봄을 위한 여러 방안을 제시해야 할 것이다.

4) 수화와 사회복지실천적용

(1) 목적

수화는 사회복지실천의 대상 집단인 청각 장애인과 와상노인을 케어하는 현장에서 하나의 언어소통 수단이며, 복지실천의 필수 도구이다. 수화란 청각장애인이 사회에서 사용하는 의사소통 양식이며, 그 나름의 독특한 표현양식과 문법적 구조를 지닌 하나의 완전한 언어라 할 수 있다. 수화는 청각 장애인 이외에 수화를 이용할 수 있는 신체 및 정서장애인에 대한 의사소통 증진과 사회적 접근성을 증진시킨다. 수화 전문가들은 우리나라 수화가 배우기 쉽고 아름답다는 평을 받는다고 언급한다.

(2) 수화의 사회복지실천적 의미

수화의 사회복지실천적 의미는 다음과 같다(박정문, 2009: 200–209).

- 전공수화의 활동에 대한 필요성 증가
- 수화의 표현기법 증대
- 수화활동의 내실화 향상
- 장애우에 대한 이해의 기회 제공
- 사회복지 전공의 실천기술과 복지 전공의 실무능력 함양
- 복지실천 영역을 확대하여 지역사회와의 연계 가능
- 사회복지실천으로서의 수화 홍보활동 효과
- 전공의 자부심 증가
- 취업의 경쟁력 향상

(3) 수화 배우기와 수화 발표의 주요활동 과정

- 기초수화의 특강 및 교육활동
- 수화 발표 팀 구성과 작품 제작 기획
- 수화 표현방법 결정 및 팀별 연습
- 수화 경연 대회 발표

(4) 수화 조별 발표 후 학생 소감

- 처음 수화를 배우게 되었을 때 정말 기쁘고 신기했다. 손동작 하나하나에 우리가 말하는 것처럼 의미를 담고 있으며, 볼 수 있다는 것에 대한 감사와 나에게 이런 아름다운 언어를 할 수 있는 손이 있다는 것이 소중하게 느껴졌다.
- 비건청인에게 기본적인 인사말 정도는 늘 배우게 해 주면 좋겠다는 생각을 했다. 그런 작은 배려 하나가 우리가 함께 살아가는 건청인들에 대한 이해와 그들의 문화를 깊이 생각해 볼 수 있는 기회를 늘 만들어 주는 것은 아닐까?

- 수화를 하면서 내내 그저 웃는 것이 아니라 내가 하고 있는 말의 의미를 표정에 담아내고 그를 표현할 수 있는 표정 기술을 배우게 된 계기가 되었다.

2012년 ○○수어 경연대회 참가

2017년 ○○대학교 사회복지과 학술제공연

"제19회 ○○수어경연대회" 우수상 수상(2018년)
(○○대학교 사회복지과 학생 2학년)

노래하는 수화 공연 사례

5) 미술활동을 활용한 사회복지실천

(1) 사례: 슬프거나 우울할 때 하고 싶은 것

주제	슬프거나 우울할 때 하고 싶은 것		
일시	2016. 5. 29.	진행 조	5조
대상	○○대학교 사회복지학과 2학년	지도교수	박○○
진행내용			
목표	1. 스트레스 해소 및 긴장완화를 시켜준다. 2. 조원들과 친밀감과 유대감 형성을 높인다. 3. 자기 인식을 깊게 하고 자기 표현력을 높인다.		
준비물	전지, 색연필, 크레파스, 잡지, 신문지, 풀, 색종이, 가위		
도입	1. 프로그램 진행순서, 의의, 목적을 설명한다. 2. 프로그램 활동방법을 설명한다.		
진행 단계	1. 전지를 구성원의 수에 맞게 자르고 각자의 전지를 나누어 준다. 2. 자신의 전지에 주제에 맞는 내용을 잡지나 유인물에서 찾아 붙이거나 그림으로 그린다. 3. 각자가 자신의 전지를 완성한다. 4. 구성원 모두의 전지를 모아서 붙여 전체 전지를 만든다.		
종결 단계	1. 집단별로 완성된 작품을 발표하고 각자가 선택한 이유를 설명한다. 2. 학생의 소감을 발표한다. 3. 전체 내용에 대한 교수 평가를 실시한다.		
평가 내용	많은 고민과 생각을 하고 주제를 정하여 친구들과 정의 내리고 공감하며 의견을 내고 그리고 붙이기 작업을 하며 재미있는 그림을 완성하였다. 슬프거나 외로울 때 영화를 보거나 자기만의 취미생활을 즐기는 모습, 어렵고 힘든 일이 있을 때 힘이 되어 주고 고민 상담을 통해 슬프거나 외로울 때 힘이 되어 주는 모습을 표현하였다.		

(2) 사례: 미래 모습의 나와 버리고 싶은 나

주제	미래 모습의 나와 버리고 싶은 나		
일시	2016. 9.	진행 조	○조
대상	○○대학교 사회복지학과 2학년	지도교수	박○○
진행내용			
목표	1. 긍정적 자아의식을 높여 준다. 2. 조원들이 함께하여 친밀감과 유대감 형성을 높인다.		
준비물	전지, 4B연필, 지우개, 색연필, 크레파스, 잡지, 신문지, 풀, 색종이, 가위		
도입	1. 프로그램 진행순서, 의의, 목적을 설명한다. 2. 프로그램 활동방법을 설명한다.		
진행 단계	1. 전지에 밑그림을 그린다. 2. 신문, 잡지를 작은 크기로 찢어서 풀로 붙인다. 3. 스티커에 내가 하고 싶은 것과 가장 잘하는 것, 장점을 적는다. 4. 스티커에 내가 버리고 싶은 것, 고치고 싶은 것, 단점을 적는다. 5. 나무 위쪽에 하고 싶은 것, 이루고 싶은 것을 붙인다. 6. 나무 아래쪽 줄기 부분에 내가 버리고 싶은 것 또는 고치고 싶은 것, 단점을 하나씩 붙인다.		
종결 단계	1. 자신이 하고 싶은 것과 버리고 싶은 것에 대해 발표하고 그 이유를 설명한다. 2. A4 용지에 활동 소감을 한 줄씩 적는다. 3. 학생의 소감을 발표한다. 4. 전체 내용에 대한 교수 평가를 실시한다.		
평가 내용	자신을 되돌아볼 수 있는 계기가 되었고, 하고 싶은 것을 더 잘할 수 있도록 다짐도 하게 되었다. 버리고 싶은 것을 다시 알게 되어 자기반성을 할 수 있었다. 그리고 구성원들의 상호관계에서의 내면의 이해심도 길러지는 것 같았다. 집단으로 모여서 하기 때문에 친분이 없는 관계에서도 자연스러운 대화가 이루어지고 협동심 형성에 도움이 되는 것 같았다. 준비물만 있으면 쉽게 누구든지 즐길 수 있는 것 같다고 느끼게 되고 어색했던 사람들과 같이 활동함으로써 한층 더 가까워진 것 같다.		

2. 역할극과 사회복지실천적용

1) 소시오드라마와 사회복지실천 적용

본 내용은 박정문(2004)의 '소시오드라마(sociodrama)를 활용한 집단상담 교수 학습모형 개발 및 적용사례, 제3회 전국 전문대학 교수 · 학습 연구대회 연구 보고서'에서 발췌하였다.

(1) 목적

모레노(Moreno)에 의해 시작된 소시오드라마는 집단 간의 관계와 집단적 이데올로기를 집단과 집단 사이 또는 대집단의 소집단 구성원 사이의 문제를 탐구하고 해결하는 것, 사회적 가치, 감정, 도덕적 관습, 규율을 명료화하는 것, 갈등 상황 및 문제해결 방식에 대한 사이코드라마적 치료법이다.

집단상담으로서의 소시오드라마는 집단 전체를 참여시켜 집단상담의 효과인 집단 카타르시스를 목표로 하며, 집단의 문제가 중심 주제가 된다. 또한, 사생활 노출이 적고 역할의 접근이 용이하고 교육적 측면이 강하기 때문에 학교나 직장, 산업체, 회사 등에서 제도갈등, 조직문제, 인간갈등, 문제 등을 보다 효과적으로 다룰 수 있다. 사회적 역할훈련과 실제적인 행동 변화, 상호 이해의 증진, 집단의 상담 효과로써 집단의 변화를 구체적으로 실천할 수 있다.

(2) 과정

〈표 11-1〉 소시오드라마를 활용한 집단상담 교수-학습모형

과정	교수-학습단계		교수-학습활동	준비자료	주체
수업 준비	집단상담 준비		• 사회문제 파악의 기법 항목화 • 집단상담의 기법 선정 및 준비	항목표	교수
수업 진행	도입		• 출석 확인 • 전시학습 내용 확인 • 학습자 동기유발 • 학습목표 제시	동영상자료	교수
	집단 상담 준비 과정	소시오드라마 소개	• 소시오드라마의 개념, 원리, 절차 설명 • 설명내용자료와 관련 지식 정보 제시	프리젠테이션과 인쇄물	교수
		주제 선정과 소집단 조직	• 기사 자료 검색 후 사회문제의 주제 선정 • 주제의 학생 관심에 따라 소집단 구성	인터넷 검색	학생
		질의응답	• 소시오드라마와 즉흥연기에 대한 질문 • 학생은 의문사항을 질문을 통해 확인	OHP 자료	교수 학생
	집단 상담 적용 과정	소시오드라마 계획서 작성 및 역할분담	• 주제에 대한 구체적인 상황과 장면 설정 • 소시오드라마 활동 계획 수립 • 집단 구성원 간의 역할 분담표 작성	역할분담표 활동계획서	학생
		소시오드라마 계획서 발표 및 수정	• 집단별 소시오드라마 계획서 발표 • 계획서 수정 보완 제출	OHP 자료	교수 학생
		소시오드라마 연습	• 집단별 소시오드라마 무대 배경 꾸미기 • 소집단별 소시오드라마 활동 행위연습	무대 꾸미기 준비물	교수 학생
		소시오드라마 발표 및 평가	• 소시오드라마 행위화 결과 발표: 직접 시연하면서 디지털카메라 촬영 • 토론과 평가(상호, 자기, 교수)	비디오 촬영 OHP 자료 상호평가서	교수 학생
	집단 상담 응용 과정	역할교대로 즉흥연기 및 토론과 평가	• 소시오드라마 발표 후 학생들이 관객이 되어 무대에 올라가 역할교대(Rolereversal)로 즉흥연기를 실시 • 즉흥연기 후 전체 학생들과의 토론과 평가(상호, 자기, 교수)	비디오 촬영 OHP 자료 상호평가서	교수 학생
	정리		• 소시오드라마 기법 및 보완점 토의 • 즉흥연기의 기법 정리 및 소감 발표 • 사회문제의 복지적 접근방안 토의 • 소시오드라마의 복지적 활용방안 제시	인쇄물	교수 학생
수업 이후	결과물 및 의견 공유		• 결과물 공유 • 게시판과 메일을 통해 수업에 대한 질문과 의견 제시	자료실에 비디오 결과물 대여	교수 학생

출처: 박정문, 소시오드라마를 활용한 집단상담 교수학습모형개발 및 적용. 2004: 13.

(3) 소시오드라마의 집단상담 결과 발표

단계	적용 활동 사례
적용 과정	▶ 소시오드라마 극본 결과물 발표(비디오 촬영)

가정문제에 대한 소시오드라마 발표 순서

가정 문제의 유형	제목
1조. 중년 가정주부의 도박과 부부문제	나도 관심받고 싶어요!
2조. 가정 빈곤과 가족원 의료비 문제	딸아, 천국에서 만나자!
3조. 자녀 PC방 인터넷의 성교육 문제	아저씨, 용돈 주실래요?
4조. 가족의 재산 분배 문제	눈독 들이지 마!

중년 가정주부의 도박과 부부문제
(나도 관심받고 싶어요!)

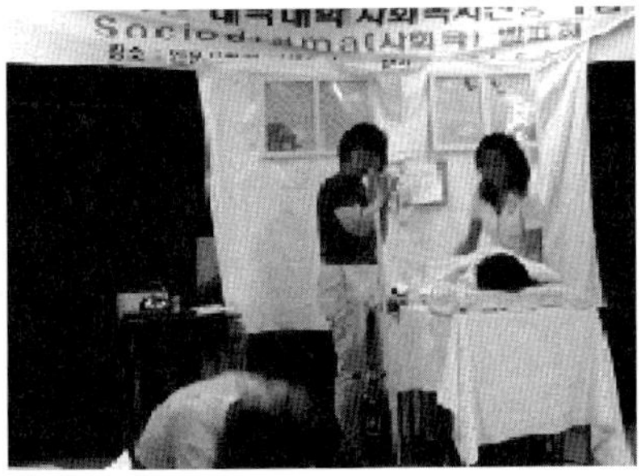

가정 빈곤과 가족원 의료비 문제
(딸아, 천국에서 만나자!)

자녀 pc방 인터넷의 성교육 문제
(아저씨, 용돈 주실래요?)

가족의 재산 분배 문제
(눈독 들이지 마!)

(4) 노인부양문제에 대한 소시오드라마 적용 사례

다음 내용은 2007년 ㅇㅇ대학교 사회복지과 수업 중에 발표한 사례에서 발췌하였다.

❶ 주제: 노인부양과 부부관계의 문제

등장인물: 박 씨 길ㅇㅇ, 큰아들 엄ㅇㅇ, 큰며느리 한ㅇㅇ, 작은아들 정ㅇㅇ,
작은며느리 배ㅇㅇ, 막내아들 정ㅇㅇ, 막내며느리 신ㅇㅇ,
이모 성ㅇㅇ, 제작 박ㅇㅇ
배경: 권ㅇㅇ
시나리오 정리: 정ㅇㅇ, 최ㅇㅇ
해설: 정ㅇㅇ

1막

해설: 명희는 잘나가는 학원강사다. 친정엄마인 윤 씨와 함께 살고 있다. 윤 씨의 생일을 앞두고 명희의 시어머니인 박 씨가 오겠다는 전화가 온다. 찾아온 시어머니는 명희 집에 와서 살게 되고 윤 씨는 다른 곳으로 간다. 그 후 윤 씨는 노인성 치매가 시작되어 다시 윤 씨를 모시고 오게 된다. 그 일로 박 씨는 집을 나가게 되고 갈 곳이 없는 박 씨는 이모네로 가게 되면서 가족회의가 열린다.

장소: 거실

(큰아들 성현은 이모로부터 걸려온 전화를 받으며)
큰아들: 죄송합니다. 이모님. 요즘 저희가 좀 바빠서요.
이모: 얘! 너희는 어머니 여기 계신 거 알면서 안 모셔 갈 거야?
큰아들: 가야죠... 사실 저희 집사람이 좀 바쁘고 성재도 사업 때문에 집에도 제대로 못 들어가는 모양이에요.
이모: 나도 며느리 눈치 보고 사는 입장이다! 오늘 중으로 성현이 네가 와서 모셔 가.
큰아들: 네... 이모님. 그렇게 할게요. 안녕히 계세요.
큰며느리: 뭘 그렇게 해요?
큰아들: 어머니... 이모님 집에서 사시게 할 수는 없잖아!
작은며느리: 동서! 동서가 당분간 어머님 좀 모셔 가지.
막내며느리: 예?

작은며느리: 큰형님 힘드신 거 나도 알거든. 다 같은 자식인데 동서도 어머님 모실 기회가 좀 있어야지.

막내며느리: 그럼요. 사실 그래야 정도 들고 저도 어머님 모시고 살아보고 싶어요. 근데 이이가 미국지사의 특파원으로 가게 될지 몰라서요. 큰아주버님께 말씀드렸는데...

작은며느리: 가기 전까지 다만 몇 달이라도 모셔 봐. 아직 결정 난 일 아니잖아.

막내며느리: 두 분 형님댁 두고 어머님이 저희 집에 오신다고 할지 모르겠네요. 왜 큰아들, 작은아들 놔두고 막내네서 사느냐고... 남들 보기도 좀 그렇고...

막내아들: 아~ 이 사람이요, 보기보다 몸이 좀 약해요. 어떨 때는 너무 피곤해서 그냥 앉혀 놓고 보기도 안쓰러워요. 지난달엔 병원에서 신장 쪽이 약하니깐 무리하면 안 된다고 그러더라고요.

작은아들: 호수 너, 큰형수 아니면 대학 졸업이나 했냐?

막내아들: 그래서요.

작은아들: 사람이 은혜를 입었으면 갚을 줄을 알아야지.

막내아들: 그거는 작은형이 할 말이 아닌 것 같은데...

작은아들: 뭐? 너 이 자식 너... 너 어머님 모시기 싫어서 형한테 치받는 거냐?

막내아들: 작은형은 사업한답시고 벌어들이는 돈보다 빼가는 돈이 더 많은 사람 아니야? 형수님 덕 본 거는 형을 당할 사람이 없지~

작은아들: 뭐야? 이 자식이. 너 이 자식, 너 말 다 했어?

막내아들: 아으~ 정말~ 형! 돈 벌고 싶으면 그 인간성부터 고쳐! 그따위 인간성으로 사업을 하니까 거래처 사람도 죄다 떨어져 나가는 거라고!

작은아들: (동생 따귀를 때리며) 이 자식이!

막내아들: 뭐 하자는 거야!

작은아들: 야, 이 자식아. 인간성 좋은 네가 당장 어머니 모시고 가!

막내아들: 나한테 해 준 게 뭐가 있다고 날 쳐! 이씨..

(치고받고 육박전)

다 같이: 아~~~~왜 그러세요~

큰아들: 다 왜들 그래. 그만들 해.

작은며느리: 알았어요. 우리가 모셔 오면 되잖아요. 우리 집 말고 어디 가서 어머님 마음이 편하시겠어요. 미우네 고우네 해도 그동안 저하고 긴 세월 정도 많이 드셨을 거고요. 천상 우리가 모셔와야지. 다른 방도 있겠어요?

작은아들: 아~~아~~윽~~

2막

해설: 시어머니 박 씨는 다시 큰아들네 집으로 가게 되고 명희와 성현은 이혼하기로 합의한다. 이혼이 남편에게 다른 여자가 있었기 때문이라고 생각하자 배신감에 분노한다. 박 씨는 명희와 함께 남편의 다른 여자 집으로 쳐들어간다. 박 씨는 다른 여자 머리채를 잡아당기며 자기 아들을 내놓으라고 소리친다. 그 일로 인해 서로 정을 느끼게 되고...

(시어머니 박 씨가 작은아들 내외와 막내아들 내외를 불러 모은다.)

작은아들: 시골에 모르던 땅이 나왔다면서요?

박 씨: 뭐? 땅이 어디 있어! 그나마 있는 거 네가 다 팔아먹었으면서...

작은아들: 그럼, 왜 도장은 갖고 오라고 그랬어요?

(종이를 내밀면서)

작은아들: 이게 뭐예요?

박 씨: 도장들 찍어. 차용증이야. 너희들이 그동안 형수한테 가져간 돈이야. 죽을 때까지 다 벌어서들 갚도록 해. 그동안 나 밥 먹은 값이다. 결국은 여태 네 형수 혼자서 나 먹여 살린 거 아니냐.

작은아들: 그렇다고 형제지간에 무슨 차용증이에요?

박 씨: 형제지간 찾을 것 없어! 이 순간에 형제 소리가 하고 싶으냐?

작은아들: 알았어요. 벌어 갚을게요.

박 씨: 아~~글쎄 여러 소리 말고 얼른들 찍어. 나 여기서 죽어 나가는 꼴보고 싶지 않으면... 어여 도장들 찍어!

큰며느리: 어머니~ 그만 하세요. 제가 어머니한테 잘못했어요.

박 씨: 너 잘못한 거 하나도 없다. 너... 너 낳아서 키워 준 사돈 어떻게든지 갖은 애를 써가면서도 모시려고 했던 거 그게 왜 잘못이야... 너는 죄 없어. 그거를 이용해가지고 우려먹으려고 하는 이놈들 잘못이야.

큰며느리: (흐느끼며) 어, 어머니... 흑흑.

박 씨: (감싸 안으며) 그래그래.... (다 같이 숙연하고 슬픈 얼굴이다)

해설: 이후 박 씨는 큰며느리와 살게 되고 어느 날 박 씨는 복통을 호소하다 쓰러져 병원으로 실려 간다. 의사는 신부전 말기라며 얼마 사실 수 없다고 말한다. 명희는 박 씨가 배 아픈 줄 알고 위장약과 소화제만 드신 사실을 알고 더욱 가슴이 아프다. 마침내 박 씨는 지극정성인 명희의 수발을 받다가 숨을 거둔다.

(5) 평가

- 가치관 변화에 따른 노인부양 문제에 대하여 생각할 수 있는 소중한 기회가 되었다.
- 노인부양 문제에 깊은 이해를 할 수 있었고 새로운 사실을 알게 되었다.
- 잠재되어 있는 무의식세계를 뽑어내고 해결하는 방법이 참 신비로웠다.
- 가슴이 뭉클해지면서 여운이 있다.
- 새로운 나를 발견하는 시간이었다.
- 집단적 측면, 교육적 측면, 실제적 측면, 치유적 측면, 사회혁명적 측면을 통해 많은 것을 얻었다.
- 연습을 통해서 친교할 수 있는 기회가 되었고, 드라마를 직접 해 봄으로써 노인문제가 갖고 있는 문제점에 대해 다시 한번 생각해 보게 되었다.

2) 블랙라이트 집단 역할극과 사회복지실천 적용

(1) 목적

블랙라이트 놀이는 어두운 공간에서 블랙라이트라는 전구의 형광빛을 활용하여 극화활동을 할 수 있는 집단역할놀이이다. 목적은 첫째, 소그룹이 주제에 대해서 토의를 하고 주제에 맞는 시나리오를 작성하여 역할놀이를 하는 것이다. 현실적으로 접근하기 어려운 클라이언트를 대상으로 다양한 갈등과 문제를 다룰 수 있다. 둘째, 소그룹 내에서 구성원들이 각자 역할을 맡아 소품을 제작하기 때문에 개별적 활동 및 집단활동과 집단상담 등이 가능하다.

(2) 블랙라이트의 사회복지실천적 가치

첫째, 사회복지는 다양한 사회문제와 대상을 다루기 때문에 접근이 쉽지 않은 클라이언트를 이해하기 위한 역할극 공연으로 블랙라이트가 적합하다. 둘째, 블랙라이트 공연을 위한 작품 제작 과정에서 구성원들과 집단활동을 경험할 수 있고

집중하여 자신을 되돌아볼 기회가 생긴다. 셋째, 작품 완성에 대한 피드백을 경험할 수 있고 집단 구성원의 역학적 활동관계와 개인 간의 관계갈등을 경감시킬 수 있는 카타르시스를 체험할 수 있다.

(3) 과정

〈표 11-2〉 블랙라이트 집단 역할극을 활용한 집단상담 교수-학습모형

과정	교수–학습단계		교수–학습활동	준비자료	주체
진행	도입		• 전시학습 내용 확인 • 학습자 동기 유발 • 학습목표 제시	동영상 자료	교수
	준비 과정	블랙라이트 소개	• 블랙라이트의 개념, 원리, 절차 설명 • 설명내용 자료와 관련 지식 정보 제시	프리젠테이션과 인쇄물	교수
		주제 선정과 소집단 조직	• 자료 검색 후 주제 선정	인터넷 검색	학생
		준비물 계획	• 주제에 따라 적절한 재료 계획 • 소집단 구성원의 작품제작 계획	• 블랙라이트 조명 • 형광도화지, 검은색 천, 장갑 등	학생
	적용 과정	블랙라이트 시나리오 작성과 작품 제작 관련 역할분담	• 주제에 대한 상황과 장면 설정 • 블랙라이트 활동을 위한 작품 제작 • 집단 구성원 간의 역할 분담표 작성	블랙라이트 작품 제작을 위한 역할분담표	학생
		블랙라이트 계획서 발표 및 수정	• 집단별 블랙라이트 시나리오 발표 • 음악, 안무 수정 보완	• 음악 선정 • 집단안무 선정	교수 학생
		블랙라이트 공연 연습	• 집단별 무대 배경 꾸미기 • 소집단별 블랙라이트 활동 연습	무대 꾸미기 준비물	학생
		블랙라이트 발표 및 평가	• 블랙라이트 행위화 결과 발표: 직접 시연하면서 디지털카메라 촬영 • 토론과 평가(상호, 자기, 교수)	비디오 촬영, OHP 자료 상호평가서	교수
	정리		• 블랙라이트 기법 및 보완점 토의 • 정리 및 소감 발표 • 블랙라이트 복지적 활용방안 제시	인쇄물	교수 학생
수업 이후	결과물 및 의견 공유		• 결과물 공유 • 게시판과 메일을 통해 수업에 대한 질문과 의견 제시	자료실에 비디오 결과물 대여	교수 학생

(4) 결과 발표

다음 내용은 2017년 2학기 ㅇㅇ대학교 사회복지과 학술제 발표 및 수업발표물에서 발췌하였다.

❶ 주제

- 「아기상어」 음악을 활용한 노인문제의 사회복지적 접근
- 「under the sea」 음악을 활용한 인어공주에 대한 선악문제의 복지적 접근

❷ 준비과정과 발표 장면

(5) 평가

- 블랙라이트 활동을 통해 조원들과 의사소통 및 협동심을 경험하게 되었고 서로 관계가 어려웠던 친구들하고도 친숙하게 되었다.
- 블랙라이트 결과물 영상을 보면서 '내가 저렇게 잘했구나!' 하는 뿌듯함을 느

꼈고 노인문제에 대해서는 정말 실감이 나서 공감이 많이 되었다.

- 단결된 팀워크~ 서로를 위하고 배려하는 마음, 개성 넘치고 재주 많은 우리 팀원들을 지지하고 사랑하게 되었다. 늘 서로를 응원하며 빈자리도 티 나지 않게 잘 메워 준 우리는 블랙라이트를 통해 하나가 되었다.

3) 인형극화 놀이와 사회복지실천적용

(1) 목적

인형극은 집단활동과 역할놀이를 동시에 경험할 수 있는 활동이다. 인형극의 목적은 다음과 같다. 첫째, 집단 구성원 간의 상호작용을 긍정적인 피드백으로 활성화하여, 시나리오를 작성하고 역할을 분배하고 인형 작품을 제작하고 발표하는 모든 과정은 인형극을 활용한 사회복지실천이다. 둘째, 인형극은 사회문제를 다양하게 사회복지적 관점에서 다룰 수 있고 집단 구성원 간의 역학적 활동을 경험하여 구성원들의 사회적 기능 향상과 타인공감능력을 강화시킬 수 있다. 셋째, 인형 제작을 통해서 작업치료의 효과를 느낄 수 있고 성취감을 향상시키고 자신감을 증대시킬 수 있는 매개활동을 경험할 수 있다. 넷째, 인형극화 발표를 통해서 다른 집단의 작품과 비교하고, 보다 다양한 사회문제와 다양한 가치관을 수용할 수 있는 기회가 된다.

집단별로 인형극을 발표하면서 다른 집단의 발표물을 보고 서로 피드백을 하면서 동시에 성장 · 발전할 수 있다. 긍정적인 피드백을 위해서 교수평가와 집단 상호평가를 적절히 조합하여 최종 평가를 하고 상장(수업용 상장: 금상, 은상, 동상, 장려상, 격려상)을 준다. 상장은 참여한 모든 집단에 주어 격려한다.

(2) 과정

〈표 11-3〉 인형극화 놀이를 활용한 집단상담 교수-학습모형

과정	교수-학습단계		교수-학습활동	준비자료	주체
진행	도입		• 전시학습 내용 확인 • 학습자 동기유발 • 학습목표 제시	동영상 자료	교수
	준비 과정	인형극 소개	• 인형극의 개념, 원리, 절차 설명 • 설명 내용 자료와 관련 지식 정보 제시	프리젠테이션과 인쇄물	교수
		주제 선정과 소집단 조직	• 기사 자료 검색 후 인형극의 주제 선정	인터넷 검색	학생
		준비물 계획	• 주제에 따라 적절한 재료 계획 • 소집단 구성원의 작품제작 계획	나무 주걱, 형광도화지, 부직포, 스타킹, 양말, 페트병, 캔, 골판지, 장갑, 가위, 색종이, 풀	학생
	적용 과정	인형극 시나리오 작성과 작품제작 관련 역할분담	• 주제에 대한 구체적인 상황과 장면 설정 • 인형극 활동을 위한 작품제작 • 집단 구성원 간의 역할 분담표 작성	인형극 작품 제작을 위한 역할분담표	학생
		인형극 계획서 발표 및 수정	• 집단별 인형극 시나리오 발표 및 수정 • 음악, 안무 수정 보완	인형극 음악 선정	교수 학생
		인형극 공연 연습	• 집단별 무대 배경 꾸미기 • 소집단별 인형극 활동 연습	무대 꾸미기 준비물	학생
		인형극 발표 및 평가	• 인형극 행위화 결과 발표: 직접 시연하면서 디지털카메라 촬영 • 토론과 평가(상호, 자기, 교수)	비디오 촬영, OHP 자료 상호평가서	교수 학생
	정리		• 인형극기법 및 보완점 토의 • 정리 및 소감 발표 • 인형극 복지적 활용방안 제시	인쇄물	교수 학생
수업 이후	결과물 및 의견 공유		• 결과물 공유 • 게시판과 메일을 통해 수업에 대한 질문과 의견 제시	자료실에 비디오 결과물 대여	교수 학생

(3) 결과 발표

❶ 주제

재혼가정의 문제(2015년 ㅇㅇ대학 사회복지과 2학년 학생들의 수업발표 보고서에서 발췌)

❷ 시나리오: 막대인형극

등장인물: 콩쥐, 팥쥐, 콩쥐 아빠, 팥쥐 엄마, 친구 1, 친구 2, 사회복지사

1막(집안 배경)

팥쥐: 오늘은 영심이가 남자를 소개시켜 준다고 했는데 뭘 입고 나갈까? 아! 콩쥐 그 계집애 옷이 있었지! (옷을 입고) 아~ 역시 이런 건 나한테 잘 어울린다니까. 콩쥐는 얼굴도 안되는 게 어울리지도 않는 옷을 사 가지고. 드레스야, 드레스야, 너도 내가 더 좋지? (웃는다)

콩쥐: 야! 그거 내 옷이잖아. 내가 며칠 전에 샀던 신상이란 말이야!

팥쥐: 옷을 샀다고 해서 다 임자인가, 뭐. (작은 목소리로) 어차피 제 돈 가지고 산 것도 아니면서. 흥!

콩쥐: 야! 이거 내 돈으로 산 거거든, 그리고 내가 언니잖아. 어디서 반말이야!!

팥쥐: 네가 어떻게 내 언니야! 너랑 나랑 피가 섞였어, 성이 같아?

콩쥐: 뭐라고? 너..

팥쥐: 뭐? 싫으면 나가! 나가면 되겠네.

(뺨을 때리는 소리) 찰싹!

팥쥐: 야! 너 날 때렸어! 너도 한번 맞아 볼래?

(팥쥐 엄마 등장)

팥쥐 엄마: 또 왜 이렇게 소란스러워~! 아니! 팥쥐야, 너 얼굴이 왜 그러니?

팥쥐: 엄마, 콩쥐 저 계집애가 날 쳤어. 자기가 뭐라고 날 쳐! 엄마한테도 한 대도 안 맞았는데.. (울면서) 엄마~

팥쥐 엄마: 야! 네가 뭔데 내 귀중한 딸을 때려? 너도 맞아 볼래?

(뺨을 때리는 소리) 찰싹!

콩쥐: 왜 때려요? 팥쥐가 먼저 내 옷 입고 대들었는데.

팥쥐 엄마: 이게 꼬박꼬박 대드네. 너 누구한테 배웠니? 엄마가 없으니까 이렇게 싸가지가 없지.

콩쥐: 그게 무슨 상관이에요! 왜 우리 엄마 욕해요! 그럼 팥쥐는 아빠가 없어서 그 모양이에요?

팥쥐 엄마: 이게 못 하는 소리가 없어!

(뺨을 때리는 소리) 찰싹!

콩쥐: 왜 때려요. 왜! 으아앙 ~ (울면서 나간다)

(콩쥐 아빠 등장)

콩쥐 아빠: 콩쥐야, 너 왜 그래? 어디 가는 거야? (콩쥐, 달려 나간다.)
아니, 팥쥐 엄마! 또 무슨 일이야?

팥쥐 엄마: 콩쥐가 팥쥐도 때리고 나한테까지 대들잖아요. 당신이 어떻게 좀 해 봐요!

콩쥐 아빠: 에이, 이놈의 집구석은 왜 조용한 날이 없어!

(콩쥐 아빠 나가면서 1막 끝, 배경 바꾸면서 2막 시작)

2막(거리 배경)

친구 1: 어제 그 손님 어땠니?

친구 2: 그 손님 팁이 짜더라! 겨우 20만 원이 뭐냐?

친구 1: 인상 봐. 찌질하잖아. 그럴 줄 알았어!

친구 2: 야! 쟤 콩쥐 아니냐? 쟤 꼴이 왜 저러냐?

친구 1: 쟤 집 나왔대. 콩쥐야~!

친구 2: 야, 내버려 둬! 저기 보이지? 우리 저기서 일하거든. 배고프면 와! 우린 간다. 안녕~(친구들 퇴장)

(노래) 콩쥐는 어려서 어머니를 잃고요.
새엄마와 팥쥐에게 구박을 받았더래요.(아싸아싸)
아이고, 아이고, 배고파! 오늘은 어디서 자나?
아이고, 아이고, 내 팔자야! 단란주점 나를 부르네.

콩쥐: 아~ 힘들어..
에이, 나도 모르겠다. 나 그냥 단란주점에 가서 일할래!

사회복지사: 학생! 안 돼요, 안 돼! 다시 한번 생각해 보세요.

콩쥐: 누구세요?

사회복지사: 안녕하세요. 저는 두드림 청소년쉼터에서 일하는 사회복지사 신희망이라고 합니다. 지금 가출청소년을 위한 아웃리치서비스 중인데 도움을 주고 싶어서요.

콩쥐: 아웃리치서비스요? 그게 뭔데요?

사회복지사: 쉽게 말해서 힘들어하는 친구들을 위해 직접 찾아가서 도와주는 서비스라고 생각하면 돼요. 저녁도 안 먹었다면서요? 저쪽에 보이는 곳이 쉼터인데 같이 가서 밥도 먹고 이야기도 좀 나눴으면 좋겠는데 괜찮겠죠?

콩쥐: 네.

(걸어가면서 2막 끝, 배경 바꾸면서 3막 시작)

3막(복지관 배경)

팥쥐: 음, 오늘 남자친구 만나러 가야 하는데 무슨 옷을 입고 갈까? 아! 며칠 전에 콩쥐 언니가 산 옷이 예쁘던데.. 언니한테 물어봐야겠다.

콩쥐: 뭘 그렇게 혼자 중얼거리고 있니?

팥쥐: 응, 언니! 나 부탁할 게 있는데... 실은 오늘 남자친구 만나러 가야 하는데 입을 옷이 없어. 언니가 며칠 전에 산 옷 너무 좋아 보이는데 오늘 하루만 빌려주면 안 될까?

콩쥐: 남자친구? 팥쥐 너무 좋겠다. 걱정 마! 내가 옷 빌려줄게. 마음에 들면 그냥 입고 가지 그랬어!

팥쥐: 그래도 어떻게 말도 안 하고 입고 가, 언니 옷인데..

엄마: 얘들아, 너희 뭐 하고 있니?

콩쥐: 네, 엄마. 팥쥐가 남친 만나러 가는데 옷이 없대서 내 옷 입고 가라고 했어요.

엄마: 뭐? 팥쥐야. 그 옷 언니가 며칠 전에 산 옷인데 네가 먼저 입으면 어떡하니? 언니가 개시도 안 했는데...

콩쥐: 아니에요, 엄마. 같이 입으면 되죠. 팥쥐 몸매가 나처럼 S라인이라 잘 어울릴 기예요.

엄마: 아이고, 우리 콩쥐 왜 이렇게 착하니?

콩쥐: (엄마에게 붙으며) 엄마 딸이잖아요!

(엄마와 팥쥐, 콩쥐 웃는다. 그때 아빠가 등장)

아빠: 무슨 좋은 일 있어? 대문 밖까지 웃음소리가 들리네.

엄마: 콩쥐가 팥쥐한테 새 옷을 양보하는 모습이 예뻐서요.

아빠: 그래? 기분이다. 아빠가 콩쥐 팥쥐 옷 한 벌씩 사줄게! 다 같이 나가자. (아빠도 같이 웃는다)

사회복지사: 자~! 여기까지입니다. 이렇게 해 보시니까 어떠세요? 가족역할극을 하시면서 느낀 점이 있다면 한 분씩 이야기해 볼까요?

팥쥐: 전요, 갑자기 눈물이 핑 돌았어요.

엄마: 그러게요. 저도 우리 가족이 늘 이렇게 행복한 모습을 상상하곤 했답니다.
아빠: 이제야 진짜 집 같네요.
사회복지사: 콩쥐야, 넌 어땠니?
콩쥐: 정말 우리 집도 이렇게 될 수 있을까요?
사회복지사: 그럼! 가족상담을 시작했다는 것만으로도 절반은 성공한 거야. 우리나라에 재혼가정들이 콩쥐, 팥쥐의 집처럼 많은 어려움을 겪고 있어. 하지만 가족 상담과 가족치료 프로그램을 통해서 위기를 극복할 수 있단다. 앞으로도 최선을 다해 도와줄게! 콩쥐, 팥쥐도 노력할 수 있겠지?
콩쥐, 팥쥐: 네.
사회복지사: 아버님 어머님도 하실 수 있겠죠?
다 같이: 네~
사회복지사: 그럼 앞으로 행복한 가정을 위해서 출발!!
다 같이: 출발~ (다 같이 웃으면서 마무리)

❸ 결과 발표

막대인형 준비 과정과 발표 장면 및 수상식(수업용)

(4) 평가

- 인형을 만들고 인형에 나를 투사하여 자신의 감정을 정화할 수 있어서 좋았고 인형극으로 집단원들과 협동심을 가지고 대본을 만들어 가고 연습하는 것이 즐거웠다.
- 인형극을 잘해 준 학우들이 정말 고생 많았다. 인형극을 발표하면서 리액션 연습을 해 온 것이 정말 효과가 좋았다. 다시 한번 해 보고 싶은 마음이다. 잠재되어 있는 무의식세계를 뿜어내고 해결하는 방법이 신비로웠다.
- 극화 활동으로 재혼가정의 문제를 체험할 수 있어서 좋았고 학습 효과가 있었다. 자신이 새로운 사람으로 태어나는 기분이 들었다. 고민이나 우울했던 마음을 스스로 극복할 수 있을 것 같다.
- 자신의 문제에 깊은 이해를 할 수 있다는 새로운 사실을 알게 되었다. 그리고 소중한 집단공연 활동으로 모여서 활동하면서 팀워크가 향상되는 시간을 가졌던 것 같고 즐겁고 재미있는 시간이었다.
- 모두가 하나 된 마음으로 준비된 사회복지사답게 지역사회의 많은 문제들, 상황들, 우리가 지원해야 하는 일, 그리고 자신을 돌아보고 반성하는 시간도 되었다. 모두가 함께하는 사회, 더불어 외롭지 않은 사회가 되었으면 하는 바람이다.

Theories of Social Work Practice

참고문헌

강선경 · 김욱 역(2005). 사회복지가치와 윤리. 서울: 센게이지러닝.

고이치즈다 · 죠지아이자와 저, 이윤로 외 편저(2005). 사례로 배우는 사회복지실천. 서울: 창지사.

공계순(2005a). 아동학대 예방센터 상담원의 소진에 관한 연구. 한국가족복지학, 10(3), 83-103.

권석만(2013). 현대 이상심리학(2판). 서울: 학지사.

권오균 · 김지현 · 김충식 · 나용선 · 남화수 · 박종선 · 신상수 · 양시영 · 이경자 · 조상윤 · 최광수 · 황희숙(2011). 사회복지실천론. 경기: 공동체.

권준수 역(2015). 정신질환의 진단 및 통계편람 제5판(DSM-5). APA 저 학지사(원저는 2013년에 출간).

권중돈(2014). 인간행동과 사회복지실천. 서울: 학지사.

권향임 · 김상아 · 신민정 · 윤정혜 · 이기량 · 이남순 · 이채식 · 전영록(2015). 사회복지실천론. 서울: 창지사.

권향임 · 김상아 · 신민정 · 윤정혜 · 이기량 · 이남순 · 이채식 · 전영록(2017). 사회복지실천론. 서울: 창지사.

금기윤 · 김미연 · 김은희 · 류동수 · 이태희(2013). 사회복지실천기술론. 경기: 공동체.

길귀숙 · 강희숙 · 오영훈 · 오하나 · 유진희 · 제미자 · 현영렬(2019). 사회복지실천론. 경기: 양서원.

길귀숙 · 강희숙 · 이재호 · 천덕희 · 김상곤 · 오영훈 · 현영렬 · 임승희(2011). 사회복지실천론. 경기: 양서원.

김기태(1995). 위기개입론. 경기: 대왕사.

김기태 · 김수환 · 김영호 · 박지영(2002). 사회복지실천론. 경기: 대왕사.

김기태 · 김수환 · 김영호 · 박지영(2007). 사회복지실천론. 경기: 공동체.

김만두 역(1992). 케이스워크 관계론. 서울: 홍익제.

김만두 · 한혜경(1993). 현대사회복지론. 서울: 홍익제.

김상균 · 오종수 · 유채영(2002). 사회복지윤리와 철학. 경기: 나남출판.

김선민(2003). 가정평화상담소 주최 영화치료 워크숍 자료, 미8군 121종합병원정신과 알코올상담센터.

김소정(2012) 장애인복지관 종사자의 전문직업적 정체성과 업무환경이 소진에 미치는 영향, 동국대학교 석서학위논문.

김용환 · 김승동 · 박성애 · 안외자 · 양정안 · 오정옥(2013). 사회복지실천기술론. 서울: 동문사.

김유숙 · 이영분 역(1992). 가족분석가계도. 서울: 홍익제.

김윤재 · 박남오 · 심영진 · 염일열 · 이경재(2011). 사회복지실천기술론. 서울: 동문사.

김융일(2003). 사회복지학 교육을 통한 정체성 확립. 한국사회복지학회 학술대회 자료집.

김융일 · 조홍식 · 김연옥(2001). 사회사업실천론. 경기: 나남출판.

김융일 · 조홍식 · 김연옥(2005). 사회복지실천론. 경기: 나남출판.

김융일 · 조홍식 · 김영옥(1995). 현대사회복지개론. 홍익재.

김인숙 · 김용석 역(2006) 사회복지실천기술연습. 경기: 나남출판 / Barry Cournoyer(2000). The Social Work Skills Workbook(3th), Brooks/cole, Belmont, CA.USA.

김정희 · 이창호 역(1992). 현대심리치료. 서울: 중앙적성출판사.

김채연(2014). 미술치료사의 역전이활용에 관한 현상학적 연구. 영남대학교 대학원 미술치료학과박사학위 논문.

김향선 외(2015).사회복지실천의 이해. 서울: 창지사.

김혜란 · 홍선미 · 공계순(2001). 사회복지실천기술론. 경기: 나남출판.

김혜란 · 홍선미 · 공계순(2006). 사회복지실천기술론. 경기: 나남출판.

김혜영 · 석말숙 · 최정숙 · 김성경(2015).사회복지실천론. 경기: 공동체.

나동석(1997). 가족개발을 통한 빈곤문제해결에 관한 연구. 사회복지학 제31집. 사회복지학회.

나동석 · 서혜석 · 채인석(2014). 사회복지실천론. 경기: 정민사.

남세진 · 조홍식(1997). 집단지도방법론. 서울대학교 출판부.

노안영(2009). 상담심리학의 이론과실제. 서울: 학지사.

도광조(2008). 사회복지실천론. 경기: 양서원.

류종훈(2006). 사회복지실천기술론. 서울: 유풍출판사.

문인숙 외 공역(1985). 임상사회복지학. 서울: 집문당.

박경희(2003). 비자발적 치료집단의 집단과정에 대한 분석. 중앙대학교대학원 사회복지학과 석사학위논문.

박세정 · 손명희(2008). 사회복지실천론. 서울: 창지사.

박세정 · 정왕용 · 이동춘 · 박연희 · 이장희 · 정영일 · 손순용(2008). 사회복지실천기술론. 서울: 창지사.

박승택(2012). 사회복지사의 이직의도와 소진에 영향을 미치는 요인, 원광대학교 대학원 사회복지학과 박사학위논문.

박정문(2004). 소시오드라마를 활용한 집단상담프로그램의 적용. 한국전문대학교수학습개발연구대회발표 논문.

박정문(2009). 사회복지실천의 이해와 실천프로그램. 서울: 파란마음.

박정문(2011). 영화치료의 사회복지적 기능과 효과 고찰. 대덕대학교 논문집.

박정문(2016). 사회복지실천기술론. 서울: 창지사.

박주현 외(2011). 인간행동과 사회환경. 서울: 파란마음.

박주현 · 박연옥 · 김준환 · 배은숙 · 박서춘 · 박서영(2014). 사회복지실천론. 서울: 창지사.
배은숙 · 문혜숙 · 김준환 · 이금옥 · 박주현(2014). 사회복지실천기술론. 서울: 창지사.
백은령 · 김선아 · 양숙미 · 엄미선(2008) 사회복지실천론. 경기: 대왕사.
보건복지부(2019). 2019년도 사회복지시설관리안내. 사회복지시시설정보시스템 재구성 (www.w4c.go.kr).
사회복지교육연구센터(2016). 1급사회복지사 기본서. 사회복지실천론. 서울: 나눔의집.
사회복지교육연구센터(2016). 사회복지실천론. 서울: 나눔의집.
사회복지사1급 수험연구회(2008). 사회복지실천론 서울:교육개발원.
사회복지사수험 연구소 편저(2019). 사회복지사 1급 한권으로 끝내기. 서울: 시대고시기획.
사회복지사수험기획실(2009). 2010년 1급사회복지사. 서울: 시대고시기획.
서울대사회복지연구회 역(1998). 남기철 · 변귀연 · 양숙미 · 정선욱 · 조성희 · 최승희 역(1998). 사회복지실천기술법과 지침. 경기: 나남출판.
서울대학교 사회복지실천연구회 역(1998). 사회복지실천기법과 지침. 경기: 나남출판.
서울대학교실천사회복지연구회(2007). 사회복지척도집. 서울: 나눔의집.
서정현(2015). 상담의 과정과 사례연구의 실제. 서울: 태영출판사.
서혜석 · 김덕진 · 이명자(2017). 사회복지실천론. 경기: 정민사.
성민선 · 조홍식 · 오창순 · 홍금자 · 김혜래(2008). 학교사회복지의 이론과 실제. 서울: 학지사.
손광훈(2012). 사회복지실천기술론. 경기: 공동체.
신성자(2007). 사회복지실천기술론. 경기: 양서원.
양옥경 외(1995). 사회복지실천과 윤리. 한울아카데미.
양옥경 외(2003). 사회복지실천론. 경기: 나남출판.
양옥경 · 김정진 · 서미경 · 김미옥 · 김소희(2005). 사회복지실천론. 경기: 나남출판
양옥경 · 김정진 · 서미경 · 김미옥 · 김소희(2005, 2006, 2014, 2018). 사회복지실천론. 경기: 나남출판.
양옥경 · 김정진 · 서미경 · 김미옥 · 김소희(2010). 사회복지실천론. 경기: 나남출판.
양옥경 · 김정진 · 서미경 · 김미옥 · 김소희(2018). 사회복지실천론. 경기: 나남출판.
양정남 · 최선령(2003). 사회복지실천론. 경기: 양서원.
양정남 · 최선령(2011). 사회복지실천론. 경기: 양서원.
엄명용 · 김성천 · 오혜경 · 윤혜미(2001). 사회복지실천의 이해. 서울: 학지사.
엄명용 · 김성천 · 오혜경 · 윤혜미(2005). 사회복지실천의 이해. 서울: 학지사.
엄명용 · 김성천 · 오혜경 · 윤혜미(2006) 사회복지실천의 이해. 서울: 학지사.
엄명용 · 김성천 · 오혜경 · 윤혜미(2011). 사회복지실천론. 서울: 학지사.
엄명용 · 김성천 · 오혜경 · 윤혜미(2014). 사회복지실천론. 서울: 학지사.

엄명용 · 노충래 · 김용석(2008). 사회복지실천기술의 이해. 서울: 학지사.

오혜경(2005). 사회복지윤리와 철학. 서울: 창지사.

우국희 · 성정현 · 좌현숙 · 장연진 · 최승희(2015). 사회복지실천론. 서울: 신정.

우국희 · 성정현 · 좌현숙 · 장연진 · 최승희(2018). 사회복지실천론. 서울: 신정.

원석조(2005). 사회복지개론. 경기: 양서원.

웹스터사전(2003). The Merrian-Webster online dictionary. Retrieved June 20, 2003, from m-w. com/dictionary.htm.

유동철 · 장명희(2008). 영화로 보는 사회복지. 경기: 양서원.

윤현숙 · 김기환 · 김성천 · 이영분 · 이은주 · 최현미 · 홍금자(2001). 사회복지실천기술론. 서울: 동인.

윤흠(1958). 'KAVA의 활동' 사회복지11집. 사단법인 한국사회사업연합회(pp. 21-21). 카바 40년사 편찬위원회 편(1995)에서 재인용(p. 214).

이경남 · 김인숙 · 김현주 · 박은주 · 서화정 · 이순영 · 이찬희 · 조윤득 · 허영숙(2008). 사회복지실천론. 서울: 학지사.

이경준 · 오봉욱 · 박선아 · 하태선(2014). 사회복지실천론. 서울: 동문사.

이삼연(1999). 인지행동치료의 우울증사정과 개입전략. 한국가족복지학, 4, 189-218.

이상호 · 최경화 · 김재열 · 안성의 · 유인애 · 황성식 · 석재은(2010). 사회복지실천론. 서울: 신정.

이선혜(2009) 쉼터거주 청소년의 우울감 감소를 위한 위기개입적 집단마술치료 사례연구. 동국대학교 문화예술대학원 미술치료전공 석사학위논문.

이소연(2009). 가출 청소년의 집단미술치료 사례 연구. 명지대학교 사회교육대학원 예술료학 석사학위논문.

이애재(2006). 사회복지실천기술론. 경기: 양서원.

이영미(1991). 사회사업가들의 Burn-out에 관한 연구. 연세대학교 대학원 석사학위논문.

이영분 · 김기환 · 윤현숙 · 이원숙 · 이은주 · 최현미 · 홍금자(2001). 사회복지실천론. 서울: 동인.

이영분 · 김기환 · 윤현숙 · 이원숙 · 이은주 · 최현미 · 홍금자(2002). 사회복지실천론. 서울: 동인.

이영실 · 나임순 · 임원균 · 신준옥 · 조명희 · 홍성희(2016). 사회복지실천론. 경기: 양서원.

이원숙(2008). 사회복지실천론. 서울: 학지사.

이윤로 외 역(2003). 사회사업실천기술론. 경기: 학현사.

이윤로(2005). 사회복지실천론. 서울: 학지사.

이윤로(2007). 사회복지실천기술론. 서울: 학지사.

이윤로(2008). 사회복지실천기술론(2판). 서울: 학지사.

이윤로 · 나용선 · 권향임 · 티니카와 · 조민정(2005). 사례로 배우는 사회복지실천. 서울: 창지사.

이은희 · 김경호(2008). 사회복지사의 소진에 영향을 미치는 요인에 관한 연구. 사회연구, 9(2), 167-193.

이정희(2009). 영화를 활용한 집단 프로그램의 주부 우울감에 대한 효과 연구, 계명대학교 여성학대학원 사회복지학과 석사논문.

이종복 · 전남련(2012). 사회복지실천론. 경기: 학현사.

이종복 · 전남련 · 김덕일(2006). 사회복지실천론. 경기: 학현사.

이종복 · 전남련 · 김덕일(2007). 사회복지실천론. 경기: 학현사.

이종복 · 전남련 · 나예원 · 김경미 · 강장미(2015). 사회복지실천론. 경기: 정민사.

이준우 · 최희철(2014). 사례관리론. 서울: 신정.

이필환 외 역(1999) 사회복지실천이론의 토대. 서울: 나눔의집.

인천광역시사회복지관협회 · 사례관리연구회(2009). 인천광역시 사회복지관 사례관리실천을 위한 매뉴얼 연구보고서.

임상록 · 박주현 · 배은숙 · 오세숙 · 이명순 · 이영주 · 이혜자 · 최덕경(2010). 사회복지실천기술론. 서울: 파란마음.

임정현(2011). 바우처 도입에 따른 사회복지사와 클라이언트 관계 변화에 관한 연구 동향. 사회복지리뷰, 제16집, 66-83.

임칠성(2002). 국어선생님 듣기 수업 어떻게 하십니까. 서울: 역락출판.

장경원(2019). '소통하는 수업을 위한 토의수업 전략과정, 한국대학교교육협의회 고등교육연수원 자료.

장수미 · 최정숙 · 박형원 · 김주현 · 홍현미라 · 이혜경 · 이영선 · 한인영(2010). 사회복지실천기술론. 서울: 학지사.

장인협(1989). 사회사업실천방법론(하). 서울대학교출판부.

장인협(1989). 사회사업실천방법론. 서울대학교출판부.

장인협(2005). 사회복지실천론론(하). 서울대학교출판부.

전남련 · 박정란 · 윤기종 · 이효수(2012). 사회복지실천기술론. 경기: 정민사.

전남련 · 이재선 · 정명희 · 김치건 · 최홍성 · 오영식 · 홍성휘 · 김연옥(2011). 사회복지실천론. 서울: 오래.

전미애(2012). 사례관리자가 인식하는 사회복지환경이 사례관리 수행에 미치는 영향. 서울대학교대학원 사회복지학과 박사학위논문진흥재단의 지원에 의한 연구.

전은주(1999). 말하기 듣기 교육론. 서울: 박이정.

전재일(1981). 사회사업실제의 통합적 접근방법에 관한 연구. 한사대학.

전재일 · 이성희(2004). 사회복지실천기술론. 경기: 형설출판사.

전재일 · 이성희(2004). 사회복지실천론. 경기: 형설출판사.

전재일 · 이종복 · 조운희 · 이준상 · 이애재 · 이성희(2003). 사회복지실천론. 경기: 형설출판사.

전재일 · 이종복 · 조운희 · 이준상 · 이애재 · 이성희(2004). 사회복지실천론. 경기: 형설출판사.

정근식 · 주윤정(2013). 사회사업에서 사회복지론: '복지' 개념과 제도의 변화. 사회와 역사, 98, 5-41.

정무성 · 나임순 · 유용식(2013). 현대사회복지개론. 서울: 신정.

정순둘(2005). 사례관리 실천과 평가. 기독교 사회복지, 11, 119-137.

정순둘(2005). 사례관리 실천의 이해-한국적 경험.서울: 학지사.

정순둘(2008). 사례관리실천의 이해. 서울: 학지사.

정순둘 · 고미영(2001). 재가노인을 위한 집중사례관리서비스의 효과성 연구. 한국학, 54, 273-294.

정원철(2005). 사회복지실천기술과 상담. 경기: 양서원.

조학래(2016). 집단사회복지실천. 침례신학대학교 출판부.

조현준 · 조현재 역(1996). 심리상담과 치료의 이론과 실제. 서울: 시그마프레스.

조휘일 · 이윤로(2001). 사회복지실천론. 서울: 학지사.

조휘일 · 이윤로(2003). 사회복지실천론. 서울: 학지사.

조홍식 외(2009). 사회복지실천론(개정3판). 경기: 나남출판.

조홍식 · 권기창 · 이태수 · 박경수 · 이용표(2008). 사회복지학개론. 서울: 창지사.

진재찬(2012). 사례관리 담당사회복지사의 역할수행어려움이 소진에 미치는 영향. 숭실대학교대학원 석사학위논문.

최선화(2013). 풀어쓴 사회복지실천기술, 경기: 공동체.

최성진(2006). 사회복지사의 소진에 영향을 미치는 요인에 대한 연구, 서강대학교 신학대학원 사회복지학과 석사학위청구논문.

최세영 · 김준환 · 박주현 · 장연식(2017). 사회복지실천론. 경기: 어가.

최송식 · 하정미 역(2009) 사회복지실 천기술론, 신광문화사 Arthur E. Jongsma, Jr. L.Mark Peterson(1999). The Complete Adult Psychtheapy Treatment Planner.

최옥채(2006). 사회복지실천론. 경기: 양서원.

최정호(2014). 사례관리수행과정 경험에 관한 연구. 영남대학교 대학원 지역사회복지행정학과 박사학위논문.

최해경(2018). 사회복지실천론. 서울: 학지사.

최혜경 역(2010). 사회복지실천 사례집. Shirley M. Haulotte, Jane A. Kretzschmar 편.

최혜지 · 김경미 · 정순둘 · 박선영 · 장수미 · 박형원 · 배진형 · 박화옥 · 안준희(2013). 사

회복지실천론. 서울: 학지사.

한국사례관리학회(2012). 사례관리론. 서울: 학지사.

한국사회복지관협회 http://kaswc.or,kr.

한국사회복지사협회(2019). www.welfare.net.

한국사회복지학회(2007). 한국사회복지학회 50년사.

한국수화(2009). 한국수화. 한국농아인협회 출판사.

한국여성복지연구회(2008). 영화와 사회복지. 서울: 청목출판사.

한국학교사회복지(2014). http://kassw.or.kr.

홍선미 · 이연 · 안태숙 · 전재현(2010). 무한돌봄센터 지원개발 매뉴얼. 수원: 경기복지재단.

홍순혜 · 한인영(1991). 사회사업기록. 서울: 학문사.

황미경(1996). 가출청소년에 대한 효과적인 개입방안 연구. 이화여자대학교 대학원석사학위논문.

황성철(2000). 부천시 장애인 복지관 사례관리 교육교재.

Alexander, C. (1977). Social Work Practice: A Unitary Conception. Social Work, Sep., pp. 407-414.

Allen-Meares, P. (2004). Predicting the Future of Social Work Practice in the Middle Millennium, School Social Work in Education, 22.

Anderson, R. E. & Carter, I. E. (1984). Human Behavior in the Social Environment: A Social Systems Approach. Chicago: Aldine.

Anguilera, D. C. & Messick, J. M. (1982). Crisis intervention: Theory and ptactice. Saint Louis: Mosby.

Barker, R. L.(1995). The Social Work Dictionary(3rd ed). Washinton, DC: NASW Press.

Bartlett, H. M.(1970). The Common base of Social Welfare Practice. Washington, D.C.: National Association of Social Workers Inc.

Bartlett, H.(1970). The Common of Social Work Practice. NY: Nation Associations. NY: Biestek, F. P.(1957) The Casework Relationship. Illinois: Loyola Univ. Press.

Bertalanffy, L. (1968). General system theory: Foundations, develpoment, applications. New York: George Braziller. 현승일 역 (1990) 일반체계이론. 파주: 민음사.

Biestek, F. P. (1973). The Casework Relationship. London: Unwin University Book.

Boehm, W. W. (1958). The Nature of Social Work. Social Work, 3(2), 10-19.

Boehm, W. W. (1959). Objectives of the Social Work Curriculum of the Future. NY: CSWE.

Bowers, S. (1949). The Nature and Definition of Casework. New York: Family Service Association of America.

Brill, N, I. (1977). Working with People: The Helping Process(6th ed). New York: Longman.

Brill, N. 장인협 · 문인숙 역(1983). 사회복원리와 방법. 서울: 집문당.

Brodsky, S. L. & Lightenstein, B. (1999). Don't Ask Question: A Psycho therapeutic Strategy for Treatment of Involuntary Client. American Journal of Psych-therapy, 53, 215-220.

Bronfenbrenner, U. (1979). The ecology of human development. Cambridge, MA: Harvard University press.

Bronfenbrenner, U. (1989a). Ecological systems theory. Annals of Child Development, 6, 187-249.

Brown, J. A. (1992). Handbook of Social Work Practice. SpringfieldIII: Charles C. Thomas.

Burkley, W. (1967). systems and entities. In W. Buckley (Ed.), sociology and modern systems theory(pp. 42-66). Englewood Cliffs, NJ: Prentice Hall. Braziller.

Compton & Galaway (1994). Social Work Process(5th ed). Belmont: Wadsworth.

Compton & Galaway (1999). Social Work Process(6th ed). Pacific Grove: Brooks/ Cole publish Company.

Compton, B. R.(1983) Traditional fields of practice. In Handbook of clinical social work, San Franciso, CA: Jossey-Bass.

Congress, E. (1999). Social Work values and ethics: Identifying and Resolving Professional Dilemmas. Wadsworth:Thomson Learning.

Corey, G. (1995). Theory and Practice of Group Counseling(4th ed). Pacfic grove, CA: Brooks/Cole Publishing Company.

Counryer, B.(2000) The Social Work Skill Workbook. 김인숙 김용서 공역 (2002) 사회복지실천 기술연습. 경기: 나남출판.

Cournoyer, B.(1996) The social work skill workbook(2th.ed), Pacific Grove, CA: Books/ Cole.

CSWE(1994). Handbook of Accreditation Standards and Procedures. Alexandria, Va.: Author.

CSWE(2008). Educational Policy and Accreditation standards.

Daley, J. G. (1999). Social work practice in the military. NY: The Haworth Press.

Derezotes, D. S.(2000). Advanced generalist social work practice. Sage Publication, Inc.

Dolgoff, R., Feildstein, D., & Skolink, L. (1997). Understand Social Welfare. NY: Longman.

Dolgoff, R., Loewenberg, F. M., & Harringron, D. (2005). Ethical Decisions for Social Work.

Drisko, J. (2014). Research evidence and, social work practice: the place of evidence-based practice. Journal of Clinical Social Work, 42, 123-133.

Eagan(1971). Encounter group: Basic reading monterey. Cali: Brook Cole.

Elaine P. Congress, 강선경 · 김욱 역(2005). 사회복지가치와 윤리, 시그마프레스. Practice. Itasca: Cengage Learning.

Encandela, J. A., Korr, W., Lidz, C. W., & Mulvey, E. P. (1999). Discretionary use of involuntary commitment by case managers of mental health clients: a case study of divergent views. Clinical Social Work Journal, 27, 397-411.

Epstein, L. & Brown, L. B. (2002). Brief Treatment and a New Look at the Task Centered Approach(4th ed). New York: Macmillian.

Epstein, L. (1998). Brief Treatment and a New Look at the Task-Centered Approach(4th ed.). New York: McGraw-Hill.

Epstein, L.(1992). Brief Treatment and a New Look at the Task-Centered Approch, Macmillian Publish Company.

Flexner, A. (1915). Is Social Work a Profession? In Proceeding of the National Conference of Charities and Correction. New York: National Conference of Chrities and Correction.

Frankel, A. & Gelman, S. .R. (2004). Case Management. 권진숙 역(2004) 사례관리: 개념과 기술. 서울: 학지사.

Freud, S. (1912). Recommendation to Physicians Practicing Psychoannalysis. S.E., 12, 111-120. London: Horgarth Press.

Frey, A. J. & Dupper, D. R. (2005). A framework for promoting organizational-charge. Families in society. 142-147.

Fromn, E. (1956). The Art of Loving. NY: Harper & Row.

Gambrill, E. (2013). Social work practice: A critical thinker's guide(3rd ed.). New York: Oxford University Press.

Germain, C. B. & Gitterman, A. (1980). The life model of social work practice. New York: Columbia University Press.

Germain, C. B. (1978). Space an ecological variable in social work practice. Social Casework, 59(9), 519-522.

Germain, C. B. (1983). Technological Advances. In Rosenblatt, A. &Waldfoger, D. (Eds.). Handbook of clinical social work, San Franciso: Jossey-Bass.

Gilliand, E. B. & James, K. R. (1997). Crisis Intervention Strategies, Brooks/Cole.

Gilliland, B. E. (1982). Steps in Crisis counseling. Memphis :Memphis State University, Department of Counseling and Personnel Services.

Gitterman, A. & Germain, C. B. (1981). Education for practice: Teaching about the envirpnment. Journal of Education for Social Work, 17(3), 44-51.

Golan, N. (1978). Treatment in Crisis Intervention Strategies, Brooks/Cole.

Goldstein, (1973). Social work pradtice: A unitary approach. Columbia: University of South Carolina Press.

Goldsten, E. & Noonnan, M.(1999). Short-term treatment and social work practice: An integrative perspective. New York:Free Press.

Gordon, W. E. (1969). Basic constructs for an integrative and generative conception of social work. In G. Hearn (ed.), The general systems approach: contributions toward a holistic conception of social work(pp. 5-11). New York: Council on Social Work Education.

Granvold, D. K. (ed). (1994). Cognitive and Behavioral Treatment: Methods and Applications, Pacific Grove, CA: Brooks/Cole Pub.

Gummer, B. (1983). Consumerism & Client Right, in A. Rosenblatt, & D. Waldfogel(ed.). Handbook of Clinical Spcial Work. San Francisco: Jossey-Bass, pp. 920-938.

Hepworth, D. H. & Larsen, J. A. (1990). Direct Social Work Practice: Theory and Skills(3rd ed.), Belmont: Wadsworth Publishing Company.

Hepworth, D. H. & Larsen, J. A.(1986) Direct Social Work Practice: Theory and Skills, Chicago: Dorsey. Heights, MA: Allen & Bacon.

Hepworth, D. H. & Larsen. J. A. (2006). Direct social work practice: Tbeory and skill(7th de.). Pacific Grove, Calif: Books/Cole.

Hepworth, D. H., Rooney, R. H., & Larsen, J. A. (1997). Direct social work Practice: Theory and skills(5th ed.). Pacific Grove, CA: Brooks/Cole.

Holt, B. J.(2000). The practice of Generalist Case Management, Allyn & Bacon: Needham Heights, M. A.

Horner, W. & Whitback, L.(1991). Personal verse professional values in social work: A methodology note. Journal of Social Review, 14(1/2), 21-43.

http://www.Kaswc.or.kr

Hutchins, D. E. & Vaught, C. C. (1997). Helping Relationships and Strategies(3rd eds).

Brooks/Cole Publishing Company.

International Federation of Social Workers(2000). Definition of social work. http://www.ifsw.org/ Publications/4.6e.pub.html 2005년 5월 26일 접속

Intragliata, J. (1982). Improving the quality of community care for the chronically-mentally disabled: The role of case management. Scbizopbrenia Bullentin, 8(4).

James & Gilliland, R. (2006). 위기개입(개정판). 한인영 · 장수미 · 최정숙 · 박형원 · 이소래 · 이혜경 역(2008). 경기: 나남출판(원저는 2006년 출판)

Janosik, E. H. (1984). Crisis counseling: A contemporary approach. Monterey, CA :Wadsworth Health Sciences Division.

Johnson, L. C. & Yanca, S. J. (2009). Social Work Practice: A Generalist Approach(10th ed). Boston: Allyn & Bacon.

Johnson, L. C. & Yanca, S. J. (2010). Social work practice: A generalist approach(10th ed). Boston: Allyn & Bacon.

Johnson, L. C. (1989). The Social Work Practice(3rd ed),Massachusetts: Allyn & Bacon Publishers. Bacon.

Johnson, L. C. (1998). The Social Work Practice: A generalist approach(2nd ed.). Needham.

Jonson, L. C. & Yanca, S. J.(2007). Social Work Practice: A Generalist Approach(9th eds.). Pearson Education, Inc.

Joseph, V. (1991). Standing for values and ethics action: teaching Social Work ethics. Journal of Social Work Education, 5(2), 95-109.

Kadushin, A. (1972). The Social Work Practice: A Generalist Approach, Boston: Allyn & Bacon Publishers.

Kadushin, A. (1990). The Social Work Interview(3th ed). New York, N.Y.: Columbia University Press.

Kagle, J. D.(1991). Social Work Records(2nd ed), Presoect Heights: Waveland press.

Kagle, J. D.(1997). 사회사업 기록: 이론과 실제.Social Work Records. 홍순혜 · 한인영 역. 학문사

Kane, R. A. (1988). Introduction, Generations.

Kane, R. A. (1990). Assessing the Elderly Client. In A. Monk (Ed.), Handbook of Geron-tol-ogical Services. Columbia University Press: New York. 55-89.

Karl, J. M., Lowery, C. T., & Meyer, C. H. (Eds).(1998). The foundations of social work practice(2nd ed). Washington D.C.: NASW Press. 이필환 외 공역 (2000). 사회복지실천의 토대. 서울: 나눔의집.

Karls, J. M. & Wandrei, K. E. (1992). PIE: A new language for social work. Social Work, 37(10), 80-85.

Karls, J. M. & Wandrei, K. E. (1994). The PIE manual. Washington, DC: NASW Press.

Kirst-Ashman & Hull (1993). Understanding Generalist Practice. Chicago: Nelson-hal Publishers.

kirst-Ashman, K. & Hull, G. (1993). Uaderstanding generalist Practice, Chicago: Nelsol-Hull Publishers. Practice, Boston: Allyn and Bacom.

Kohs, S. C. (1966). The Root of Social Work, New York: Association Press.

Krist-Ashman, K. K. & Hull, G. H. Jr(2002). Understanding Generalist Practice(3rd eds.). brooks/Cole.

Krist-Ashman, K. K. & Hull, G. H. Jr(2009). Understanding Generalist Practice(5rd eds.). brooks/Cole.

Lee, J. (1994). The Empowerment Approach to Social Work Practice. NY: Columbia University Press.

Levin, I. S., & Fleming, M.(1984). Human resource development: Issues in case management. Baltimote: Center of Rehabilitation and Manpower services, Univ. of Maryland.

Levy, C. (1973). The Value Base of Social Work. Journal of Education for Social Work, 9, 34-42.

Lewis, H. (1987). Teaching ethics through ethical teaching. Journal of Teaching in Social Work, 191, 3-4.

Loewenberg, F. M. & Dolgoff, R. (1988). Ethical Decisions for Social Work Practice(5th ed.), Itasca, IL: F.E. Peacock.

Loewenberg, F. M. & Dolgoff, R. (1996). Ethical Decisions for Social Work Practice(5th ed.), Itasca, IL: F. E. Peacock.

Maguoire, L. (2007). Clinical Social Work: Beyond Generalist Practice with Individual, Mattison, M.(1997). Ethical Decision Making in Social Work Practice, Paper Presented at the 15th annual Baccalaureate Program Directors Conference. Philadelphia, October.

Mailick, M. D. (1977). A situation perspective in casework theory. Social Casework, 58, 401-411. Family Servuce Assciation of America.

Martin. P. Y. & O'connor, G. G. (1989). The Social Environment: Open Systems Approach, White Plains. NY: Longman Inc.

Maslash. C. (1976). "Burn-out" Human Behavior 5(9), 16-22 in social Psychology and

Health Illness, edited by Sansers, G., and J.Suls. Hillsdale, NJ: Erlbaum.

Mattaini, M. A., Lowery, C. T., & Meyer, C. H.(Eds.)(1998). The Foundations of Social Work Practice(2nd de.). Washington, D.C: NASW Press.

Meyer, C. H. (Ed.). (1983). Clinical social work in the ecosystem perspective. New York: Columbia University press.

Miley, K. K., M. O'Melia & DubBois, B. l. (1995). Generalist Social Work Practic: An Empowering Approach, Boston: Allyn & Bacon.

Miley, K. K., M. O'Melia & DubBois, B. l. (2001). Generalist Social Work Practic: An Empowering Approach, Boston: Allyn & Bacon.

Miley, K. K., M. O'Melia & DubBois, B. l. (2007). Generalist Social Work Practic: An Empowering Approach(5th.). person Education, Inc.

Miley, K. K., O'Melia, M. & Dubois, B. L.(1995). Generalist social work practice: An empowering approach. Needham Heights, MA: Allyn & Bacon.

Moxley, D. P. (1989). The practice of case management. Sage Publication, Inc.

NASW(1958). Working Definition of Social Work Practice. reprinted in Donald Brieland, Historical Overview, Social Work, Sep., 344.

NASW(1973). Standard for Social Service Manpower. Washington, D.C.: NASW press.

NASW(1974). Social Casework: Generric and Specific(A Report of the Milford Conference of 1929), reprinted in National Association of Social Worker Classics Series, Washington, D.C.: NASW.

NASW(1982). Standards for the Classification of Social Work Practice. Washington, DC.

NASW(1996). Code of ethics. Washington, DC: NASW press.

NASW(2002). Standarts for School Social Work Services.

O'Connor, G.(1988). Case management system and practice, social Casework, 69(2), 97-106.

Peabody, S. A. & Gelso, C. J. (1982). Countertreasference and empathy: The complex-relationship between two divergent concepts in counseling, Journal of Counseling Psychology, 29(3), 240-245.

Perlman, H. (1957). Social casework: A problem-solving process. Chicago: University of Press.

Pincus, A. & Minahan, A. (1973). Social Work Practice; Model and Metbod. NY: Peacock Publishers.

Pumphrey, M. (1959). Teaching of values and ethics in social work education. New York: Rothman, J. & Sager, J. S.,(1998). Case Management: Integrating Individual and

Community Practice. Allyn & Bacon: Needham Heights, M.A.

Puryear, D. A. (1979). Helping People in Crisis, SanFrancisco: Jossey-Bass, 1979, p.2.

Reamer, F. G. (1987). Ethics committees in social work. Social Work, 52(3), 188-192.

Reamer, F. G. (1992). Social work practice: Model and method, Itasca, IL:Peacock Publishers.

Reid, W. J. (1992). Task Stragies: An Empirical Approach to Clinical Social Work. NY:Columbia Univ. Press.

Richmond, M. E. (1917). Social diagnosis. NY: Russel Sage Foundation.

Richmond, M. E. (1992). What is social case work?. New York: ussell Sage Founddation. 미국대학사회사업교육협의회NASW,1999.

Ritchie, M. H. (1986). Counseling the Involuntary Client. ounal of Counseling and Development, 64, 516-518.

Robert, A. R. (2005). Crisis Intervention handbook: Assessment, and research(3rd ed). NewYork: Oxford University Press.

Rothman, J. (1991). A Model of case management: toword empirically based practice. Social Work, 36(6). Silver Spring, MD. NASW.

Saleebey, D. (1996). The strengths perspective in social workp: Extensions & cautions. social work, 41(3).

Saleebey, D. (2009a). Power in the people. in D. Saleebey (Ed.), the strengtbs perspective in social work practice(5th ed.). Boston Education.

Saleebey, D. (2009b). The strengths approach to practice: Beginnings. In D. Saleebey(ED), The strengths perspective in social worR practice(5th ed. pp. 93-107) Boston Education.

Satir, V.(1972) People making, Palo Alto, CA: Science and Behavior Books, Inc. Straen,1978

Shaefor B. W., Horejsi, C. R., &, Horejs, G. A. (1991). Techniques an Guidelinesd for Social Work Practice(2th ed). Boston, MA: Allyn & Bacon.

Shaefor, B. W., Horejsi, C. R., &, Horejs, G. A. (1997). Techniques an Guidelinesd for Social Work Practice(4th ed). Boston, MA: Allyn & Bacon,

Shaefor, B. W., Horejsi, C. R., &, Horejs, G. A. (2006). Techniques an Guidelinesd for Social Work Practice(4th ed). Boston, MA: Allyn & Bacon.

Sheafor, B. W. & Horejsi. C. R. (2003) Techniques and Guidelines for Social Work Practice, (6th ed.), Person Education, Inc.

Shirley, M., Haulotte, Jane A. Kretzschmar 편 최혜경 역(2010). 사회복지실천 사례집.

Shulman(1979). The Skill of heiping Individuals and Groups, Itasca: F.E. Peacock Publishers, Inc.

Skidmore, R., Thackeray, M & Farly, T. (1988). inrtoduction to Social Work(4th Ed.). Englewood Clijes.

Solomon, B. B. (1976). Black empowerment: Social work in oppressed communities, 56, 480-485.

Timberlake, E. M., Farber, M. Z., & Sabatino, C. S. (2002). The general method of social work practice: McMahon's generalist perspective. Boston, MA: Pearson Allyn & Bacon.

Tracy, E. & Whittaker, J. (1990). The Social Network Map: Assessing Social Clinical Practice. Families in Society, 71, 461-470.

Trevithich, P. (2000). Social Work Skills: A Practice Handbook: Philadelphia, PA: Open Univ. Press.

Woods, M. E. & Robinson (1996). Chapter 23; Psychosocial theory and Social Work Treatment, in F. Turner(ed), Social Work Treatment(4th ed). new York: The Free Press.

Woods, M. E., & Hollis, F.(1990). Casework: A psychosocial therapy(4th ed.). NewYork: McGraw-Hill.

Zastrow, C. (1995). The Practice of Social Work, Books/Cole

Zastrow, C. (1998). The Practice of Social Work(6th ed). Pacific Grove:Books/Cole publishing Company.

Zastrow, C. (1999). The Practice of Social Work(6th ed). Pacific Grove: Brooks/Cole Publishing Company.

저자소개

박정문

이화여자대학교 사회과학대학 사회사업학과(학사)

이화여자대학교 대학원 사회사업학과(석사)

서울여자대학교 대학원 사회사업학과(박사)

현)대덕대학교 사회복지과 교수

사회복지실천론의 이해

초판 1쇄 인쇄 2019년 8월 14일
초판 1쇄 발행 2019년 8월 20일

지 은 이 | 박정문
펴 낸 이 | 김기섭
편 집 인 | 이혜란
펴 낸 곳 | 창지사 www.changjisa.com
08589 서울시 금천구 가산디지털 1로 83 파트너스타워 1차 9층
전화 (02)719-2211~3
팩스 (02)701-9386
등 록 | 1977년 4월 28일 · 제1-421호

ISBN 978-89-426-1252-9 (93330)

값 20,000원

「이 도서의 국립중앙도서관 출판예정도서목록(CIP)은 서지정보유통지원시스템 홈페이지(http://seoji.nl.go.kr)와 국가자료공동목록시스템(http://www.nl.go.kr/kolisnet)에서 이용하실 수 있습니다.(CIP 제어번호 : CIP2019031914)」